Angelika Rosenfeld

Das Alstertal-Lexikon

Historisches Handbuch

Bergstedt – Duvenstedt – Hummelsbüttel – Lemsahl-Mellingstedt – Klein Borstel – Poppenbüttel – Sasel – Wellingsbüttel – Wohldorf-Ohlstedt

Wissenschaftlicher Verlag
Dokumentation & Buch

Umschlag: Vorderseite: (von oben nach unten): Grützmühlenweg (1930), Wellingsbütteler Torhaus (2009), Ernte in Lemsahl (1946), NSG Wittmoor (1990), Alsterhöhe (1900). Rückseite: Alsterlauf (2008). Bildnachweise siehe Abbildungsverzeichnis.

Bibliografische Information der Deutschen Bibliothek:

Die Deutsche Bibliothek verzeichnet diese Publikation in der Deutschen Nationalbibliografie; detaillierte bibliografische Daten sind im Internet über http://dnb.ddb.de abrufbar.

Das Alstertal-Lexikon Historisches Handbuch. Angelika Rosenfeld. Hamburg: DOBU Verlag, 2009

1. Auflage 2009
© Copyright 2009 by DOBU Verlag, Hamburg
Tel.: ++49(0)40 64891 334 Fax: ++49(0)40 64891 359
www.dobu-verlag.de info@dobu-verlag.de
ISBN 3-934632-29-7
EAN 9783934632295

Einleitung

Dieses Lexikon bietet einen Überblick über die gesamte Geschichte des Alstertals, von Klein Borstel im Süden bis zu Duvenstedt und Wohldorf-Ohlstedt im Norden. Die über 500 Stichworte beziehen sich vor allem auf die einzelnen Stadtteile, auf Gebäude und Anlagen sowie Persönlichkeiten. Abstrakte Begriffe, Gebietskörperschaften und Ereignisse von großer Tragweite werden nur soweit dargestellt, wie sie lokal bedeutsam sind. Beschrieben wird vorwiegend die Geschichte bis vor ungefähr einer Generation.

Ergänzt werden die historisch-topographischen Stichworte durch fast 300 Stichworte zu Straßennamen mit geschichtlichem Hintergrund (Flurnamen, bedeutende Personen usw.). Auch Straßennamen erzählen Geschichte und haben oft eine andere Bedeutung, als eine oberflächliche Betrachtung nahe legt. Nicht aufgenommen wurden Phantasie- und Allerweltsnamen sowie örtliche Bezeichnungen, die sich von selbst erklären.

Die lexikalische Darstellung ermöglicht einen bequemen Vergleich der Entwicklungen in den einstigen Dörfern des Alstertals. Bei dieser Gesamtbetrachtung wird deutlich, dass viele Veränderungen parallel verlaufen sind, unabhängig von der Zugehörigkeit zu unterschiedlichen Grund- und Landesherren. Leider ist festzustellen, dass in der Aufarbeitung der Alstertaler Vergangenheit erhebliche Lücken klaffen. Das gilt für einzelne Stadtteile, aber auch für bestimmte Epochen, besonders für die Zeitgeschichte.

Das Lexikon stützt sich weitgehend auf die vorliegende Literatur. Darunter gibt es einzelne Publikationen, deren Autoren auch archivalische und andere Quellen aufgearbeitet haben. Diese Titel mit entsprechenden Nachweisen sind im Literaturverzeichnis fett gedruckt und gestatten eine weitergehende Recherche.

Die Formulierung der Stichworte orientiert sich vor allem an der Topographie (z. B. „Duvenstedter Schule"). Es gibt auch Verweise von allgemeinen Stichworten auf spezielle, örtliche (von „Mühlen" auf „Wohldorfer Mühlen" und von dort auf „Wohldorfer Kupfermühle", aber auch von „Kupfermühlen" auf „Wohldorfer Kupfermühle"), sodass mehrere Suchwege zum Ziel führen können.

Innerhalb der einzelnen Stichworte verweisen Pfeile auf andere Stichworte, allerdings nur, wenn das andere Stichwort zum ersten Mal erwähnt wird. Damit soll eine Überfrachtung mit Verweisen vermieden und die Lektüre komfortabler gemacht werden.

Die Produktion eines Lexikons ist anspruchsvoll und zeitaufwendig. Das gilt besonders für die Beschaffung von Bildvorlagen. Möglichst viele Stichworte sollen aussagekräftig illustriert werden. Allen, die Abbildungen zur Verfügung gestellt haben, sei daher sehr herzlich gedankt.

Aalort (Sasel) Flurname, von „Aal" = Sumpf und „Ort" = Spitze, also eine Landspitze in sumpfigem Gelände. Dagegen ist der „Aalkrautweg" (Sasel) ein Phantasiename (angebliche Kräuter für die Hamburger Aalsuppe!).

Abwasserbeseitigung Da die ländliche Bevölkerung jahrhundertelang nur wenig Wasser verbrauchte, erschien eine Abwasserbeseitigung nicht nötig. Koch- und Wasch-Wasser schüttete man auf den Misthaufen oder in eine Jauchekuhle. Als die Bevölkerung zunahm und sich die Bebauung im vorigen Jahrhundert verdichtete, folgte der Sielbau. Um 1900 wurden im →Poppenbütteler Ortskern Regenwassersiele gesetzt. 1930 begann in →Wellingsbüttel der Bau von Schmutzwassersielen.

Achsenkonzept Plan für die Hamburger Stadtentwicklung, die bereits in den zwanziger Jahren des vorigen Jahrhunderts grob konzipiert und vor fast fünfzig Jahren im „Entwicklungsmodell für Hamburg und sein Umland" festgeschrieben wurde. Der Planung zufolge sollte die weitere Bebauung entlang bestimmter „Aufbauachsen" wachsen, vor allem entlang der Schnellbahnlinien. Die Achsenzwischenräume waren für die Landwirtschaft und Freiflächen vorgesehen (z. B. die Hummelsbütteler →Feldmark nach Norden).

Achter Billing (Poppenbüttel) Flurname, Gelände hinter Billings Land.

Achtern Hollerbusch (Sasel) „Holler" = Holunder.

Ärzte praktizierten frühestens im 19. Jahrhundert im →Alstertal. Dabei ist nicht bekannt, ob Mediziner wie cand. med. L. Schäffer, die in den Volkszählungslisten verzeichnet sind, auch Kranke behandelten oder nur auf ihren Landsitzen lebten. Schäffer ließ sich um 1840 in →Poppenbüttel nieder. Um 1870 gab es in diesem Dorf zwei Ärzte. Im hamburgischen →Wohldorf praktizierte immerhin schon etwa 1835 Ernst Heinrich August Landwehr als Distriktsarzt. Sein Sitz war der →Forsthof, den er von der Stadt erworben hatte. 1845 verkaufte er den Forsthof und erwarb ein Grundstück in →Ohlstedt an der Alten Dorfstraße. Dort hatte er schon vor seiner Wohldorfer Zeit gelebt. Der erste Arzt in →Wellingsbüttel war Dr. Curt Schwantes, der 1924 dorthin gezogen war.

AEZ →Alstertal-Einkaufszentrum

Alfred-Jahncke-Ring (Poppenbüttel) Jahncke (1901-1962) war Fraktionsvorsitzender im Ortsausschuss Alstertal und Bürgerschaftsabgeordneter.

Alster Der Name bedeutet „Gewässer" oder „Fluss". Die Alster ist 56 km lang und ein typischer Flachlandfluss mit

Noch ein Rinnsaal: Der Anfang der Alster (um 1950)

Alster-Au

„Regenbogen über dem Alstertal". Gemälde von Arthur Illies (1899)

Hochwasser an der Poppenbütteler Schleuse (1998)

relativ geringem Gefälle. Sie entwässert eine Fläche von fast 600 km². Im Quellgebiet des Flusses liegt die Wasserscheide zwischen Nord- und Ostsee. Nicht weit von der →Alsterquelle befinden sich die Quellen der Pinnau, die ebenfalls in die Elbe fließt, und der Norder-Beste, die sich mit der Süder-Beste vereinigt und ab Bad Oldesloe als Trave zur Ostsee fließt. Im Mittelalter galt die heutige →Alte Alster als Quellfluss. Die jetzige Alster aus dem Timhagener Brook wurde nur als Nebenfluss eingestuft. Später versiegte das Wasser der Alten Alster immer mehr, und man änderte die Festlegung. 1306 bis 1310 erwarb →Hamburg alle Rechte am Oberlauf der Alster bis Stegen von den holsteinischen Grafen. Die Stadt übte über den Fluss – inklusive der entlang führenden Wege – die Polizeigewalt und Gerichtsbarkeit aus. Bis heute sind immer wieder Menschen in der Alster ertrunken oder haben sich das Leben genommen. So ertrank 1875 Georg Ellerbrock an der →Poppenbütteler Schleuse, als er mit seinem Wasserwagen Wasser holen wollte. Ebenfalls an dieser Schleuse konnte am Himmelfahrtstag 1997 ein betrunkener Mann nur knapp aus dem Wasser gerettet werden. Im Mai 2001 balancierte dort ein 16jähriger Schüler auf dem Geländer der Schleuse, stürzte ab und ertrank. Heute erinnert ein Gedenkstein an das Geschehen. – Die Alster ist aber auch ein lieblicher Fluss, der oft von Malern verewigt wurde. Der Dichter Friedrich von Hagedorn (1708-1754) schrieb ein Gedicht mit dem Titel „Die Alster". Ein Vers lautet: „In treibendem Nachen / Schifft Eintracht und Lust / Und Freiheit und Lachen / Erleichtert die Brust".

Alster-Au Gasthof und Hotel in →Duvenstedt in einem historischen Fachwerkhaus, das auf eine Gebäudesubstanz aus dem 17. Jahrhundert zurückgeht.

Alsterbrücken In früheren Jahrhunderten konnten die Dorfbewohner die Alster nur durch →Furten oder auf den Schleusen überqueren. Noch im 20. Jahrhundert fehlte den Gemein-

Alsterbrücken

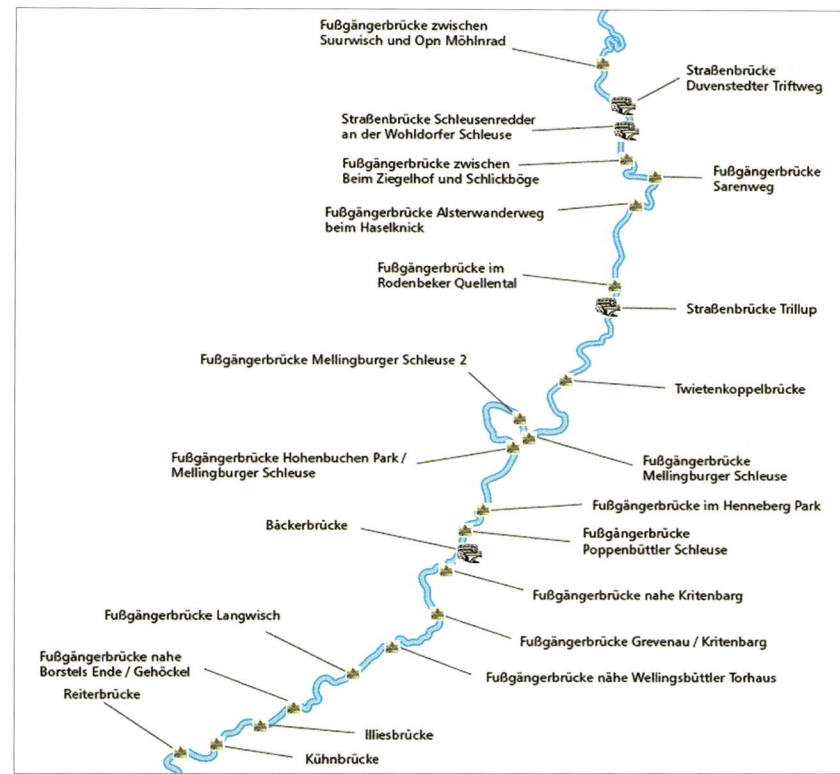

Diese Brücken führen über die Alster

Fußgängerbrücke bei Randel (um 1910)

den an der →Alster das Geld, um die eigentlich nötigen Brücken über die Alster zu bauen. So waren die Besitzer der →Ausflugslokale →Alsterhöhe und →Randel die ersten, die Brücken anlegten. Ernst Michelsen von der Alsterhöhe ließ eine hölzerne Brücke für Fußgänger errichten. Randel baute an der nördlichen Grenze →Wellingsbüttels ebenfalls eine Holzbrücke, die mit einem Reetdach beschirmt war. Erst in den dreißiger Jahren des vorigen Jahrhunderts entstanden die Betonbrücken am Langwisch und am Ententeich. Autofahrer können die Alster im hier berücksichtigen Teil des Alstertals noch heute nur an drei Stellen überqueren, die mehrere Kilometer voneinander entfernt liegen: Über den Schleusenredder und den →Duvenstedter Triftweg in →Duvenstedt, den →Trillup in →Lemsahl-Mellingstedt und die →Bäckerbrücke in →Poppenbüttel.

Alte Trilluper Brücke über die Alster (um 1950)

Gasthof Alsterhöhe (Postkarte, um 1900)

Alsterquelle mit Hamburger Wappen (1990)

Alster Film Filmstudios in →Ohlstedt (→Melhopweg 26) von 1946 bis 1994, genaue Bezeichnung anfangs „Alster Film Atelier Breckwoldt & Co." Der Betrieb war ebenso wie das →Atlantik Film Kopierwerk im ehemaligen Gasthof „Ohlstedter Hof" (zunächst notdürftig) untergebracht und zeitweise Marktführer bei der Synchronisation und Endfertigung von Filmen und Werbesendungen. Die Firma „Realfilm" drehte dort ihren ersten Nachkriegsfilm: „Die Arche Nora". Darin wirkten auch Ohlstedter Bürger als Komparsen mit. In den ersten Jahren der Lichtton-Aufnahmetechnik waren die Aufnahmen noch sehr geräuschanfällig. Daher mussten Mitarbeiter auf dem Dach Flugzeuge melden, um die Aufnahmen ggf. zu unterbrechen, denn der Betrieb lag in der Einflugschneise des Fuhlsbütteler Flughafens. Fast alle Stars der Nachkriegszeit arbeiteten in den Alster Film Studios als Synchron-Sprecher. Bekannte Politiker wie Adenauer oder Schmidt vertonten dort ihre Wahlkampf-Filme. In den sechziger Jahren wurden fast 40% aller deutschen Werbefilme von Alster Film mit Ton versehen. Später gab es mehr Konkurrenz. 1982 meldete Alster Film Konkurs an und stellte den Betrieb ein. Vorübergehend nutzten noch andere Firmen die Anlagen.

Alsterhöhe, Gasthof Großes und viel besuchtes Ausflugslokal am Wellingsbütteler Weg am Rande des →Wellingsbütteler Gehölzes mit Blick über das →Alstertal. Der ehemalige Verwalter des Gutes →Wellingsbüttel, Michelsen, errichtete den Gasthof Ende des 19. Jahrhunderts am Ortseingang. Die Architektur – mit Fachwerk und Ziergiebeln – erinnerte an ein Jagdschlösschen. Aus dem Gebäude und von der Terrasse konnten die Gäste weit über das Alstertal bis nach →Hummelsbüttel blicken. Im Garten gab es Lauben, Turngeräte, ein Karussell und eine Doppelkegelbahn. 20 Hotelzimmer boten Unterkunft. Hier genossen wohlhabende Hamburger Kinder mit ihren Müttern die Sommerferien; die Väter kamen am Wochenende zu Besuch. In den dreißiger Jahren, als der →Ausflugsverkehr sich auf entferntere Ziele verlagert hatte, wurde die „Alsterhöhe" abgebrochen.

Alstermärchen Titel einer Erzählung des Schriftstellers Hans-Friedrich Blunck (1888-1961). Der in Altona geborene Blunck, Jurist und Offizier, war von 1933 bis 1935 Präsident der Reichsschrifttumskammer. Im „Alstermärchen" wird →Poppenbüttel als ein Schauplatz genannt.

Alsterquelle Die Quelle liegt im Timhagener Brook und ist über einen Wanderweg gut erschlossen. Nur leicht quillt dort das Wasser aus dem Boden. Ein schmiedeeisernes Gitter mit dem Hamburger Wappen markiert und schützt den Bereich. 1907 hatte der →Alsterverein für Wanderer an der Quelle in der damals baumlosen Gegend eine Schutzhütte errichtet, die Raum für 50 Menschen bot.

Die 1907 erbaute Schutzhütte des Alstervereins an der Alsterquelle (um 1910)

Alsterschifffahrt →Oberalsterschifffahrt

Alsterschiffe hießen bis zum Ende des 17. Jahrhunderts „Stecknitz"- oder „Steckelschiffe", weil sie den Fahrzeugen auf dem Stecknitzkanal ähnelten. Später sprach man auch von „Alsterböcken". Die ersten Alsterschiffe wurden 1529 in Oldesloe gekauft. Nach einem Jahr war die Flotte schon auf 26 Stück angewachsen. Zeitweise, noch zu Beginn des 19. Jahrhunderts, verkehrten fast fünfzig Schiffe auf der →Oberalster. Ein „Vollschiff" maß 23 Meter in der Länge und 4,5 Meter in der Breite. Der Tiefgang betrug 60 Zentimeter. Man konnte es mit 16.000 Ziegelsteinen, 30 Fudern →Torf oder 21 Kubikmetern Findlingen beladen. Es gab aber auch kleinere Schiffe (Halb-, Viertel und sogar Achtelschiffe). Die Alsterschiffe bestanden vollständig aus Holz. Sie ähnelten flachen Schuten, hatten aber kein umlaufendes Gangbord. Auf dem Deck stand eine kleine Bude zum Schutz vor Regen oder als Nachtquartier, wenn die Schiffer keines der →Schleusenmeisterhäuser erreichen konnten.

Alsterschiffer sorgten für die Fahrt der →Alsterschiffe. Sie waren meist nicht die Eigentümer und hießen daher genauer „Schifferknechte". Zwei bis vier Männer waren erforderlich,

Alsterschiff (um 1940)

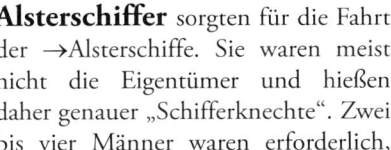

Untere Poppenbütteler Schleuse mit Lastkahn (1901)

Alsterschlucht

Schiffergestalten aus dem 16. Jahrhundert

um die Schiffe zu staken. Im Sommer übernachteten die Schiffer bei der Talfahrt im →Poppenbütteler Schleusenmeisterhaus, im Winter in →Wohldorf und Fuhlsbüttel. Das wärmende Feuer gab es nicht umsonst. Bei jeder Talfahrt mussten die Alsterschiffer den →Schleusenmeistern je zwei Kloben Holz zuwerfen. Ihren Proviant brachten sie mit. Oft bestand er nur aus fest gewordener Buchweizengrütze, die mit warmem Wasser zu einer kargen Suppe gerührt wurde. Schlafen mussten die Männer auf harten Bänken. Angeblich feierten die Alsterschiffer im Winter im →Mellingburger Schleusenmeisterhaus ein Fest, die sogenannte „Schrubenköst". Der Name spielt auf die große hölzerne Schraube an, mit der die Schiffe zur Reparatur hochgewunden wurden. Die letzten Alsterschiffer waren vor 1900 Hinrich und Ferdinand Willhöft aus Rade sowie Johannes Sieseberg aus Wiemerskamp.

Alsterschlucht →Zur Alsterschlucht, Gasthof.

Alstertal a) Landschaft: Gelände am mehr oder weniger tief eingeschnittenen Bett der →Alster zwischen →Klein Borstel im Süden und Ehlersberg im Norden. b) historische Region: Gegend zwischen Klein Borstel und →Duvenstedt an der Alster sowie an deren Nebenflüssen, im engeren Sinne Bezeichnung für die Stadtteile →Hummelsbüttel, →Poppenbüttel, →Sasel und →Wellingsbüttel (früherer Ortsamtsbereich, heute Region des Bezirks Wandsbek). Schon vor rund 4.000 Jahren siedelten Menschen im Alstertal. Die Ufer von Flüssen waren beliebte Lebensräume. Die Menschen bauten Holzhäuser, fuhren mit Ochsenkarren – auch auf fachgerecht angelegten →Bohlenwegen –, nutzten die Alster mit Einbäumen und Flößen als Verkehrsweg, trieben Ackerbau, jagten, fischten und bestatteten ihre Toten in aufwendigen Grabhügeln. Die Dörfer, aus denen die späteren Stadtteile entstanden sind, wurden wahrscheinlich überwiegend im 13. Jahrhundert gegründet. Zur gleichen Zeit wurde die →Bergstedter Kirche errichtet. Auch wenn die alten Dörfer politisch, wirtschaftlich und kirchlich zu verschiedenen Obrigkeiten und Verwaltungs-

Historische Landkarte des Alstertals (um 1910)

Alstertal

einheiten gehörten – →Hamburg, das Deutsche Reich, der →dänische Gesamtstaat, →Preußen und sogar Russland spielten eine Rolle –, gab es viele Gemeinsamkeiten der Geschichte. Vor allem die Dominanz der Landwirtschaft bis in das vorige Jahrhundert verband die Menschen im Alstertal. Bis zur Mitte des 20. Jahrhunderts lebten sie überwiegend als Gutsbesitzer, Bauern, Tagelöhner, Landarbeiter und Nebenerwerbslandwirte von Feld und Weide. Die Bodenqualität war aber lediglich mittelmäßig, so dass der Ackerbau nur geringe Erträge brachte. Daher verlegten sich die größeren Grundbesitzer vor allem ab 1900 auf die Milchwirtschaft und belieferten die nahe Großstadt. – Die Nähe Hamburgs war ein weiterer verbindender Faktor im Alstertal. Dem Stadtstaat gehörten schon seit dem Mittelalter die beiden →Walddörfer →Wohldorf und →Ohlstedt. Das →Domkapitel besaß Grundeigentum in mehreren Dörfern und stritt sich mit dem Rat um die dortige politische Herrschaft. Der Rat demonstrierte mit dem →Wald-

„Die Alsterkehre bei Poppenbüttel". Lithografie von Ernst Eitner (1904)

Alstertal in Wellingsbüttel (2008)

Alstertal

Steilufer oberhalb der Mellingburger Schleuse (um 1950)

herrenhaus, das Domkapitel mit dem →Domherrenhaus Herrschaft vor Ort. Die Dorfbewohner mussten diese Herrschaftssitze aufsuchen, sich aber nach Hamburg begeben, um Verwaltungsangelegenheiten wahrzunehmen oder Rechtsstreitigkeiten auszutragen. Der Weg zur Stadt war meist ein Weg zu Fuß, denn Pferde oder Pferdewagen besaßen allein die Wohlhabenden. Auf der Alster wurden nur Frachtgüter transportiert. – Der Fluss war das dritte verbindende Element im Alstertal. Hamburg hatte die Alster schon im Mittelalter in seinen Besitz gebracht und wachte bis zur Eingemeindung der südlichen Alstertal-Dörfer 1939 darüber, dass die holsteinischen bzw. später preußischen Anlieger nicht unbefugt den Alsterlauf nutzten. Fischfang war verboten; die Alsterschiffer mussten Abgaben bezahlen. Zur Aufsicht setzte die Stadt an den →Schleusen →Schleusenmeister ein und errichtete für sie →Schleusenmeisterhäuser. Die Schleusenmeister waren hamburgische Bedienstete und Untertanen. Die Nebenflüsse der Alster ermöglichten an verschiedenen Orten eine vorindustrielle Produktion mit Wasserkraft. →Wassermühlen gab es seit dem 17. Jahrhundert in Wellingsbüttel, →Rodenbek, →Bergstedt, Poppenbüttel und Wohldorf. Dort wurde Getreide gemahlen, aber auch Schießpulver hergestellt, Kupfer bearbeitet und Öl ausgepresst. – Bis in das 19. Jahrhundert veränderte sich im Alstertal die traditionelle Landwirtschaft kaum. Dann aber wurde die alte, gemeinsam bestellte, Ackerflur neu aufgeteilt und den Bauern als Eigentum zugewiesen. Diese Agrarreform, die →„Verkoppelung", wirkte sich für die Landbevölkerung eher negativ aus. Die Bauern hatten für ihr neues Eigenland zu bezahlen und konnten das oft nur durch die Aufnahme von Hypotheken leisten. Hochverschuldet mussten viele ihre Höfe verkaufen. Die Käufer waren oft wohlhabende Hamburger, die sich im Alstertal einen Sommersitz schufen. Mitte des 19. Jahrhunderts verstärkte eine schlimme Agrarkrise die Entwicklung. So kam es um diese Zeit in mehreren Dörfern zur Besitzkonzentration und Entstehung landwirtschaftlicher Großbetriebe. Mit dem beginnenden 20. Jahrhundert erreichten die moderne Technik und die städtische Kultur auch das Alstertal, in den südlichen Dörfern zuerst. Neue Verkehrsmittel erleichterten die Mobilität. Ausflügler besuchten massenhaft die ländlichen Gasthöfe. Die Aufsiedlung der Güter in Sasel, Wellingsbüttel und Poppenbüttel veränderte ab etwa 1930 die Bevölkerungsstruktur, aber auch die örtliche Wirtschaft. Viele neu zugezogene Menschen arbeiteten weiterhin in der

Großstadt; Arbeit und Wohnen waren nun für viele getrennt. Schlecht ging es denen, die arbeitslos geworden waren und sich illegal im Alstertal notdürftige Behausungen gezimmert hatten. Weitere arme Menschen strömten in die kleinen Gemeinden, als Hamburg im Zweiten Weltkrieg zerstört worden war. Noch lange nach Kriegsende herrschte →Wohnungsnot. Als Antwort darauf plante Hamburg eine verdichtete Bebauung im Alstertal, speziell die Großwohnsiedlung →Tegelsbarg. So nahm die Verstädterung zu, von Süd nach Nord fortschreitend. Heute haben sich hauptsächlich Lemsahl-Mellingstedt und Wohldorf-Ohlstedt noch ihren ländlichen Charakter bewahrt. Rund 100.000 Menschen leben im Alstertal. Trotz weiter wachsender Bevölkerung und vieler Bauvorhaben dominiert noch immer das Grün. Es gibt heute mehr Bäume als vor hundert Jahren, denn damals war das Alstertal durch übermäßigen Holzeinschlag weitgehend entwaldet. 2008 wurde sogar ein neues Naturschutzgebiet ausgewiesen: die →„Hummelsbütteler Moore".

Diesel-Triebwagen der Alstertalbahn (um 1920)

Alstertalbahn 1908 gründeten der Hamburger Immobilienmakler Johann Vincent →Wentzel und die Besitzer der Güter →Poppenbüttel, →Sasel und →Wellingsbüttel die „Alsterthalbahn-Gesellschaft mit beschränkter Haftung". Die Gesellschaft wollte eine elektrische Bahn zwischen Ohlsdorf und →Wohldorf bauen, mit Anschluss an die bestehende Bahn Ohlsdorf-Blankenese. Die Planung kam nur langsam voran, weil die Interessen →Hamburgs, →Preußens und der örtlichen Gemeinden berührt waren. 1912 unterzeichneten Kaiser Wilhelm II. sowie Reichskanzler v. Bethmann-Hollweg die preußische und der Hamburger Finanzsenator Martini die hamburgische Konzessionsurkunde. Ausgefertigt wurde die Urkunde erst ein knappes Jahr später. Die Firma Julius Berger Tiefbau AG aus Berlin-Wilmersdorf sollte die Bahntrasse bauen. Der Erste Weltkrieg verzögerte die Bauarbeiten. Menschen und Material fehlten. Im Frühjahr 1917 begann ein eingeschränkter Güterverkehr, um die Bestellung der Äcker zu erleichtern. Am 15. Januar 1918 wurde eine eingleisige Strecke für den Personenverkehr eröffnet. Erst 1924 nahm die Alstertalbahn („Vorortbahn") ihren vollen Betrieb auf.

Alstertal-Einkaufszentrum Das AEZ am Poppenbütteler →Heegbarg wurde 1970 eröffnet und seitdem mehrfach erweitert. Es entstand auf dem Gelände des früheren →„Plattenbüttel". Den letzten dort ansässigen 150 Mietern wurde gekündigt; der Senat beschloss, für das Baugebiet die →ATAG-Klausel zu löschen. Ursprünglich war hinter dem Einkaufszentrum der Bau eines Schwimmbades vorgesehen, später ein Freizeitzentrum mit Kunsteisbahn. Das Zentrum zieht nicht nur Kundschaft aus dem →Alstertal an, sondern

Walrossdame „Antje" speit Wasser im Brunnen vor dem Alstertal-Einkaufszentrum (1999)

Alstertal-Museum

Alstertal-Einkaufszentrum im Jahr der Eröffnung (1970)

hat überörtliche Bedeutung und zählt heute zu den größten Einkaufszentren Norddeutschlands. Sein Wachstum verlief proportional zum Schrumpfen der alten Stadtteilzentren.

Alstertal-Museum Ab 1957 stellte der →Alsterverein im linken Flügel des →Wellingsbütteler Torhauses seine ortskundlichen Sammlungen aus. 1973 wurde im rechten Flügel das Alstertal-Museum eröffnet.

Alster-Trave-Kanal (genauer: Alster-Beste-Trave-Kanal) Zwischen →Hamburg und Lübeck, also zwischen Nord- und Ostsee, bestand seit 1398 mit dem Stecknitzkanal eine Wasserverbindung (heute „Elbe-Lübeck-Kanal"). Die Fahrt dauerte allerdings lange, und die Herzöge von Lauenburg erhoben für die Kanalbenutzung hohe Zölle sowie Schleusengebühren. Im 15. Jahrhundert verlagerte sich der Handel daher auf die Route durch den Sund um Dänemark herum. Die Hansestädte wollten ihre Handelsplätze verkehrspolitisch aufwerten und planten eine alternative kurze Wasserverbindung. Dazu bot sich die Strecke zwischen der →Alster und der Norder-Beste an. Deren Länge entsprach etwa der des Stecknitzkanals. 1448 schlossen Hamburg und Herzog Adolf XI. von →Holstein einen Vertrag über den Bau eines „Grabens" an dieser Stelle. Sie vereinbarten: „Wir wollen mit Gottes Hilfe die Beste ... und die Alster ... durch einen Graben mit mehreren anderen Auen und Gewässern an passender Stelle zusammenleiten..." Der Bau gestaltete sich aber als schwierig, weil es im Gelände große Niveauunterschiede gab und der Baugrund – Moor und Sand – die Anlage eines dauerhaften Kanalbettes an vielen Stellen vereitelte. 1453 waren zwar sechs von acht Kilometern Kanalstrecke geschafft, aber Hamburg stieg wegen zu hoher Kosten aus dem Projekt aus. Immerhin stellte die Stadt den Schifffahrtsweg zwischen Hamburg und Stegen durch die Anlage von →Schleusen und →Schleusenmeisterhäusern fertig. 1465 begann der regelmäßige Frachtverkehr auf der →Oberalster. Sechzig Jahre später vereinbarten Hamburg und Lübeck erneut ein Kanalprojekt („Neuer Graben") auf derselben Strecke. Unterstützung leistete der dänische König. Er sagte u. a. zu, 500 Erdarbeiter für je acht Tage zur Baustelle zu senden. Dieses Mal gelang das Vorhaben, und zwar schon nach vier Jahren Bauzeit. Der Kanal war bis zu 14 Meter breit und 1,72 Meter tief. Den Niveauunterschied von neun Metern zwischen Alster und Norder-Beste bei Sülfeld glich eine „Schleusentreppe" mit mehreren Wehren hintereinander aus. Am Kanal lagen drei →Schleusen (Nienwohld, Sülfelder Moor und vor Sülfeld), an der Norder-Beste acht Schleusen. Am 22. August 1529 trafen die ersten vier Schiffe aus Lübeck in Hamburg ein. Die neue Wasserstraße funktionierte nur zwanzig Jahre lang.

Lageplan des Alster-Beste-Kanals. Älteste Karte aus Schleswig-Holstein (1528)

Immer wieder brachen die Uferränder ein, und das Nienwohlder Moor lieferte nicht genügend Wasser. So fiel der Kanal oft trocken, was eine teure Zwangspause für die →Oberalsterschifffahrt bedeutete. Außerdem war die Blütezeit der Hanse vorüber. Der Warenverkehr auf dem Kanal nahm deutlich ab. Als 1549 ein großer Dammbruch nicht repariert werden konnte, gab man den Schifffahrtsweg auf. In späteren Jahrhunderten wurde mehrfach über einen neuen Alster-Trave-Kanal diskutiert. Der letzte, der von diesem Verkehrsweg träumte, war Napoleon. Er plante ein umfassendes Kanalsystem in Norddeutschland, das die Verbindung zwischen Alster und Norder-Beste einbeziehen sollte. Die Reste des Kanals von 1529 kann man am Ostrand des Nienwohlder Moores und in Sülfeld besichtigen.

Alsterverein 1900 trafen sich 32 Männer im Gasthof →Alsterschlucht und gründeten den Alsterverein. Zum ersten Vorsitzenden wählten sie den Poppenbütteler Lehrer Ludwig →Frahm. Der Maler Arthur →Illies entwarf das Emblem des Vereins. Nach dem Vorbild des damaligen „Harz-Clubs" sollten die Naturschönheiten des Alstertals erschlossen werden. Der Verein legte Wanderwege an, kaufte das Gelände der →Alsterquelle und errichtete in der Nähe der Quelle eine Schutzhütte. Auf der →Lemsahler Heide erwarb der Verein ein Grund-

Emblem des Alstervereins am Wellingsbütteler Torhaus (um 2000)

Alsterwanderweg

Johannisfeuer des Alstervereins (Postkarte, um 1920)

Alsterwanderweg beim Wellingsbütteler Torhaus (2008)

stück mit zwei Hügelgräbern aus der Bronzezeit. Dort feierte man Sonnenwendfeste. Der Verein besteht noch heute, betreibt das →Alstertal-Museum und veröffentlicht regelmäßig Jahrbücher mit lokalhistorischen Texten. Ehrenmitglieder sind u. a. Arthur Illies, Hermann →Claudius und Detlev von →Liliencron.

Alsterwanderweg Der Alsterwanderweg führt vom schleswig-holsteinischen Kayhude (Heidkrug) durch das →Alstertal nach →Hamburg, mitten durch die City und bis zur Mündung in die Elbe. Da das Quellgebiet der →Alster und die angrenzenden Moore unter Naturschutz stehen (→Oberalsterniederung), gibt es nördlich von Kayhude keine Wege direkt am Ufer. Der Wanderweg im Alstertal – teilweise auf beiden Seiten der Alster – entstand erst im vorigen Jahrhundert. Noch um 1900 konnte man dort nicht überall am Fluss entlang gehen, weil eingezäunte Privatgrundstücke den Zugang versperrten. Ausflügler mussten oft enttäuscht wieder umkehren. Daher ergriff der →Alsterverein die Initiative zur Anlage des Alsterwanderweges. Mitglieder legten sogar selbst Hand an.

Alte Alster Der ursprünglich als Quellfluss der →Alster angesehene heutige Nebenarm entspringt bei Sülfeld und vereinigt sich in Höhe Stegen mit der Timhagener Alster.

Alte Dorfstraße (Ohlstedt) ehemalige Dorfstraße, 1898 gepflastert, hieß von 1903 bis 1936 „De Chapeaurougestraße".

Alte Mühle Die Mühle an der →Saselbek wurde 1601 zum ersten Mal urkundlich erwähnt. Sie war damals eine Zwangsmühle für weit abgelegene Dörfer, nämlich Meiendorf, Olden-felde, Bramfeld, Steilshoop und Alsterdorf. Im Dreißigjährigen Krieg diente die Mühle zum Zerkleinern von Eichenrinde zum Gerben („Lohmühle") und zur Herstellung von Schießpulver („Pulvermühle"). Durchziehende Truppen zerstörten die Anlage. 1689 wurde die Mühle instand gesetzt und als „Beutelmühle" genutzt. Mit einer besonderen Siebvorrichtung konnte man fein ausgemahlenes Mehl produzieren. Später wurde Brasilholz zu einem rot färbenden Pulver zerkleinert. 1732 vernichtete eine Überschwemmung die Mühle. Sie musste vollkommen neu aufgebaut werden. 1859 erhielt die Mühle eine Turbine anstelle des alten Schaufelrades. Mehrfach brannte die Mühle ab. Nach einem Feuer im Jahr 1882 ließ der Müller Hermann Jacob Timmermann die Mühle mit den gelben Backsteinen der →Trilluper Ziegelei erneut errichten. In dieser Gestalt ist die Mühle bis heute erhalten und beherbergt ein Restaurant.

Altenmoor (Hummelsbüttel) vom Flurnamen „Ahlmoor", also nicht „altes Moor", sondern „sumpfiges Moor".

Alter Forsthof Das Anwesen in →Wohldorf an der →Drosselbek gegenüber dem →Waldhaus Hütscher war bis 1835 Amtssitz des hamburgischen →Waldvogtes und wurde danach privat genutzt. Um 1890 entstanden die heutigen Gebäude und wurden bald für einen Hotelbetrieb umgestaltet. Das Gasthaus war elegant eingerichtet und empfahl sich 1901 als „vornehmes Familien-Pensionat mit schönem, großen Garten, direkt am Walde und an der Alster gelegen". Die starke Konkurrenz anderer Gasthöfe in der Nähe brachte den Forsthof um seine Existenz. Wieder wurde der Forsthof zu Wohnzwecken genutzt. Zeitweilig gab es dort auch eine Pony-Reitschule. Das Haupthaus und die Gärtnerei mit Uhrturm sind noch vorhanden und bilden ein verwunschenes Ensemble.

Blick auf die Alte Mühle von Norden (um 1975)

Der ehemalige „Alte Forsthof" (2007)

„Alter Kupferhof" als Wohngebäude (1998)

Haus Ameis: kunstvolle Fachwerkfassade (2004)

Alter Kupferhof Das Gebäude an der Herrenhausallee 95 in →Wohldorf ist das ehemalige repräsentative Wohnhaus der Besitzer des Mühlenhofs. Das Haus entstand um 1750, wurde im 20. Jahrhundert durch eine vorgebaute Veranda entstellt und vor einiger Zeit in den ursprünglichen Zustand versetzt. Es steht unter Denkmalschutz.

Am Anschuß (Poppenbüttel) Der Name erinnert an ein Duell, das dort am 15. März 1698 stattgefunden hat. Auf dem später so genannten „Kugelwessel Camp" auf der Feldmark südlich des Dorfes duellierten sich ein Obrist namens Rantzow und ein Generalmajor, dessen Name nicht überliefert ist. Der Generalmajor wurde „tödlich blessiret" und starb an seiner „blessure von zweyn Kugeln so durch und durch gegangen", wie das Hamburger →Domkapitel in seinen Akten vermerkte. Über den Anlass des Duells und seine Folgen ist nichts bekannt.

Am Beerbusch (Bergstedt) Eichenwald für Schweinemast.

Amateur Theater Duvenstedt
Die Laienbühne wurde 1969 gegründet.

Ameis, Wilhelm Jacob Otto (1881-1958) Architekt, entwarf auch für Auftraggeber im Alstertal etliche Häuser, meistens im Heimatstil, zusammen mit Alfred Jacob (u. a. das NSDAP-Parteiheim im →Rögenoort). Für seine Mutter baute er das stattliche Haus Schleusenredder 21 und lebte dort auch selbst. Das Gebäude ist ein Fachwerkhaus mit gekreuzten Pferdeköpfen am Giebel. Von der künstlerischen Gartenanlage ist kaum noch etwas erhalten.

Am Gehöckel (Hummelsbüttel) nach einem Flurnamen: „Höck" = Hügelspitze, hügeliges Feld.

Am Grenzgraben (Sasel) Grenzgraben nach Wellingsbüttel.

Am Großen Stein (Ohlstedt) nach dem Flurnamen „Großenstein" (1779). Möglicherweise befand sich dort ein Hügelgrab. Ein dort befindlicher, riesiger Findling wurde um 1850 gesprengt und zu Schotter verarbeitet.

Am Hehsel (Hummelsbüttel) nach einem Flurnamen („Hesel" = Waldstück mit dichtem Unterholz).

Am Jagen (Wellingsbüttel) „Jagen" sind forstwirtschaftliche Flächeneinteilungen.

Amicitia →Liedertafel Amicitia.

Ammersbek Der Fluss entspringt bei Sprenge an der Grenze →Stormarns zum Kreis Herzogtum Lauenburg. Das kleine Gewässer heißt zunächst Gölmbach. Nach Vereinigung mit dem Hopfenbach, der von Arnesfelde kommt, nennt sich das Flüsschen „Aue". Es durchquert Ahrensburg und umfließt das Schloss. Früher lieferte die Aue die Wasserkraft für die Ahrensburger Schlossmühle nördlich des Schlosses. Ein paar Kilometer weiter westlich trägt der Fluss den Namen „Hunnau". Erst nach dem Zusammenfluß mit dem Bunsbach westlich von Bünningstedt heißt er „Ammersbek". Unterhalb der →Wohldorfer Kupfermühle bis zur Einmündung in die Alster an der →Wohldorfer Schleuse wird der Fluss wieder „Aue" genannt.

Am Stein (Klein Borstel) freie Erfindung (benannt 1937).

Amtsbezirke 1888 wurden in →Stormarn die Landgemeinden und Gutsbezirke zu 26 Amtsbezirken zusammengefasst. Im →Alstertal bestanden die Amtsbezirke →Bergstedt und →Poppenbüttel.

Amtsbezirk Poppenbüttel Die Verwaltungsgliederung der preußischen Provinz Schleswig-Holstein sah Kreise und Amtsbezirke vor. Zum Amtsbezirk Poppenbüttel gehörten ab 1889 die Dörfer →Poppenbüttel, →Hummelsbüttel, →Sasel, →Wellingsbüttel, Bramfeld und Steilshoop sowie das Gut Wellingsbüttel. Erster Amtsvorsteher war der Saseler Gutsbesitzer Martens. Von 1895 bis 1919 leitete der Poppenbütteler Gutsbesitzer Eduard →Henneberg die Amtsverwaltung. Diese Tätigkeit war ehrenamtlich. Hennebergs Amtsstube lag über dem Hühner- und Pferdestall des Gutsbetriebes.

Andreasweg (Sasel) nach Andreas Langhein, dem ab 1836 der Hof in →Saselheide gehörte.

Annenhof 1922 legte der Kaufmann Johannes Schröder auf dem →Saselberg einen Landsitz an. Nach den Plänen des Architekten Paul Schöss entstand ein herrschaftliches Wohnhaus mit einem Torturm. Dieser Turm, den man von der Poppenbütteler Seite über

Torhaus „Annenhof" von Osten (um 1990)

Apotheke

Poppenbütteler Apotheke (1860)

die →Alster gut sehen kann, diente als Wasserturm. Das Gelände wurde später von der Firma „Superphosphat" genutzt. Vor einigen Jahren entstanden dort Eigentumswohnungen.

Apotheke Jahrhundertelang mussten sich die Einwohner des →Alstertals ohne Apotheke behelfen. Die nächsten Apotheken gab es in Ahrensburg, Eppendorf und Oldesloe. Erst 1847 wurde in →Poppenbüttel die erste Apotheke eingerichtet. Der „Candidat der Pharmacie" Marcus Claus Wilhelm Lüthke aus Pinneberg hatte von der dänischen Regierung dazu die Erlaubnis („Privileg") erhalten. Daher hieß der Betrieb noch lange „Privilegierte Apotheke". Das „Privilegium" schrieb dem Apotheker vor, „stets frische Waaren, sowohl die einfachen, als zusammengesetzten wie auch andere Specereien und Medicinalien" vorzuhalten. Lüthke kaufte auf dem Schulberg ein Stück Land, auf dem schon eine Kate stand. Der Eigentümer Langhein versetzte seine Kate und baute sie etwas weiter nördlich, leicht vergrößert, wieder auf. Aus dieser Kate ging später die so genannte →„Langhein-Kate" hervor. 1857 verkaufte Lüthke die Apotheke an den Ahrensburger Pharmazeuten Jacobsen. Dessen Nachfolger wurde 1883 Max Poscich. Er offerierte neuartige Produkte, z. B. Gewürze zum Abschmecken der Wurst bei Hausschlachtungen, und konnte so seinen Umsatz steigern. Trotzdem veräußerte er die Apotheke schon nach fünf Jahren an den Apotheker Licht. Auf Licht folgte 1900 Adolf Piepenbrink, der den Betrieb jahrzehntelang führte. Piepenbrink modernisierte das Vertriebssystem durch Boten und „Versandkästen" in den umliegenden Dörfern. In die Kästen konnte man Rezepte einwerfen und später die Medikamente abholen.

Die Apotheke mit dem ersten Anbau (1934)

Apothekergang (Sasel) Weg zur Poppenbütteler Apotheke.

Arbeitsamt In der Zeit nach dem Zweiten Weltkrieg gab es in →Poppenbüttel am S-Bahnhof ein Arbeits-

Das frühere Arbeitsamt vor dem Abriss (1998)

amt (neben dem Gesundheitsamt). Das Gebäude beherbergte später ein Haus der Jugend und wurde abgerissen, als das neue Polizeigebäude errichtet werden sollte.

Arboretum Gehölzpark in →Poppenbüttel zwischen Marktplatz, Marienhof und der Alster. Den Park schuf Albert Cäsar Henneberg vor rund 120 Jahren. Dort befinden sich auf einem welligen Gelände seltene Bäume und Sträucher aus der nördlichen Hemisphäre, u. a. ein Mammutbaum. Der ebene Bereich in Alsterhöhe ist mit Sumpfzypressen bepflanzt. Hinter einem modernen Torhaus steht ein kleines Wohnhaus auf einer Anhöhe, das von der anderen Alsterseite weithin sichtbar ist. Dort wohnte bis zu seinem Tod Otto →Henneberg-Poppenbüttel.

Architektur →Baustile

Armenhäuser standen in →Bergstedt, →Poppenbüttel und →Wellingsbüttel. Die Armenhäuser wurden gern weitab von den Dorfkernen gebaut, so in Poppenbüttel an der heutigen Harksheider Straße (früher Glashütter Weg, Gebäude für vier Familien) und in Wellingsbüttel östlich des heutigen Kurtzrock-Ringes (errichtet 1858).

Armut Arme gab es in den Alstertaler Dörfern schon immer. Im 19. Jahrhundert bauten die Gemeinden für sie →Armenhäuser. Der rasche Bevölkerungsanstieg in den Dörfern nach dem Ersten Weltkrieg durch Siedler und Siedlungswillige vermehrte die Armut. Viele Neuhinzugezogene waren Hamburger Arbeitslose, teilweise „ausgesteuerte Wohlfahrtserwerbslose". Für diese Menschen mussten nun die

Poppenbütteler Armenkate an der Harksheider Straße (um 1960)

kleinen Gemeinden aufkommen. So wurde in →Sasel 1921 ein Wohlfahrtsausschuss gegründet. Die Gemeinde verpachtete Kartoffelland an Bedürftige und schenkte ihnen Weihnachten 1923 Koks und Briketts. 1924 finanzierte sie Milchspenden für 30 bedürftige Kinder. 1926 wurden Obdachlose in der Schule untergebracht. 1930 richtete die Gemeinde eine Volksküche ein, die preiswerte Suppen austeilte. Die Allerärmsten konnten aber nicht einmal die 10 Pfennige für einen Liter Suppe bezahlen. So diskutierte der Wohlfahrtsausschuss darüber, ob nicht Essensportionen sogar ohne Kartoffeln ausgeteilt werden könnten. 1931 lebten in Sasel 293 Wohlfahrtsempfänger, ein Jahr später schon 527 und Ende 1932 1.133 (bei knapp 4.000 Einwohnern insgesamt). Die Gemeinde unterstützte die Armen mit Milch, Butter (wöchentlich ein Pfund), Säuglingswäsche, Beihilfen für Miete, Schul- und Fahrgeld, Zuschüssen und Darlehen sowie durch die Übernahme von Beerdigungskosten.

ATAG Die „Alsterthal-Terrain-Actien-Gesellschaft" wurde am 6. September

1912 gegründet. Vorläuferin war die „Alsterthal-Terrain-Gesellschaft m.b.H.". Zu deren Gründung hatten sich zwei Jahre zuvor die Gutsbesitzer →Henneberg (→Poppenbüttel), →Hübbe (→Wellingsbüttel) und →Reuter (→Sasel) im Hause Henneberg getroffen. Sie wollten ihre Ländereien aufsiedeln, denn die Landwirtschaft lohnte sich nicht mehr. Initiator war der Hamburger Hausmakler Johann Vincent →Wentzel. Weil die Besiedlung des Alstertals eine günstige Verkehrsverbindung voraussetzte, hatten die Gutsbesitzer schon 1908 die „Alsterthalbahn-Gesellschaft mit beschränkter Haftung" gegründet. Zwischen Ohlsdorf und →Wohldorf sollte eine elektrische Bahn gebaut werden. In die ATAG brachte Henneberg rund 1.800.000 Quadratmeter, Reuter 600.000 Quadratmeter und Hübbe 1.500.000 Quadratmeter Bodenfläche ein. Die Ländereien wurden in verschiedene Bauklassen eingeteilt („ATAG-Klauseln"). Danach war z. B. am Alsterufer eine Grundstücksgröße von 5.000 Quadratmeter vorgeschrieben, im Gebiet →Barkenkoppel/→Op de Worth 2.500 Quadratmeter und im Hoheneichen-Gebiet 1.000 Quadratmeter. Die ATAG regelte auch die Bauweise (z. B. „villenartig"), die Entleerung von Abwassergruben und den Betrieb von Windrädern. Am Rabenhorst entstand das Verwaltungsgebäude der ATAG, daneben das „Jägerhaus". Auf das Grundstücksangebot der Gesellschaft gab es zunächst wenig Resonanz. Bis 1914 konnte sie nur zwölf Grundstücke verkaufen. Der Erste Weltkrieg und die schlechte Wirtschaftslage der Zwanziger Jahre führten zu weiterer schleppender Nachfrage. Erst um 1930 gab es einen gewissen Anstieg. Die ATAG wurde 1947 aufgelöst.

Annonce der ATAG im Hamburger Fremdenblatt (1913)

Atlantik Film Kopierwerk Betrieb zur Filmproduktion von 1946 bis 1989, hieß zunächst „Atlantik Filmstudio und Kopierbetrieb Breckwoldt & Jensen" und war in einem Gasthof am →Melhopweg in →Ohlstedt, in unmittelbarer Nähe zu →Alsterfilm und Rhythmoton, eingerichtet. Tanzsaal und Kegelbahn wurden umgerüstet und beherbergten die technische Einrichtung für das Kopieren und den Schnitt der Filme. Der Betrieb beschäftigte in seiner Blütezeit 280

Atlantik Film Kopierwerk / Alster Film in Ohlstedt (1946)

Mitarbeiter. Neben dem Laborbetrieb entstand auch ein Trickfilmstudio. Produziert wurden Filmkopien für die Kinos. Vor allem lebte der Betrieb davon, dass der einstige NWDR und spätere NDR dort die 16mm-Umkehrfilme für die Tagesschau entwickeln ließ. Die Filme wurden mit dem Hubschrauber angeliefert, entwickelt und per Hubschrauber, der auf dem Ohlstedter Sportplatz wartete, zurückgeflogen. Dies ermöglichte eine hohe Aktualität der Berichterstattung; noch am gleichen Abend konnte der NDR die Filme ausstrahlen. Mit dem Durchbruch der Magnetbänder erübrigte sich das aufwendige Produktionsverfahren. Von den Betriebsgebäuden ist nur noch ein Altgebäude vorhanden, das als Wohnhaus genutzt wird. Alle anderen Gebäude wurden 1989 abgerissen.

Aue Bezeichnung für die →Ammersbek in →Wohldorf.

Auf der Strenge →Strenge

Ausflugslokale Überall im Alstertal gab es um 1900 Lokale mit großer Kapazität für den boomenden →Ausflugsverkehr. Teilweise waren es traditionelle Gastwirtschaften wie die alten →Schleusenmeisterhäuser, deren Betreiber schon seit Jahrhunderten das Schankrecht besaßen. Andere Gasthäuser, besonders die eleganteren, wurden eigens für die wachsende Nachfrage gebaut. Neben den typischen Ausflugslokalen gab es in den Dörfern auch kleine Gastwirtschaften und Kneipen,

„Randels Gasthof" (Postkarte, um 1901)

Ausflugsverkehr

So warb der „Alte Forsthof" (Postkarte, um 1910)

... und so das „Klein-Borsteler Fährhaus" (Zeitungsanzeige, ca. 1910)

die eher von der örtlichen Bevölkerung genutzt wurden. Im Vergleich zu heute ist es erstaunlich, wie viele Lokale damals ihr Auskommen hatten. Im Winter, wenn die Ausflügler zu Hause blieben, lebten die Wirte von Familienfeiern und Vereinsfesten. Viele Ausflugslokale warben mit ihren Gärten, vor allem mit schattigen Spazierwegen und Sitzgelegenheiten. Schatten war gesucht, denn noch galt weiße Haut als erstrebenswert. Die Werbe-Postkarten der Lokale zeigen einen einheitlichen ornamental-barockisierenden Stil der Gartenarchitektur. Beete und Wege waren abgezirkelt, Sträucher formiert, die Anlagen mit Verzierungen und Möblierungen überreich ausgestattet. Da gab es Pavillons, Brücken, Grotten, Mauern, Pergolen, Terrassen und mehr. Der Reichsgedanke drückte sich in mittelalterlichen Anklängen aus. Türme und Zinnen verzierten die Dächer. Hoch oben grüßten Fahnen die Ausflügler. Ob dies alles Realität war, muss offen bleiben. Vielleicht bildeten die Postkarten nur ein Ideal ab, das sich die Wirte und die Ausflügler wünschten. Unbekannt ist auch, wer die auf-

Restaurant „Randel" (um 1951)

wendigen Gartenanlagen entworfen hat. Zur Pflege wurden wahrscheinlich die Dorfbewohnerinnen eingesetzt. Sie waren es wohl auch, die sonntags bei Hochbetrieb die Kellner unterstützt haben. Als einziges der historischen Ausflugslokale ist noch das Gasthaus →Randel in Betrieb. Es wirbt sogar mit seinem alten Park. Andere wurden abgerissen oder werden anders genutzt. Von den Gärten gibt es so gut wie keine Spuren mehr.

Ausflugsverkehr Einzelne Wanderer machten sich schon im 18. und frühen 19. Jahrhundert ins →Alstertal auf, um die naturnahe, grüne →Land-

Ausflugsverkehr

Ausflügler an der Poppenbütteler Schleuse (um 1920)

schaft zu genießen. Sie kamen zu Fuß aus der Hamburger Innenstadt. Ausflüge wurden erst zum Massenvergnügen, als im Kaiserreich die Wirtschaft prosperierte, die Einkommen der Mittelschicht wuchsen und Verkehrsmittel eine günstige Verbindung in Hamburgs Umgebung boten, so dass man die Ausflugsziele an einem Tag hin und zurück erreichen konnte. Denn nur der Sonntag war ein arbeitsfreier Tag. Dabei ist zu bedenken, dass →Hamburg, →Wandsbek und Altona damals dicht besiedelte Städte (Hamburg 1904 Millionenstadt) mit vielen Mietshäusern und wenig Grün waren. Der Hamburger Stadtpark wurde erst 1914 eröffnet. Die Ausflügler waren hauptsächlich Handwerker, Angestellte oder Gewerbetreibende. Bei ihnen musste der Sonntagsausflug den Aufenthalt im Landhaus oder mondänen Kurort ersetzen, den sich nur die Oberschicht leisten konnte. Ausflüge unternahm man hauptsächlich im Sommerhalbjahr, von Pfingsten bis September. Geradezu Massen machten sich auf den Weg: Auf der Strecke von Ohlsdorf bis Wellingsbüttel wurden 1904 in fünf Minuten 105 Fußgänger gezählt. Familien, Kegelclubs und Radlervereine waren unterwegs. Hinzu kamen auf dem Wasser Ruderer und Paddler. Ab 1906 fuhr die →Vorortbahn bis Ohlsdorf. Von dort spazierten die Ausflügler zu Fuß alsteraufwärts oder fuhren mit Pferd und Wagen weiter. Ein Jahr später konnten sie mit der →Kleinbahn Altrahlstedt-Volksdorf-Wohldorf in den →Wohldorfer Wald gelangen. 1912 erschloss die Walddörferbahn auch →Lottbek für den →Ausflugsverkehr im Alstertal. An schönen Sonntagen im Sommer kam es zu einem regelrechten Ansturm auf

Sonntagsausflug am Rodenbeker „Quellenhof" (um 1930)

Automobilverkehr

Auto und Radfahrer an der Kreuzung Saseler Damm/Poppenbütteler Landstraße (um 1930)

die Verkehrsmittel. So zählte die Kleinbahn 1913 zu Pfingsten 14.830 zahlende Fahrgäste. Entsprechend voll waren die →Ausflugslokale. In der →Wohldorfer Schleuse speisten manchmal mehrere tausend Gäste. Das →Klein-Borsteler Fährhaus verfügte über 3.000 Sitzplätze im Garten. Motive für die Sonntagsausflüge waren vordergründig die Sehnsucht nach sauberer Luft, Bewegung im Grünen und gutem, ländlichen Essen. Dahinter steckte aber auch der Wunsch nach Repräsentation des eigenen Status (man konnte sich etwas leisten) und dem Treffen mit Gleichgestellten. Eine ähnliche Entwicklung gab es um 1900 im Umfeld aller großen Städte. So beklagte sich Hermann Löns im „Buch der Lieder" über die Touristen, die an schönen Ausflugsorten Abfälle hinterließen. Der erste Weltkrieg brachte den Ausflugsverkehr schnell zum Erliegen. Auch später zogen die Lokale nie wieder soviel Gäste an wie in der Blütezeit. Das Auto als Verkehrsmittel für immer mehr Menschen und zunehmende Freizeit ermöglichten den Hamburgern, weiter entfernt liegende Ziele anzusteuern.

Automobilverkehr Gegen Ende des Kaiserreichs kamen die ersten Automobile ins Alstertal. Sie lösten wegen der Lärm- und Staubbelästigung weit größeren Protest aus als der →Fahrradverkehr. In →Wellingsbüttel beschloss die Gemeindevertretung 1911, eine Geschwindigkeitsbegrenzung von 15 Stundenkilometern einzuführen. Um deren Einhaltung kontrollieren zu können, bekam der Gendarm des Ortes sogar eine Stoppuhr für die Geschwindigkeitsmessung.

Azetylenwerk Die Gemeinde →Poppenbüttel baute am damaligen Glashütter Weg (heute →Harksheider Straße) gegenüber der Einmündung des Schulbergredders um 1910 ein kleines Gaswerk für die örtliche Versorgung.

Azetylenwerk in Poppenbüttel (1970)

Baben de Möhl (Bergstedt), Flurname = Koppel oberhalb der →Alten Mühle.

Baben Pfier (Duvenstedt) von einem Flurnamen („Pfier" = „Viert" = große Fläche nicht urbar gemachter Grenzgebiete). Dort am Parkberg in der Nähe des Wittmoors lag ein kleines Gehöft, das offenbar in der Kaiserzeit als Erholungsheim genutzt wurde. Eine ähnliche Einrichtung gab es am →Kakenhan.

Badeanstalten In den dreißiger Jahren, als die NS-Ideologie den Sport zu einem Ideal der Volksgesundheit hochstilisierte, bemühten sich die Gemeinden, Freibäder anzulegen. Im Alstertal entstanden die →Duvenstedter Badeanstalt und die →Saseler Badeanstalt.

Baden Das Baden im Freien kam erst im 20. Jahrhundert in Mode, vorwiegend bei jungen Leuten. Die Alstertaler Jugend erfrischte sich in der →Alster oder im Poppenbütteler →Kupferteich. Noch in der Zeit nach dem Zweiten Weltkrieg lernten im Kupferteich viele Kinder das Schwimmen. Da die Alster besonders bei Niedrigwasser seicht war, badeten Leichtsinnige auch unterhalb der Alsterschleusen in den tiefen Kolken mit starker Strömung. Bis heute hat es dabei immer wieder tödliche Unfälle gegeben.

Bäckerstieg (Sasel) benannt nach einer dortigen Bäckerei oder dem Backofen des →Grünen Jägers.

Bäcker, Zum (Gasthof) →Zum Bäcker.

Bäckerbrücke Die Brücke über die →Alster in →Poppenbüttel hat ihren Namen von einem Bäcker, der den Übergang regelmäßig zum Ausfahren seiner Brote nutzte. Das Geländer ist auf der Südseite mit Eichhörnchen-Silhouetten verziert.

Kunst auf der Brücke (2000)

Bärenkate alte Räucherkate in →Duvenstedt (Poppenbütteler Chaussee 31). Das Gebäude stammt aus dem Jahr 1743. Der Name ergab sich, als ein Bärenführer, der auf dem Weg nach Segeberg in der Kate übernachtete, seinen Tanzbären an einer Krampe in der Diele anband. Die Inschrift im Balken über der Tür lautet: „BISZ - HIE - HERR - HAT - VNS - DER - HERR - Ge - HOL - FEN". Ende des vorigen Jahrhunderts befand sich in der Bärenkate der örtliche Polizeiposten.

Gespann auf der Bäckerbrücke (um 1920)

Badevergnügen an der Poppenbütteler Schleuse (um 1950)

Bäseke, Georg Heinrich Eigentümer der Rohlfshagener Kupfermühle und der Kuhlenkamps-Koppel in →Poppenbüttel um 1790. Bäseke war Bevollmächtigter von Hinrich Christian →Olde und führte dessen Mühlenbetrieb von 1789 bis 1794 weiter. Er hatte Kontakt zur Hamburger und Poppenbütteler Oberschicht, lebte aber später verarmt in England.

Poppenbütteler Rieseneiche, gefällt 1819, Lithografie H. J. Herterich (um 1800)

Bäume gibt es viele im →Alstertal, darunter auch solche, die noch aus dem 19. oder gar 18. Jahrhundert stammen. Vielfach stehen sie auf den alten →Knicks oder in den Waldgebieten wie →Rodenbeker Quellental oder →Wohldorfer Wald. Zwei besondere Exemplare waren Gegenstand der Literatur und Malerei: die einstige Rieseneiche an der →Poppenbütteler Schleuse, in der angeblich eine ganze Schafherde Unterschlupf fand, und eine große, alte zerzauste Kiefer am nördlichen →Rehagen in →Hummelsbüttel, die Hermann →Claudius zum Dichten anregte.

Baggesen, Jens (1764-1826) deutsch-dänischer Schriftsteller, gehörte zum Bekanntenkreis des Poppenbütteler Mühlenherren Hinrich Christian →Olde. Über einen Besuch auf dessen Anwesen im September 1788 berichtete er in seiner Reisebeschreibung „Das Labyrinth oder Reise durch Deutschland in die Schweiz 1789". Baggesen war auch mit Schiller befreundet und verschaffte ihm eine beträchtliche Zuwendung des dänischen Kronprinzen und des Grafen Schimmelmann.

Bahnen Bahnverbindungen erhielten die Gemeinden im →Alstertal erst 1907 (→Kleinbahn Altrahlstedt-Volksdorf-Wohldorf) und 1918 (→Alstertalbahn bis →Poppenbüttel). Vorher lagen die nächsten Bahnstationen in Ohlsdorf und Bargteheide. Seit 1880 fuhr von Ohlsdorf eine Pferdebahn bis zum Pferdemarkt in Hamburg. 1896 wurde sie durch eine elektrische Straßenbahn ersetzt. Von Ohlsdorf nach Barmbek fuhr ab 1895 ebenfalls eine elektrische Straßenbahn. Die Vorortbahn (spätere S-Bahn) verband 1906 Ohlsdorf mit der Großstadt.

Bahnhof Poppenbüttel (um 1920)

Banck (Bahnhofsgaststätte) Lokal neben dem Poppenbütteler Bahnhof am →Stormarnplatz, heute griechisches Restaurant, wohl in den zwanziger Jahren des vorigen Jahrhunderts gebaut. Damals konnte man im Keller der Gaststätte Fahrräder aufbewahren.

Bantschow, Heinrich (Hinrich Banskow, gestorben 1540), Hamburger Domherr, Schweriner Dompropst, Pfarrherr u. a. in Eppendorf, päpstlicher Protonotar, Ablasskommissar für das Erzbistum Bremen, zuständig für das Hamburger Schulwesen, Gegner der Reformation. 1522 erhielt er vom Erzbischof Christoph von Bremen das Gut →Wellingsbüttel als Lehen. Er lebte mit seiner Magd zusammen und zeugte mit ihr drei Kinder.

Barkenkoppel (Wellingsbüttel) von „Barken" = Birken.

Barkhausenweg (Hummelsbüttel) nach Prof. Dr. Heinrich B. (1881-1956), Begründer der wissenschaftlichen Schwachstrom- und Hochfrequenztechnik, Standort der Firma Eppendorf Gerätebau.

Baudenkmäler Im →Alstertal stehen etliche denkmalgeschützte Gebäude, am meisten in →Wohldorf um die →Wohldorfer Kupfermühle und das →Waldherrenhaus. Nicht alle Bauten mit Denkmalschutz sind sehr alt. So findet man in der Denkmalliste auch Bungalows aus den sechziger Jahren des vorigen Jahrhunderts (→Josthöhe, „Parkstadt Hummelsbüttel"). Von den Gebäuden aus früheren Jahrhunderten ist die →Bergstedter Kirche am ältesten (geweiht 1256). Das nächstälteste Bauwerk, das Waldherrenhaus (1712/1714), steht in Wohldorf. Nur wenig jünger ist das →Mellingburger Schleusenmeisterhaus von 1717 am Rande von →Sasel. Aus dem 18. Jahrhundert stammen außerdem die →Bärenkate in →Duvenstedt (1743, noch nicht in der Denkmalliste), der →Alte Kupferhof (1750/1760) in Wohldorf und die benachbarte Kate am Kupferredder (genaues Baujahr unbekannt) sowie das Bergstedter Pastorat (1796). Aus der ersten Hälfte des 19. Jahrhunderts sind folgende Gebäude erhalten: der Gasthof →Alster-Au (um 1800, Duvenstedt), das Wohnhaus mit klassizistischem Giebel an der Alsterschleife („Mellinghus", um 1820, →Mellingstedt), die ehemaligen Stallgebäude an der Herrenhausallee 9 und 93 (um 1800 bzw. erste Hälfte des 19. Jahrhunderts, Wohldorf), das →Poppenbütteler Schleusenmeisterhaus (1823/24), die →Wohldorfer Kupfermühle (1827), das Wohnhaus Alte

Parkstadt Hummelsbüttel, erbaut in den 1960er-Jahren

Das Bergstedter Pastorat von 1796

Bauernhäuser

Bauernhäuser am Saseler Markt (um 1950)

Erbhof Timm, Hummelsbüttel (um 1930)

Dorfstraße 19 (1834, Ohlstedt), die →Duvenstedter Schule am Trilluper Weg, das →Wohldorfer Schleusenmeisterhaus (Mitte des 19. Jahrhunderts) und das Fachwerkhaus Grützmühlenweg 13 (mittleres 19. Jahrhundert, →Hummelsbüttel).

Bauernhäuser Die Bauernhäuser im →Alstertal waren so wie überall in Holstein gebaut: als →Fachhallenhäuser mit großer Diele, rechts und links davon Platz für die Nutztiere und im hinteren Bereich Stuben mit Herd. Die Gefache im Fachwerk wurden ursprünglich mit Weidengeflecht ausgekleidet und anschließend mit Lehm verputzt. Später verwendeten die Bauern dafür Backsteine. Die Dächer wurden mit Roggenstroh, später mit Reet gedeckt. Historische Bauernhäuser stehen noch u. a. in →Lemsahl und →Duvenstedt (z. B. die →Bärenkate), kleine Fachwerkkaten in →Poppenbüttel. Sie prägen aber nirgends mehr das Ortsbild.

Bauernvogtkoppel (Sasel) alter Flurname (bis 1950: Beim Grünen Jäger).

Baustile Bis weit in das 19. Jahrhundert gab es im →Alstertal fast ausschließlich Fachhallenhäuser und entsprechende kleinere Fachwerkkaten. Ausnahmen waren die Herrschaftssitze, das →Wellingsbütteler Herrenhaus, das →Domherrenhaus in →Poppenbüttel und das →Waldherrenhaus in →Wohldorf. Diese Gebäude wurden der jeweiligen architektonischen Mode angepasst. In der Kaiserzeit entstanden Villen in individuellem Stil und kleinere Putzbauten mit Ziergiebel und

Pfannendach. Von letzteren sind noch etliche erhalten, vor allem in Poppenbüttel (→Rönkrei). Die neue Sachlichkeit der zwanziger Jahre brachte im Alstertal kaum Bauten hervor. Erhalten (Denkmalschutz) ist der Bungalow am Anfang des →Duvenstedter Triftwegs (Architekt Karl Schneider). Bauten im darauf folgenden Heimatstil finden sich am Schleusenredder in →Wohldorf. Die schlichten Siedlungshäuser der dreißiger Jahre prägen noch heute das Erscheinungsbild der →Siedlung Eichenredder in →Poppenbüttel. Dagegen bauten die Saseler Siedler weniger einheitlich. Die Behelfsheime der zwanziger, dreißiger und vierziger Jahre wurden mittlerweile alle abgerissen. Von der Siedlung →„Plattenbüttel" steht noch ein Plattenhaus am →Kritenbarg. In der Zeit des Wirtschaftswunders entstanden überall im Alstertal viele neue Einfamilienhäuser. Der Stil war verspielt: schräg vorstehende Fenster, runde Fenster, Gelbklinker, Kleinmosaik und bunte Glasbausteine gehörten dazu. Auch die Häuser dieser Epoche mussten neueren Gebäuden weichen. Seit etwa zwei Jahrzehnten wird die Bebauung verdichtet. Auf kleinen, abgeteilten Grundstücken entstehen bescheidene Doppelhäuser. Lange war roter Backstein mit einem Krüppelwalmdach beliebt. Neuerdings ist der Toskana-Stil modern. Aber in allerletzter Zeit gibt es einen rückwärtsgewandten Trend: Der Erweiterungsbau des Hotels →Treudelberg folgt mit grüner Lattenholz-Verkleidung dem Heimatstil. In Poppenbüttel an der →Rethkoppel wurde gerade ein Einzelhaus im Stil von 1900 errichtet, allerdings in Backstein und nicht als Putzbau, wie vor hundert Jahren beliebt.

Haus in Saselbek, Architekt: Fritz Höger, Zeichnung von Kurt Schönbohm (1924)

Villa in Ohlstedt, Architekt: Gustav Schütt, erbaut 1919, Sitz der Pestalozzi-Stiftung Hamburg (um 1990)

Beim Fahrenland (Sasel) von „Farn", also mit Farnkraut bestandenes Land.

Beim Riesenstein (Sasel) →Opferstein

Beit, Sir Alfred (1853-1906) Hamburger Kaufmann und Diamantenhändler, Cousin von Eduard →Lippert. Beit war Hauptaktionär der De Beers Consolidated Mines Ltd. und zeitweilig der reichste Mann der Welt. Er unterstützte Cecil Rhodes bei der Erschließung von Rhodesien. Beit hinterließ bedeutende Kunstsammlungen und Stiftungen (u. a. für die Universität Hamburg). Auch Ende des 20. Jahrhunderts machte Beit noch Schlagzeilen: Zweimal raubte die IRA mit Waffengewalt Gemälde aus seinem Nachlass, die in einem irischen Schloss hingen.

-bek = Bach, wurde bis 1948 in →Hamburg „-beck" geschrieben, aber auch lang gesprochen (Dehnungs-ck, vgl. „Lübeck" oder „Mecklenburg"). →Preußen hatte die Schreibweise schon in den zwanziger Jahren umgestellt.

Bergdoltweg (Poppenbüttel) nach einer Familie, die dort zu Beginn des 19. Jahrhunderts einen Hof besaß.

Berge Im →Alstertal gibt es einige Höhen, die früher, als die Gegend weitgehend entwaldet war, einen weiten Ausblick bis nach →Hamburg im Süden und zum Schüberg im Osten boten: vor allem die Hügel der →Lemsahler Heide (am Wittmoorrand ca. 42 Meter hoch) und der →Kreienhoop (rund 34 Meter) in →Poppenbüttel. Der →Bollberg (etwa 30 Meter) im →Wohldorfer Wald dagegen besaß wohl durchgängig Baumbestand. Erst vor rund dreißig Jahren ist der „Müllberg", d. h. die →Hummelsbütteler Bodendeponie im äußersten Norden von →Hummelsbüttel, entstanden. Dort breitet sich von Nordosten her langsam Wald aus. Nach Süden bietet sich von etwa 80 Meter Höhe immer noch ein Blick bis zu den Hamburger Kirchtürmen und Hochhäusern, bei gutem Wetter bis zu den Harburger Bergen.

Bergstedt hieß in der ersten Urkunde von 1252 „Bericstede", wahrscheinlich nach dem Eigennamen seines Gründers. Die Existenz der →Bergstedter Kirche ist schon für 1248 bezeugt. 1345 verkaufte der Ritter Heinrich von Wedel das Dorf (zusammen mit →Sasel und der →Rodenbeker Mühle). 1576 gelangte Bergstedt in den Besitz des Herzogs von Holstein-Gottorp. Damals gehörten etwa sieben Vollbauernstellen zum Dorf. Es war Kirchdorf und Zentrum des →Bergstedter Kirchspiels. Der Kirchspielkrug sorgte für Kontakte und Informationsaustausch nach Besuch des Gottesdienstes. Zweimal im Jahr fanden

Bergstedt, Ecke Volksdorfer Damm / Bergstedter Chaussee (1937)

Bergstedter Armenhaus

Bergstedter Dorfplatz (2009)

Jahrmärkte statt. Damit besaß Bergstedt im Mittelalter und in der frühen Neuzeit eine größere Bedeutung als andere Dörfer im →Alstertal. Negativ wirkte sich aber die relativ große Entfernung nach Hamburg aus, später auch die Lage abseits der Bahnverbindungen. So konnten sich Ende des 19. und vor allem im 20. Jahrhundert die Orte im südlichen Alstertal schneller entwickeln. In der preußischen Zeit war Bergstedt aber noch Zentrum eines Amtsbezirks. Dazu gehörten die Gemeinden Bergstedt, Hoisbüttel und Hoisbüttel Gutsbezirk.

Bergstedter Armenhaus Das rote Backsteingebäude an der Bergstedter Chaussee 103, jetzt Sozialstation, ist das historische „Armen- und Werkhaus" (Denkmalschutz). Der →Gesamtarmenverband Bergstedt errichtete es 1881/82. 25 bedürftige Menschen aus den Verbandsgemeinden konnten dort einziehen. Heinrich von Ohlendorff, dem damals auch das Gut →Tangstedt gehörte, schenkte dem Armenhaus 1884 eine Gartenanlage. 1924 wurden die Armenverbände aufgelöst und den Landkreisen unterstellt. 1938, nach dem Anschluss an →Hamburg, übernahm die Hamburger Sozialbehörde das Armenhaus. Noch bis 1960 wurde die Anlage betrieben, teilweise mit Selbstversorgung aus eigener Landwirtschaft. 1975 zog ein Waldorf-Kindergarten ein, 1976 die Rudolf-Steiner-Schule, 1987 die Sozialstation.

Bergstedter Armenhaus (vor 2003)

Bergstedter Friedhof Als Friedhof für das →Alstertal diente bis in das 19. Jahrhundert der Kirchhof. Um die Mitte dieses Jahrhunderts reichte der Kirchhof aber nicht mehr aus, und auch der seit 1828 mitgenutzte Garten des Pastorats wurde zu klein. So kaufte die Gemeinde 1863/64 die Fläche Osterkamp jenseits der Bergstedter Chaussee. Der neue Friedhof wurde gärtnerisch gestaltet, u. a. mit Lindenalleen. Später pflanzten die Bergstedter auf dem Friedhof eine Luther-Eiche und eine Schiller-Linde. 1864 fand die erste Beerdigung statt. Zeitpunkt

Grabmal Uhrlaub (Wulksfelde) auf dem Kirchhof (um 1990)

Bergstedter Kirche

für die Beisetzungen war in früheren Jahrhunderten traditionell um elf Uhr vormittags. 1911 wurde eine Kapelle gebaut, 1928 eine Leichenhalle. Der Friedhof musste 1935 und 1947 erweitert werden. 1957 erhielt er eine neue Kapelle. Auf dem Bergstedter Friedhof wurden auch die Frauen beigesetzt, die im Außenlager Sasel gestorben waren (später Umbettung nach Ohlsdorf). Einige Grabanlagen stehen unter Denkmalschutz, u. a. die Familiengräber →Schiefler und →Henneberg.

Bergstedter Friedhof (2009)

Bergstedter Kirche Die Kirche ist eine der ältesten Kirchen →Hamburgs (Denkmalschutz). Sie wurde evtl. schon in der zweiten Hälfte des 12. Jahrhunderts als Tauf- und Missions-kirche in einem heidnischen Gebiet gebaut. Urkundlich belegt ist ihre Exis-tenz für 1248/1256. Geweiht war die Kirche St. Willehad und der Jungfrau Maria. Das Grab im Altar enthielt die Reliquien des heilig gesprochenen Bischofs Willehad (von Bremen, gestorben 789) und gab der Kirche eine besondere religiöse Bedeutung. Die Kirche war das Zentrum des →Alstertals, der Ort, den die Menschen zu Gottesdiensten und besonderen Lebensereignissen aufsuchten: Taufe, Heirat und Bestattung. Die Reformation dürfte in Bergstedt um 1540 durchgeführt worden sein. Vermutlich nahm der letzte katholische Geistliche die Reliquien schon 1527 mit. – Die Kirche wurde mehrfach Opfer von Kriegszügen und war immer wieder Gegenstand der Baupflege. So erhielt die als „baufällig" bezeichnete Kirche 1609 eine neue Balkendecke. 1685 wurde die Decke bunt bemalt. Der erste Kirchturm stand frei neben dem Kirchenschiff. Er stürzte 1702 bei einem Unwetter ein. Den Stumpf deckte man notdürftig ab. Allmählich verfiel er. Erst von 1745 bis 1747 wurde der jetzt noch vorhandene Kirchturm im barocken Stil gebaut. Baumeister war wahrscheinlich Jasper Carstens, der „Hofbaumeister" des Jersbeker Gutsherrn Bendix von Ahlefeldt. Die Baumaßnahmen begannen mit einem schweren Unglück: Ein Arbeiter (aus →Poppenbüttel) verunglückte beim Abbruch des alten Turmstumpfes tödlich, ein weiterer wurde schwer verletzt. Am 1. Advent 1747 konnte der neue Turm zusammen mit der inzwischen erweiterten Kirche eingeweiht werden. Die beiden Glocken läuteten; auf dem Turm spielte ein Trompeter. Eine Besonderheit war die Turmuhr. Sie besaß nur einen Zeiger (noch bis 1950). Anstelle einer Spitze war am Zeiger eine Hand angebracht, die auf die Zahlen des Ziffernblattes wies. 1747/48 fertigte der Duvenstedter Tischler Johann Hoffmeister das Patronatsgestühl („Hamburger Gestühl") für die →Waldherren an. Ein großes Hamburger Wappen schmückte die Einrichtung. Für die beiden Waldherren waren zwei Lehnstühle als

Die Bergstedter Kirche von Südwesten (2009)

Ehrenplätze bestimmt. Das Gestühl ist nicht mehr vorhanden; es fiel 1962 einem Brand zum Opfer. – In der zweiten Hälfte des 18. Jahrhunderts wurde die Kirche neu ausgestattet. 1776 erhielt sie eine Glocke für die Turmuhr, aus der Fabrikation des Hamburger Ingenieurs und Glockengießers Bieber. Sieben Jahre später wurde der Opferstock von 1676 (noch vorhanden) mit neuen Schlössern an den Eisenbändern besser gesichert. Der ebenfalls erhaltene →Taufengel wurde 1786 installiert. Er wird im Bedarfsfall von der Decke herabgelassen und hält dann das Taufbecken. Die südliche Empore wurde für die Bewohner der Tangstedter Heide erweitert. Die bis dahin dort angebrachte Kanzel baute man in den Altar ein. So hat die Bergstedter Kirche einen der seltenen „Kanzelaltäre". Das Pastorat stammt von 1797.

Bergstedter Kirchspiel „Kirchspiel" bezeichnet einen kirchlichen Bezirk (Pfarrsprengel, Parochie), für den eine Kirche und ein Pfarrer zuständig waren („-spiel" kommt von „spel" und bedeutet soviel wie Rede oder Erzählung). Das Bergstedter Kirchspiel gehörte zu den Urkirchspielen in Stormarn, die vom Hamburger Dom aus gegründet worden waren. Es entstand um 1150. Im 14. Jahrhundert gab es neben Bergstedt im Norden →Hamburgs noch die Kirchspiele Eppendorf, Siek, Trittau, Rahlstedt, Steinbek, Bargteheide und Sülfeld (Kirche seit 1207). Zum Kirchspiel Bergstedt gehörten Dörfer von Hellbrook im Süden bis Wilstedt im Norden, Tangstedter Heide im Westen und Woldenhorn (später = Ahrensburg) im Osten. Für 1652 werden folgende Ortschaften genannt: Bergstedt, „Sahsel",

Bergstedter Schmiede

Aufgliederung des Kirchspiels Bergstedt.

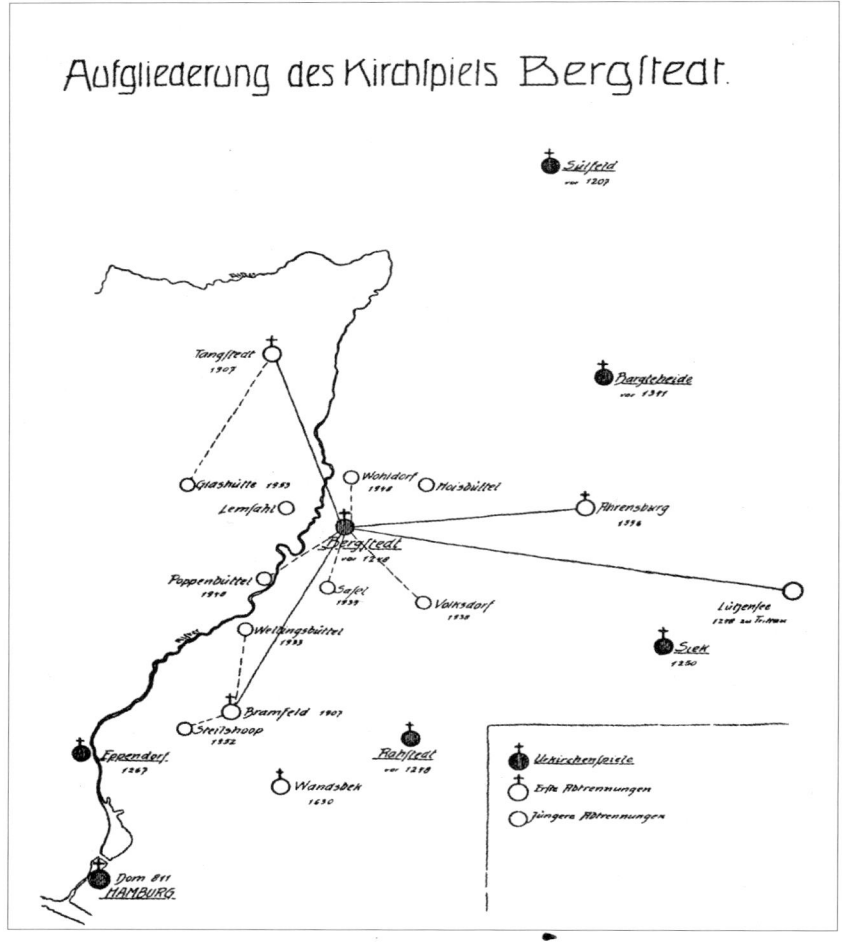

Entwicklung des Bergstedter Kirchspiels

„Bramfelde", „Hoystbüttel" (Edelhof und Dorf), „Ollstede", „Rodebekmöhl", „Woldorf", Rade, „Wulfsfelde" (Wulksfelde), „Willstede", „Tangstede", „Duvenstede", „Lemsaal", „Mellingstede-Trillowisch" (Trillup), „Vollksdorp", Poppenbüttel, „Mölhagen" (Altemühle) und Wellingsbüttel. Für diesen großen Bezirk war bis zum Ende des 19. Jahrhunderts nur ein Pastor zuständig, der seine Amtsgeschäfte zu Fuß erledigte. Erst 1895 wurde eine zweite Predigerstelle eingerichtet, mit Sitz in →Tangstedt. 1899 entstand mit Bramfeld ein weiterer Sprengel des Kirchspiels. 1907 wurden Tangstedt und Bramfeld selbständige Kirchengemeinden. Zur Gemeinde Tangstedt kamen die Dörfer Tangstedt, Tangstedter Heide (Glashütte), Wilstedt, Wulksfelde, Rade, Wiemerskamp und Duvenstedt. 1896 wurde die Tangstedter Kirche gebaut. – Zum Kirchspiel gehörte ein Kirchspielvogt, der ähnlich wie ein Amtmann für die Verwaltung der gesamten Einheit zuständig war.

Bergstedter Schmiede Eine Dorfschmiede für Bergstedt bestand mindestens seit 1600.

Bergstedter Schule In den Kirchdörfern gab es schon vor den übrigen Dörfern Schulen. Diese Kirchspielschulen waren ursprünglich Katechismusschulen mit Religionsunterricht. Später boten die Schulen auch Unterricht im Lesen, Schreiben und Rechnen an, aber nur im Winter, damit die Kinder im Sommerhalbjahr auf den Höfen helfen konnten. Die Eltern mussten Schulgeld zahlen. Um 1600 gab es in →Bergstedt eine solche Schule. 1857 wurde ein strohgedecktes Schulhaus neben der →Bergstedter Kirche errichtet. 1905 fiel es einer Brandstiftung zum Opfer. Danach entstand 1905/1906 ein großes, dreistöckiges Schulgebäude mit Pfannendach. Dieses Gebäude wurde 1977 abgebrochen.

Berittene Polizei →Polizei, berittene

Bevölkerungsentwicklung Die Bevölkerungszahl stieg in den Alstertaler Dörfern bis um 1800 kaum an. Damals lebten wohl durchschnittlich etwa 300 Menschen in einem Dorf. Auch um 1900 waren es lediglich rund 500. Trotz der Parzellierung der Güter und Bereitstellung von Siedlungsland kam es erst nach dem Ersten Weltkrieg zu einem deutlichen Wachstum der Bevölkerung. So lebten in →Sasel 1919 604 Menschen, 1925 bereits 1.883. Bis 1933 erreichte Sasel einen Bevölkerungsstand von 4.215 und war damit das einwohnerstärkste Dorf. In →Wellingsbüttel wohnten damals 2.047 Menschen, in →Hummelsbüttel 1.412 und in →Poppenbüttel 1.319. Nach dem Zweiten Weltkrieg lösten die Flüchtlinge aus dem zerstörten Hamburg einen gewaltigen Anstieg der Bevölkerung aus, allerdings nur vorübergehend. 1945 wohnten in Sasel 14.000 Menschen. 40 Jahre später hatte die Bevölkerungszahl fast 20.000 erreicht. 2006 lebten in diesem Stadtteil 22.465 Personen. Damit ist Sasel auch heute noch der „größte" Stadtteil des →Alstertals, gefolgt von →Poppenbüttel mit 21.740 Einwohnern. Vergleichsweise gering besiedelt sind die nördlichen Stadtteile (2006: →Lemsahl-Mellingstedt: 6.916, →Duvenstedt: 5.946, →Wohldorf-Ohlstedt: 4.308).

Bier war als Getränk mit schwachem Alkoholgehalt im Alltag weit verbreitet. Teilweise wurde es in den Haushalten selbst gebraut. Einen professionellen Brauereibetrieb gab es im →Alstertal nur in →Wellingsbüttel. Theobald Edler von →Kurtzrock legte wohl bald nach 1673 auf seinem Gut eine Brauerei an. Pro Woche wurde einmal gebraut. 20 bis 30 Tonnen waren das Ergebnis. Das Bier stieß in →Hamburg auf große Nachfrage und machte den städtischen Erzeugnissen Konkurrenz. Daraus ergaben sich Rechtsstreitigkeiten zwischen den Hamburger

Bergstedter Schule (errichtet 1906)

Wohldorf.
Bock's Gasthaus
Pensionat. • Restaurant d. D. R.-B. • Kegelbahn. • Salon.
Grosser Garten
von herrlichstem Buchenwald begrenzt.
Gelegenheit zu Bootfahrten auf der Alster.
Allen Clubs, Touristen und Erholungsbedürftigen als angenehmster Ausflugs- resp. Aufenthaltsort zu empfehlen.
Von Radfahrern über Glashütte-Duvenstedt, sowie über neuerbaute Chaussee Poppenbüttel-Duvenstedt leicht zu erreichen.
H 18] **Preise billigst.**

Zeitungsanzeige „Bock`s Gasthof" (1901)

Brauern und von Kurtzrock. Zu Beginn des 19. Jahrhunderts wurde der Betrieb eingestellt.

Bilenbarg (Lemsahl) von „Bil" = Sumpf. Am Bilenbarg lag ein einsames Gehöft mit Schankerlaubnis. Gäste waren wahrscheinlich die Torfstecher im →Wittmoor.

Binde, Joh. Garloff (Garlow Binde) war im 17. Jahrhundert Poppenbütteler Bauernvogt. Er wurde 1684 in Havighorst ermordet, als er Ochsen auf den Bergedorfer Jahrmarkt treiben wollte.

Blöckhorn (Sasel) gesondertes Stück Land, das nicht zu den großen Schlägen gehörte (hieß bis 1950 „Weizenkamp").

Blunks Gasthof (E. Blunk's Gasthof oder nur „Blunk"), Ausflugslokal in →Duvenstedt am Duvenstedter Damm, laut Werbung um 1900 „großer Garten mit schattigen Lauben und Spaziergängen". 1934 brannte das Lokal weitgehend ab und wurde danach wieder aufgebaut. Später hieß es „Zur Post". Gegenwärtig befindet sich dort ein italienisches Restaurant.

Bock, Gasthof (später „Bocks Witwe" oder „Unter den Linden") beliebtes und viel besuchtes Ausflugslokal am →Duvenstedter Triftweg neben der →Wohldorfer Schmiede, 1961 abgerissen.

Bohlenwege Durch das →Wittmoor führten zwei Bohlenwege: Der ältere stammt aus dem ersten Jahrhundert n. Chr., verlief quer durch das Moor bis zum Kakenhaner Weg und wurde 1904 ausgegraben. Er war fast 600 Meter lang und ruhte auf einer gleisartigen Unterlage. Mindestens 1.800 Eichenbohlen waren verbaut worden. Der jüngere Bohlenweg aus der Zeit von ca. 600 bis 800 verlief rund 450 Meter nördlich des älteren, etwa in der Verlängerung der Straße Wildstieg. Er war weniger kunstvoll hergestellt, mehr in der Art eines Knüppeldammes. 370 Meter des Weges ließen sich nachweisen. Der Poppenbütteler Lehrer und Lokalhistoriker Ludwig →Frahm entdeckte den jüngeren Bohlenweg 1898. Die Funktion der Wege ist unbekannt. In der älteren heimatkundlichen Literatur wird darüber spekuliert, ob es sich um einen überörtlichen Handelsweg

Bohlenweg-Grabung im Wittmoor (um 1900)

handelte oder um einen kultischen Weg zu den →Hügelgräbern auf der →Lemsahler Heide.

Bollberg Anhöhe im →Wohldorfer Wald, mit knapp 30 Metern über Normalnull eine der höchsten dortigen Erhebungen.

Bornwisch (Bergstedt) nach einem Flurnamen („Born" = Brunnen, „Wisch" = Wiese).

Borstels Ende (Klein Borstel) nach der Lage der Straße, die einen Teil der Grenze zu Wellingsbüttel bildete.

Bramkoppel (Sasel) von „Bram" = Ginster.

Brandheide (Ohlstedt) nach dem dortigen Flurnamen (1779), evtl. nach einem Heidebrand urbar gemachtes Land (benachbarter Flurname „Hungerkamp").

Brandt-Sanderscher Gasthof Restaurant in →Wellingsbüttel im 18. und 19. Jahrhundert vor Aufkommen der →Ausflugslokale. Der Gasthof bestand mindestens seit 1775 und lag zwischen dem heutigen Wellingsbütteler Weg, der Friedrich-Kirsten-Straße und der Festwiese. Er war auf Hamburger Gäste eingestellt und elegant eingerichtet. Das Inventarverzeichnis von 1807 listet u. a. 105 Servietten, 173 Stühle, eine Dielenuhr und eine Bibliothek auf. Zum Gasthof gehörten auch Treibhaus, Reitstall, Badeofen, Eiskeller und Kegelbahn. Nach schwierigen Zeiten erwarb Georg Friedrich Sander 1821 den Gasthof und brachte ihn noch einmal zur Blüte. Als Sander 1853 gestorben war, ging es mit dem Betrieb bergab. 1861 kaufte der Wellingsbütteler Gutsbesitzer die Anlage, ließ die Gebäude abreißen und erweiterte seinen Park.

Bredenbek (= „breiter Bach"), entspringt in dem sumpfigen Waldstück „Neuer Teich" südwestlich von Ahrensburg, speist den Bredenbeker Teich (um 1500 zur Fischzucht angestaut), fließt am südlichen Rand von Hoisbüttel und →Ohlstedt entlang und durch das →Rodenbeker Quellental in die →Alster.

Bredenbekhörn (Wohldorf), „Hörn" = spitz zulaufendes Landstück, zwischen den Bächen Bredenbek und Lottbek.

Brillkamp (Hummelsbüttel), nach einem Flurnamen („Brill" = Gegend mit kleinen Wasserlöchern).

Am Brillkamp stand diese etwa 400 Jahre alte Buche (um 1920)

Brotkamp (Poppenbüttel) nach einer Flurbezeichnung („Brut" = aufgebrochenes, gepflügtes Feld), siehe auch Brotkoppel in Sasel (hieß bis 1950 „Kiebitzweg").

Brücken →Alsterbrücken

Brügkamp (Wohldorf), nach einem Flurnamen, der sich auf die Brücke über die Ammersbek bezieht.

Brummelhorn (Sasel), von „Brummel" = Brombeere und „Hörn" = Geländevorsprung, andere Deutung: von „Hummel" in Anlehnung an den benachbarten Bienenkamp.

Brunskrogweg (Ohlstedt) nach dem dortigen Flurnamen (auch Braunskrog, 1779), „brun" = braun (evtl. Bodenverfärbung), „krog" = abgelegene Ecke von Kulturland, das mindestens an einer Seite an Wald oder Ödland grenzt.

Brunsteenredder (Duvenstedt) nach dem (braunen) Raseneisenstein, der dort schon in der Eisenzeit verhüttet wurde.

Bültenkoppel (Poppenbüttel) „Bülten" sind kleine Erhebungen, besonders die trockenen Grashorste im Sumpf. Wahrscheinlich gab es auf der früheren Koppel des →Poppenbütteler Hofes, die sicher recht feucht war (heute Gräben an beiden Seiten der Straße) Bülten.

Bürgervereine In →Hummelsbüttel wurde schon 1919 ein Bürgerverein gegründet. 1929 hatte er 112 Mitglieder und wurde nach 1933 aufgelöst. Alle anderen Bürgervereine des →Alstertals entstanden nach dem Zweiten Weltkrieg (→Walddörfer 1948, →Wellingsbüttel 1949, Vereinigung →Duvenstedt 1961, Heimatbund →Lemsahl-Mellingstedt 1964, Sasel-Poppenbüttel 1995). In Hummelsbüttel und Klein Borstel gibt es Heimatvereine, in Bergstedt die Begegnungsstätte.

Burgruine Poppenbüttel Die Miniatur-Burg am →Marienhof hoch über dem Schleusenteich wurde 1887 gebaut. Bauherr war der Gutsbesitzer Albert Cäsar →Henneberg. Er hatte den alten Landsitz des →Domkapitels zwischen →Poppenbütteler Markt und Schleusenteich erworben. Seinen Park wollte er durch einen markanten Blickpunkt verschönern und hatte dafür ursprünglich ein „Schweizerhäuschen", wie es gerade modern war, ins Auge gefasst. Sein Architekt riet ihm aber zu einer Burgruine, die ein Abbild der angeblichen Stammburg der Hennebergs in Thüringen darstellen sollte. Eine „mittelalterliche" – wenn auch im Maßstab eins zu vier verkleinerte – Burgruine musste auf einem Burgberg stehen. So ließ Henneberg nordwestlich der →Poppenbütteler Schleuse auf dem Gelände einer ehemaligen Lehmkuhle aus Schutt einen Hügel aufschichten. Der Bau begann 1884 und benötigte drei Jahre Zeit. Die Anlage mit ruinenartigen Ausläufern an

Burgruine über dem Schleusenteich (vor 1918)

den Seiten umfasst ein Hauptgebäude mit Turm und Nebentürmchen sowie einen Vorbau mit einer Bastion. Der Hauptbau liegt rund drei Meter höher als der Vorbau. Das Mauerwerk besteht aus Backstein-Langlochziegeln bzw. an den Ausläufern aus hartgebrannten Klinkern. Der Hauptteil der Burg wurde mit einem Putz versehen, der ein grobes Tuffstein-Mauerwerk und sogar Risse darin nachbildet. Im Hauptgebäude befinden sich zwei Räume: ein größerer von 6,3 mal 4,7 Metern und eine kleine Kammer von ungefähr 6 Quadratmetern. Der größere Raum, als „Rittersaal" bezeichnet, wurde von einem Glasdach überwölbt und beherbergte bis 1907 das Hennebergsche Familienarchiv. Außerdem wurden hier Andenken an Lessing ausgestellt, mit dem die Familie weitläufig verwandt war. Den Flur zu den beiden Räumen verschloss eine eisenbeschlagene Tür mit einem riesigen Schloss sowie entsprechendem Schlüssel. Ein Mosaik aus italienischen Fliesen schmückte den Boden. Im Inneren des elf Meter hohen Turmes („Bergfried") führte eine hölzerne Wendeltreppe nach oben. Auf halber Höhe lud eine umlaufende Holzbank zum Verweilen ein und zum Auslug aus einem kleinen Fenster. Oben war die Plattform mit 80 cm hohen Zinnen eingefasst. Von dort bot sich ein Blick über das gesamte →Alstertal bis zu den Hamburger Kirchtürmen. (Die heute hoch gewachsenen Bäume waren damals noch nicht vorhanden, und das Alstertal war weitgehend kahl.) Nach dem Ersten Weltkrieg vermietete der Erbe Eduard →Henneberg die Burgruine als Sommerfrische. Während der NS-Zeit diente das Gebäude als Treffpunkt der Hitler-Jugend. Auf dem Turm wehte eine Hakenkreuzfahne. 1942 trat die Familie Henneberg die Burgruine an die Hansestadt ab, angeblich, weil an der Westseite des Schleusenteiches ein Wanderweg angelegt werden sollte. Nach dem Zweiten Weltkrieg nutzte ein Gesangverein die Ruine. Dann lag alles lange brach, wurde für Geländespiele und Mutproben genutzt. Das Mauerwerk bröckelte, Einsturzgefahr drohte. Ab 1989 stritten sich die örtlichen, aber auch die Rathaus-Politiker, darüber, ob die Burgruine, die nun wirklich eine Ruine geworden war, abgerissen werden sollte. Schließlich fand sich ein Investor und Burgenliebhaber, der die Anlage kaufte und restaurierte.

Die Burgruine nach der Wiederherstellung (2004)

Busse →Omnibusverkehr

Butterbauern Als es noch keine Meiereien gab, lebten viele Besitzer kleiner Landstellen – besonders in →Hummelsbüttel – als Zwischenhändler vom Butterverkauf nach Hamburg. Sie kauften in →Holstein Butter ein und verkauften sie in der Stadt vorwiegend an Privatkunden. Neben Butter handelten sie auch mit Käse, Schinken und andern Lebensmitteln. Einige kamen zu Wohlstand. So baute der Butterbauer Christen an der Kreuzung Glashütter Landstraße/ Poppenbütteler Weg 1893 eine Backsteinvilla im Neo-Renaissancestil. Das historische Gebäude stand lange leer und wurde 2007 für eine verdichtete Wohnbebauung abgerissen.

Butterbauer Christen mit Familie vor seiner Villa (um 1900)

-büttel stammt vom altsächsischen „gibutli" und bedeutet Gebäude oder Wohnstätte. Dorf- und Städtenamen mit der Endung -büttel kommen in Norddeutschland häufig vor (z. B. Ritzebüttel oder Wolfenbüttel).

C

Camping Hamburger Ausflügler übernachteten nicht nur in den →Ausflugslokalen, sondern zelteten auch, besonders die Ruderer und Paddler (→Negerswalde), obwohl das Zelten vielfach nicht gestattet war. Heute gibt es nur noch den Campingplatz am Haselknick. Von der Nachkriegszeit bis in

Rasthaus am Campingplatz Haselknick (2009)

die achtziger Jahre befand sich auch am →Kupferteich in →Poppenbüttel ein Campingplatz. Dazu gehörten ein Spielplatz, Wasch- und Toilettengebäude sowie eine kleine Gaststätte mit vielen ausgestopften Tieren. Die Gebäude wurden abgerissen, das Gelände ist renaturiert.

„Die heiligen drei Könige", Cantate-Kirche (1966)

Cantate-Kirche →Duvenstedt wurde 1966 selbständige Kirchengemeinde. Die Einweihung des Gemeindezentrums fand ein Jahr später statt.

Cantate-Kirche am Tag der Einweihung (1967)

Carl-Lippert-Weg (Poppenbüttel) Der Saseler Carl Lippert leistete in der NS-Zeit Widerstand.

Carsten-Meyn-Weg (Poppenbüttel) nach dem Künstler Meyn (1810-1899), der die Landschaft des Alstertals zeichnete.

Christenweg (Sasel) nach der Bauernfamilie Christen, die vom 17. bis zum 19. Jahrhundert in Sasel lebte (bis 1951: „Haferkamp").

Christian-Koch-Weg (Hummelsbüttel) nach dem Hamburger Bürgermeister Koch (1878-1955).

Classenstieg (Wellingsbüttel) nach Dr. Johannes Classen (1805-1891), Direktor des Johanneums von 1864 bis 1874.

Claudius, Hermann (1878-1980), Schriftsteller, Urenkel des „Wandsbeker Boten" Matthias →Claudius. Hermann Claudius war bis 1934 Volksschullehrer in Hamburg und trat zunächst mit plattdeutscher Großstadtlyrik hervor. Er galt als volksnaher Arbeiterdichter, war aber auch bei der „Wandervogel"-Jugend beliebt. Bis heute berühmt ist sein Gedicht „Wann wir schreiten Seit' an Seit'". Von 1940 bis 1965 lebte Claudius in →Hummelsbüttel am Hummelsbütteler Weg 26 (Gebäude noch erhalten), danach bis zu seinem Tod in Grönwohld. Über das alte Dorf Hummelsbüttel schrieb er die „Uhlenbütteler Idylle".

Claudius, Matthias (1740-1815)
Der nach seiner gleichnamigen Zeitschrift „Wandsbeker Bote" genannte Dichter gehörte zum Freundeskreis von Hinrich Christian →Olde in Poppenbüttel. Offenbar besuchte Claudius seinen Freund auf dessen →Mühlenhof in Poppenbüttel an der Alster mehrfach. Verbürgt ist ein Besuch im Spätsommer 1787. Damals unternahmen die Gäste eine Bootsfahrt flussaufwärts, über die Jens →Baggesen in dichterischer Freiheit berichtete. 1785 gewährte der dänische Kronprinz Claudius eine Pension und eine Sinekure-Stelle als Erster Revisor der Altonaer Species-Bank. So hatte der Dichter auch „geschäftlich" mit Olde zu tun, denn jener war Pächter der Altonaer Münze und produzierte Münzen für die Bank.

Christophorus-Kirche (Hummelsbüttel) Die Kirche am Poppenbüttler Stieg 25 im späten Heimatstil wurde 1953 eingeweiht, der Kirchturm zwei Jahre danach. Architekt war Bernhard Hopp. In der Kirche hängt eine mittelalterliche Glocke aus Schlesien. Das neue Gemeindehaus entstand 1966. Die Hummelsbütteler Großsiedlung →Tegelsbarg gehört zur Kirchengemeinde Poppenbüttel (→Philemon-Kirche).

Christophorus-Kirche (2009)

D

Dänischer Gesamtstaat Dieser große Staat existierte von 1773 bis 1864 (Niederlage gegen Preußen/Österreich). Zum Gesamtstaat gehörten außer dem Kernland Dänemark die Herzogtümer Schleswig und →Holstein, Norwegen (bis 1814), Island, die Faröer Inseln und Lauenburg (ab 1815). Das →Alstertal war bis auf die Hamburger Exklaven →Wohldorf und →Ohlstedt holsteinisch und damit dänisch.

Dannenrüsch (Sasel) = Tannen, die einen Weg umsäumen.

Dannenrüsch vor der Bebauung (1925)

Deliusweg (Wellingsbüttel) nach Johannes Matthaeus Delius (gest. 1565), Rektor des Johanneums.

Delle (Bergstedt) von „Delle" = leichte Vertiefung.

Denkmalschutz →Baudenkmäler.

Depenwisch (Bergstedt), von einem Flurnamen (= tiefe Wiese).

Deutscher Wetterdienst Der Deutsche Wetterdienst mit Hauptsitz an der Hamburger Bernhard-Nocht-Straße (ehemalige Seewarte) hat eine Zweigstelle in →Sasel am Frahmredder 95. Diese Abteilung „Service und Logistik Nord" (früher „Messnetze und Daten") ist eine Außenstelle des Geschäftsbereiches Technische Infrastruktur und betreut die Mess- und Kommunikationseinrichtungen des Wetterdienstes in den Ländern Hamburg, Schleswig-Holstein, Bremen und Niedersachsen.

DGB-Tagungszentrum Hamburg Das Tagungszentrum liegt in einem Park am Alsterufer in →Hohensasel (Saselbergweg 63) und bietet Fortbildungsveranstaltungen für Gewerkschafter an. Über 70 Gäste können untergebracht werden. Hin und wieder stellen dort Künstler aus der Region aus.

DGB-Tagungszentrum (2009)

Diekbek (= „Teichbach"), Bach in →Duvenstedt, ursprünglich der Tangstedter Graben, entspringt südlich des Tangstedter Ortskerns, mündet südlich der Straße →Hoopwischen in die →Alster. Die Diekbek erhält Zuflüsse aus dem →Wittmoorgraben und dem kurzen Mesterbrooksgraben, der die Weiden am →Mesterbrooksweg entwässert, sowie von Schlagkampsbek und Tangstedterbek.

Diestelstraße (Ohlstedt) benannt nach Dr. Arnold Friedrich Georg Diestel (1857-1924), der in den Jahren 1920 bis 1923 Erster Bürgermeister →Hamburgs war. Auf ihn ist die neue Verfassung der Stadt nach dem Ersten Weltkrieg zurückzuführen.

Domkapitel ursprünglich Begriff für die klosterähnliche Gemeinschaft der Domherren, der höchsten Kirchenmänner an einem Dom ohne Bischof (in →Hamburg am Mariendom), später Ausdruck für die Hamburger Kirchenleitung (seit 1302 ein Gremium aus zwölf Domherren). Im 14. Jahrhundert war Erich von Schauenburg, der Bruder des Holsteiner Landesherren Graf Adolf VII., Chef (Propst) des Kapitels. Der Propst vertrat den Erzbischof von Bremen in dessen Diözese nördlich der Elbe und übte die geistliche Rechtsprechung aus. Das Domkapitel residierte im Dombezirk südlich der heutigen Petrikirche. Im Mittelalter erwarb es Pachtzahlungen aus mehreren Stormarner Dörfern, so aus →Poppenbüttel, →Sasel, →Bergstedt, →Rodenbek, →Wilstedt und Wulksfelde. Insgesamt war das Domkapitel im Mittelalter Grundherr von mehr als 200 →Hufen in 19 holsteinischen sogenannten „Kapiteldörfern", zuletzt bis 1803 noch von Poppenbüttel und Spitzerdorf (untergegangen, heute Teil von Wedel).

Domherrenhaus Dienstsitz und Sommerhaus („Lusthaus") des →Domkapitels in →Poppenbüttel an der Ostseite des Dorfplatzes. Dazu gehörte im 18. Jahrhundert ein Park mit barocken Gartenanlagen. Es gab eine große Freifläche, einen Teich, ornamentale Beete und eine ausgedehnte Wiese zur →Alster hin. Außer dem eigentlichen Domherrenhaus standen auf dem Gelände noch ein Pförtnerhaus und ein Gartenhaus. Ab der Mitte des 19. Jahrhunderts gehörte der Landsitz der Familie →Henneberg. Zu Beginn des 20. Jahrhunderts vermietete sie das Domherrenhaus als Sommerfrische. Während des Ersten Weltkriegs diente das Gebäude als Lazarett. In den zwanziger Jahren wurde es wegen Schwammbefall abgerissen.

Weiter Blick vom Herrschaftssitz des Domkapitals: Das Domherrenhaus (vor 1914)

Doppel-Eichen Gedenkbäume, benannt nach dem Lied „Teures Land, du Doppeleiche unter einer Krone Dach" von Matthäus Friedrich Chemnitz (1815-1870). Zwei Stämme aus einer Wurzel oder zwei Eichen in einem Pflanzloch bilden eine Doppel-Eiche, ein spezifisch schleswig-holsteinisches Symbol, das nach 1848 die Zusammengehörigkeit der Landesteile Schleswig und →Holstein darstellen sollte („op ewig ungedeelt"). Die meisten Doppel-

Doppel-Eichen konnte man für 10 Mark kaufen (1898)

eichen wurden aber erst 1898 zum 50. Jahrestag der schleswig-holsteinischen Erhebung gepflanzt. Junge Eichen gab es in jedem Knick – Gedenksteine waren teuer! Im →Alstertal standen u. a. in →Bergstedt (Ecke Volksdorfer Damm/Wohldorfer Damm) und →Wellingsbüttel Doppeleichen. Die Wellingsbütteler Eiche von 1898 am Heelberg (an der Einmündung der Barkenkoppel in den Wellingsbütteler Weg) ist noch vorhanden.

Dorfkoppel (Poppenbüttel) Diese Koppel lag am nächsten zum alten Dorfkern am Marktplatz. Sie hieß auf alten Karten „Dorfhecks Coppel".

Drachenstieg (Klein Borstel) nach St. Georg, dem Drachentöter, Schutzpatron des hamburgischen St. Georgs-Hospitals, dem Klein Borstel im Mittelalter gehörte.

Dreiklassenwahlrecht galt in →Preußen und damit im →Alstertal für die Gemeinderäte, Kreistage und den Landtag, bis zur Revolution von 1918. Die Wähler und die Kandidaten wurden nach ihrem Einkommen in drei Klassen eingeteilt und besaßen mit zunehmendem Einkommen mehr Chancen, zu wählen und gewählt zu werden. Frauen, Ausländer und Bezieher von Armenunterstützung durften weder wählen noch kandidieren.

Drögensee (Duvenstedt) nach einem Flurnamen: kleiner Tümpel, der meistens trocken war.

Drosselbek sehr kurzer Bach (drei Kilometer) in →Wohldorf, stammt aus einem Bruchgelände in der Nähe des Forsthauses, fließt nach Süden und erreicht in der Nähe des Haselknicks die →Alster. 1980 ordnete eine Karte der Hamburger Fließgewässer den Oberlauf der Drosselbek der Güteklasse IV zu. Das bedeutete „übermäßig verschmutzt". Als das Kopierwerk →Atlantik Film seinen Betrieb eingestellt hatte, normalisierte sich die Wasserqualität.

Duvenstedt Das Dorf wurde wahrscheinlich nach einem Mann namens Duvo benannt, vielleicht dem Gründer (Lokator) des Ortes. In den überlieferten Quellen taucht es 1261 zum ersten Mal auf. Ursprünglich gab es sechs volle Bauernstellen (→Hufen), zwei halbe und neun Katenstellen im hoch gelegenen Oberdorf und im Unterdorf. Das Hamburger →Domkapitel erwarb 1261 von Dietrich von Borstelde den großen und kleinen Zehnten aus dem Dorf und später drei Hufen. Auch das Nonnenkloster Harvestehude kaufte eine Hufe. 1475 bis 1649 gehörte Duvenstedt – wie →Lemsahl-Mellingstedt – zum Amt →Tremsbüttel und damit zur Herrschaft Lauenburg. Dann wurde

Luftbild von Duvenstedt (um 1960)

Das moderne Duvenstedt (2009)

das Amt an den Herzog von Gottorf verkauft. Ab 1635 waren die Bauern nicht mehr im sehr weit entfernten Tremsbüttel dienstpflichtig, sondern im auch noch abgelegenen →Tangstedt. Denn der Gottorfer Herzog hatte das Dorf Tangstedt gelegt und ein Vorwerk zum Tremsbütteler Hof errichtet. Die Duvenstedter mussten dort Hofdienste (Hand- und Spanndienste) leisten, beispielsweise die Voll- und Halbhufner zwei Tage in der Woche Handarbeit. 1773 kam Duvenstedt zum dänischen Gesamtstaat. Vier Jahre später vernichtete ein Großfeuer fast das gesamte Dorf. Um 1782 wurde die →Verkoppelung durchgeführt. Als 1876 das Kanzleigut Tangstedt aufgelöst wurde, brauchten die Duvenstedter keine Hofdienste mehr zu leisten. Die Volkszählung von 1864 ergab 70 Häuser und 512 Einwohner. Damit gehörte Duvenstedt zu den kleineren Gemeinden im →Alstertal. Die Zeit um 1900 bescherte auch Duvenstedt einen Anteil am →Ausflugsverkehr der Hamburger. Damals gab es viele →Ausflugslokale und zwei Erholungsheime. Die Bevölkerung wuchs nur langsam. Als Duvenstedt 1938 nach Hamburg eingemeindet wurde, lebten dort rund 1.000 Menschen. Die Landwirtschaft dominierte die Erwerbstätigkeit weit in das zwanzigste Jahrhundert. Sport- und Freizeiteinrichtungen kamen hinzu. Um 1950 gab es im Ort zwei Trabergestüte. Die Familie →Offen stellte generationenlang die Bauernvögte und nutzte das Schankrecht.

Duvenstedter Badeanstalt Der Landwirt Hugo Iden schenkte der Gemeinde →Duvenstedt sein Grundstück („Schweinekoppel") zwischen den alten →Karpfenteichen und dem →Puckaffer Weg als Fläche für ein Freibad.

Freibad Duvenstedt im Winter, abgedeckt (2009)

Duvenstedter Blasorchester

Die Koppel, vom →Wittmoorgraben durchflossen, war früher selbst ein Fischteich gewesen. Im Rahmen von Notstandsmaßnahmen hoben Arbeitslose den Boden aus und legten ein Badebecken an. 1934 wurde das Freibad inoffiziell eröffnet. Vier Jahre später übernahm die Stadt Hamburg die Badeanstalt.

Duvenstedter Blasorchester

wurde 1967 gegründet und besteht aus rund 80 aktiven Musikern. Das Orchester gehört zur Vereinigung Duvenstedt.

Spielmannszug des Duvenstedter Blasorchesters (1969)

Duvenstedter Brook

a) Geschichte: Der Brook, entstanden aus einem Eisstausee der Weichsel-Eiszeit, war einst eine große Gemeinweide, die sich bis zu zehn verschiedene Dörfer teilten. →Lemsahl und →Mellingstedt sowie →Duvenstedt nutzten Flächen im mittleren Brook. Die Weidegebiete der Duvenstedter beispielsweise zogen sich vom Vossbarg bis zum Großen Moor hin. Wenn die Hirten dieser drei Dörfer das Vieh in den Brook treiben wollten, mussten sie Ländereien des hamburgischen Dorfes Wohldorf überqueren. Zu Wohldorf gehörte seit Mitte des 15. Jahrhunderts der südliche Brook. Jahrhundertelang gab es deswegen immer wieder Streitigkeiten. Lichter Wald bestimmte die Vegetation im Brook; dazwischen lagen Moor- und Sumpfgebiete. Genutzt wurde der Brook auch zur →Köhlerei (im Ostbrook noch bis in das späte 19. Jahrhundert), zum Torfabbau (sogar für eine →Torffabrik), zum Schneiden von Weichholz und zur Jagd. In der NS-Zeit war der Brook Jagdrevier und Refugium des „Gauleiters" →Kaufmann. b) Naturschutzgebiet: Der Brook ist das drittgrößte Hamburger Naturschutzgebiet, an das sich im Osten auf schleswig-holsteinischem Gebiet zudem das Naturschutzgebiet „Hansdorfer Brook" anschließt. Im Brook gibt es vielfältige Lebensräume wie (teilweise beweidete) Wiesen, Knicks, Tümpel, Erlenbruchwald, Niedermoore und Heideflächen. An botanischen Raritäten bietet der Brook u. a. Sommerwurz, Glockenheide und den fleischfressenden Sonnentau. Nachdem der Brook vor einigen Jahren wieder vernässt worden ist, haben sich zahlreiche Lurche angesiedelt. In den Tümpeln lassen sich schon im März die zur Paarungszeit blau gefärbten Männchen der Moorfrösche beobachten. Teich- und Seefrösche rufen ab Mai, die noch lauteren, aber winzigen Laubfrösche an warmen Abenden bis in den Sommer. Über 60 Vogelarten leben im Brook, zumindest zeitweise im Sommer, u. a. Kiebitz, Bekassine, Brachvogel, Pirol (kommt

Herbstlicher Brook am Duvenstedter Triftweg (um 1970)

erst Mitte Mai und heißt daher niederdeutsch „Pingstvagel") und Neuntöter. Im Norden des Brooks haben Graureiher auf abgestorbenen Birken eine Kolonie gegründet. Im Frühling, ab Anfang März treffen die Kraniche ein. Seit Jahren brüten mehrere Paare erfolgreich und lassen weithin ihre Trompetenrufe erschallen. Seltene Insekten kommen zahlreich vor, z. B. 14 Heuschrecken-, 34 Libellen- und 33 Schmetterlingsarten. Als einer der ersten Schmetterlinge fliegt Ende April/Anfang Mai, wenn das Wiesenschaumkraut blüht, der Aurorafalter. Die Männchen kann man leicht an den auffallend orange gefärbten Vorderflügelspitzen erkennen. Im Brook leben auch viele Säugetierarten, von der Zwergmaus über Hermelin, Baummarder und Dachs bis zu Wildschwein, Dam- und Rotwild. Zahlreiche kräftige Hirsche röhren zur Brunftzeit. Das Rotwild kommt im Brook allerdings nicht von Natur aus vor. Der Hamburger „Gauleiter" Kaufmann setzte in einem Wildgatter osteuropäische Hirsche aus, um seiner Jagdleidenschaft nachzugehen. Vor hundert Jahren gab es zwar keine Hirsche im Brook, dafür aber Tiere, die heute verschwunden sind, beispielsweise Fischotter in so reichlicher Zahl, dass ein Fallensteller mit ihrem Fell seinen Lebensunterhalt verdienen konnte. Birkhühner gab es in einer Population von über hundert Stück. Doch 1946 balzten die letzten Hähne, und es gelang nicht, die Vögel wieder anzusiedeln. Seit 1997 befindet sich das Naturschutz-Informationshaus am Duvenstedter Triftweg/Wiemerskamper Weg. Vom früheren Informationshaus mitten im Brook ist ein Beobachtungsstand übriggeblieben. Das Forsthaus liegt noch weiter östlich, fast am Ende des Triftweges. Meistens ist es im Brook still bis einsam. Zur Brunftzeit finden sich aber deutlich mehr Menschen als Hirsche ein. Und an einem sonnigen Ostertag vor einigen Jahren zählte die Forstverwaltung sogar 2.000 Besucher.

Feuchtwiese im Duvenstedter Brook

Duvenstedter Schule

Historische Duvenstedter Dorfschule (2008)

Der Triftweg lange vor der Asphaltierung (um 1930)

Duvenstedter Schule Erstmals für das ausgehende 17. Jahrhundert gibt es verlässliche Informationen über Duvenstedter Schulmeister. So vermerkte der Bergstedter Pastor Eberhardi über den 1688 verstorbenen Hinrich Bekmann: „Ist ein frommer Mann und in der Bibel wohl belesen gewesen, darümb ich ihn zum Schulmeister allda bestellet". 1804 bestellte der Tangstedter Gutsherr Graf von Holmer den Schulmeister Jacob Heinrich Westphalen. Der Lehrer war verpflichtet, „die in der Schule allda bei ihm sich einfindende Jugend im Buchstabieren, Lesen, Schreiben und Rechnen, auch in Sonderheit in den Anfangsgründen des Christentums getreulich und mit allem Fleiße zu unterrichten und daneben stets für sich und die Seinen einen ehrbaren christlichen Lebenswandel zu führen." Dafür erhielt er freie Wohnung in der Schulkate mitsamt Kohlhof und Nutzung der Schulkoppel. Die Duvenstedter Hufner und Kätner mussten ihm Schulgeld bezahlen, Feuerung und Brot liefern. Die Weiderechte des Schulmeisters waren genau geregelt: „an Weyde für seine Schafe, Schweine und Horn-Vieh unentgeltlich so viel der Schulmeister deren halten und ausfüttern kann oder will. Jedoch bezahlt die Dorfschaft nur für zwo Kühe des Schulmeisters dem Hirten den Hüthlohn, und wenn er also mehr Horn-Vieh hat, muß er davon Nachbars gleich den Hirtenlohn berichtigen." 1817 wurde die Schulpflicht eingeführt. Noch bis 1870 war die Schule einklassig. Die älteste Schulkate lag auf dem →Hökerberg. 1847 wurde das Schulhaus am Trilluper Weg gebaut, zunächst noch mit Strohdach. Es brannte 1885 ab und wurde wieder aufgebaut. Von 1937 bis 1941 mussten die Duvenstedter Kinder die →Wohldorfer Schule besuchen. Danach diente die Duvenstedter Schule als Grundschule für die ersten drei Jahrgänge. Als nach dem Zweiten Weltkrieg auch die Kinder aus →Wohldorf und →Ohlstedt zur Duvenstedter Schule gehen mussten, wurden die Veranda des Gasthauses →Zur Post und der Saal des Gasthauses →Sennhütte sowie eine Baracke am Duvenstedter Damm als Schulräume mitgenutzt. Das historische Schulhaus am Trilluper Weg ist erhalten und wird für Wohnzwecke genutzt.

Duvenstedter Triftweg (Wohldorf) Auf diesem Weg wurde das Vieh in den Duvenstedter Brook getrieben.

Dweerblöcken (Sasel) nach einem Flurnamen (querliegende Ackerstücke).

Eckerkamp (Wellingsbüttel) von Ecker = Eichen, hieß bis 1951 „Feldstraße".

Eckloßberg (Wellingsbüttel) nach einem Flurnamen, möglicherweise von „Eichenlohe".

Eekbalken (Hummelsbüttel) von „Eiche".

Eggertweg (Poppenbüttel) nach dem Lehrer und Lokalhistoriker Wilhelm Eggert.

Eichen Mit ihrem Hartholz waren sie die wertvollsten Bäume im →Alstertal. Im Mittelalter bedeckte ein lichter Wald mit vielen Eichen die gesamte Gegend. Eine Zählung des Eichenbestandes in →Poppenbüttel 1783 ergab noch 3.754 Eichen. Mit den Eicheln mästeten die Bauern ihre Schweine (gegen Entgelt an die Grundherren). Jahre mit guten Baumernten hießen daher „Mastjahre".

Eichen am Alsterwanderweg in Wellingsbüttel (2007)

Eichenredder (Poppenbüttel) Diesen alten Wirtschaftsweg gab es schon vor der Aufteilung des →Poppenbütteler Hofes. Der Graben auf der Nordseite ist auffallend tief und breit.

Eilswiese (Sasel) Bedeutung unklar, vielleicht von „El" = Erle, hieß bis 1949 „Bergstraße.

Einflugschneise Über das →Alstertal verläuft vom Nordosten zum Flughafen Fuhlsbüttel eine Einflugschneise. Teile des nordwestlichen →Poppenbüttels liegen in einer Lärmschutzzone. Auf der Lemsahler Seite des →Kupferteichs befindet sich ein kleines Gebäude mit einer Signaleinrichtung für landende Flugzeuge.

Eis diente zur Kühlung von Milch oder Fleisch, bevor die elektrische Kühlung erfunden wurde. So füllte beispielsweise Schlachter Böhm aus →Hummelsbüttel seinen Kühlraum mit Eisblöcken, die er selbst aus einer der zugefrorenen →Rosinenkuhlen an der Glashütter Landstraße gesägt und mit Haken herausgefischt hatte. Das Eis wurde in →Eiskellern aufbewahrt, von denen einige sehr groß und kunstvoll gebaut waren.

Eisen An vielen Stellen des →Alstertals ist der Boden stark eisenhaltig. Davon sind einige Bachbetten rotbraun gefärbt. Es handelt sich um Lagerstätten von Raseneisenerz. Diese eisenhaltige Erde wurde in vorgeschichtlicher Zeit in so genannten „Rennfeueröfen" verhüttet. Reste solcher Anlagen haben Forscher u. a. in der Nähe der →Saseler Badeanstalt und im →Duvenstedter Brook gefunden.

Eiskeller

Das Wohldorfer Kriegerdenkmal steht auf dem ehemaligen Eiskeller (um 1990)

Von der Eiszeit geformt: Landschaft im Hainesch/Iland (2009)

Eiskeller dienten zum Aufbewahren des Eises während der warmen Jahreszeit. Gutsbetriebe und größere Landsitze verfügten über gesonderte, größere Gebäude mit Kellern, meist von Bäumen beschattet, so wie heute noch in Jersbek erhalten und zu besichtigen. Große ehemalige Eiskeller sind belegt für →Wohldorf (für das →Waldherrenhaus, im Hügel des jetzigen Kriegerdenkmals), in →Hohenbuchen und auf einem Landsitz in →Poppenbüttel südlich des Schulbergs.

Eiszeit In der letzten Eiszeit, der Würm- oder Weichsel-Eiszeit (120.000 bis 12.000 vor Christi Geburt) schoben sich die Gletscher bis zur Linie →Tangstedt – →Mellingstedt – →Saselbek – Berne – Rahlstedt. Durch Vordringen und Rückzug des Eises entstanden die Endmoränen, z. B. die Höhen im →Wohldorfer Wald oder die →Wöhlberge an der →Saselbek. Das Schmelzwasser unter dem Eis bildete Tunneltäler, so das Tal der Saselbek bei den Wöhlbergen. Aus dem sogenannten Gletschertor floss das Wasser ab. Ein solches Gletschertor lag bei →Trillup in →Lemsahl.

Eitner, Ernst (1867-1955), Maler des Spät-Impressionismus („Monet des Nordens"), Mitbegründer des Ham-

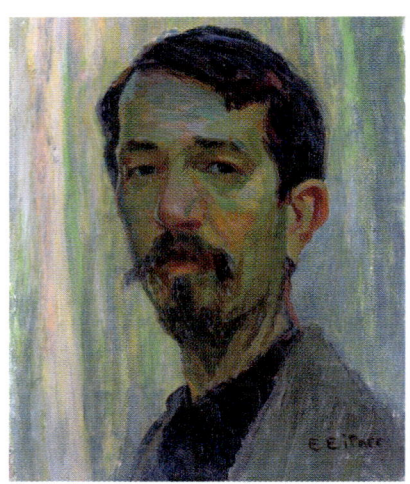

Ernst Eitner, Selbstporträt (um 1905)

burger Künstlerclubs 1897, 1917 zum Professor ernannt. Der Künstler war mit Arthur →Illies befreundet. Sie malten gemeinsam in →Wellingsbüttel. Ihr Quartier hatten sie im Gasthof →Alsterhöhe. 1903 baute sich Eitner ein Haus in →Hummelsbüttel in der Straße Am →Gnadenberg (Nr. 13) und lebte dort bis zu seinem Tod. Er malte viele Motive in seiner Nachbarschaft. Damit sind seine Gemälde heute Dokumente des alten Dorflebens.

Elgenkamp (Poppenbüttel) nach Harms v. Elgen, dem das Gelände im 18. Jahrhundert gehörte.

Elfenbeinweg (Wellingsbüttel) →Elfenbeinfabrik.

Elfenbeinfabrik Kommerzienrat Max Westendarp, Eigentümer der Elfenbeinfabrik an der Barmbeker Rönnheidstraße, eröffnete 1911 ein Zweigwerk in →Wellingsbüttel am heutigen Elfenbeinweg. An der →Waldingstraße baute er sich eine Villa. Westendarps Schwager war Heinrich Adolph Meyer (Sohn des Großindustriellen „Stockmeyer"), der die Barmbeker Fabrik gegründet und 1889 an Westendarp übergeben hatte. In der Fabrik wurden vorwiegend Klaviertasten, aber auch Billardkugeln und Halsketten hergestellt. Über dem Eingang hing ein großer Elefantenkopf aus Elfenbein. In Wellingsbüttel wurde angeblich ein Siebtel des weltweit gewonnenen Elfenbeins verarbeitet (Zähne von 2.000 Elefanten pro Jahr). Arbeiter zerteilten die Stoßzähne zu Platten, beizten sie in Säure und legten sie auf Bleichwiesen zum Trocknen aus. Die Fabrik war noch nach dem Zweiten Weltkrieg in Betrieb, allerdings in kleinerem Umfang. Mittlerweile sind Werksgebäude und Villa neuer Bebauung gewichen, Spuren nicht mehr zu erkennen.

Elektrizitätswerke Ebenso wie Gas wurde auch Elektrizität ursprünglich in einigen Dörfern dezentral erzeugt, so in →Lemsahl-Mellingstedt (am →Treudelberg) und in →Hummelsbüttel. Das kleine Hummelsbütteler Elektrizitätswerk (Akkumulatorenstation mit Ladegenerator) errichtete die Gemeinde 1911 an der Hummelsbütteler Hauptstraße in Höhe des Kirchenredders. Mit dem erzeugten Strom versorgte das Werk sogar noch →Klein-Borstel. Ab 1924 gibt es keine Hinweise mehr auf das Werk. Der Abbruch erfolgte 1929. Die vier Meter hohen Fenster benutzte ein Bauer später für seinen Hühnerstall. 1930 wurde das Grundstück verkauft und bebaut. – Das Gut →Wellingsbüttel erhielt nach 1888 mit dem Pumpwerk im Wasserturm ein Elektrizitätswerk. Ein „Lichthausverwalter" war für die Stromerzeugung zuständig.

Elektrizitätswerk von Lemsahl-Mellingstedt (vor 1915)

Ellerbrocks Gasthof

Ellerbrocks Gasthof Ausflugslokal in →Poppenbüttel an der Hauptstraße gegenüber der späteren Post, nach der Werbung mit „grossem herrlichem Garten, schattigen Lauben und Spaziergängen". Alte Fotos zeigen Sitzecken mit grottenähnlichen Steinen. Vom Lokal und dem Garten gibt es keine Spuren mehr. Nur die Linden am Straßenrand sind erhalten.

Ellerbrocks Gasthof mit den Linden (um 1910)

Zeitungsanzeige (um 1900)

Ellerbrookswisch (Ohlstedt) nach dem dortigen Flurnamen (1783) = Erlenbruchswiese.

Emekesweg Der Knappe Emeke lebte im 14. Jahrhundert und gehörte zur Familie der →Struze. Die Straße hieß bis 1947 „Lützowstraße".

Essen und Trinken Über die Ernährung der Alstertaler in früheren Zeiten gibt es erst aus dem 19. Jahrhundert spärliche Informationen. So ist überliefert, was das Gesinde des →Poppenbütteler Hofes täglich zu essen bekam. Ob die Mengen ausreichten und wie die Mahlzeiten zubereitet waren, ist nicht überliefert. Man kann davon ausgehen, dass die meisten Einwohner an Werktagen nur bescheiden aßen, die Armen wohl am Rande der nötigen Kalorienzufuhr. Dafür gab es an Festtagen durchaus opulentes Essen, vor allem mit viel Fleisch. Beliebt waren auch süße Speisen wie Apfelpfannkuchen, „Mehlbüdel" (Klöße mit Rosinen in Leinenbeuteln gekocht) und Milchreis. Dazu tranken die Männer Bier, die Frauen gern das sogenannte „Eier-bier" – vielleicht eine Art Eierlikör. Die Touristen, die um 1900 im Alstertal unterwegs waren, begnügten sich anscheinend oft mit Stullen, denn die meisten Lokale priesen „Butterbröte" auf ihren Werbeplakaten besonders an. Vom Gasthof →Wagener ist als Festmenü die Speisefolge von Krebssuppe, Schweinebraten mit Rotkohl und Roter Grütze überliefert. Die Besucher des Wohldorfer →Waldhauses Hütscher konnten sonntags zum Dessert den „Wohldorfer Plumpudding" genießen, der für acht Personen u. a. acht Eier, ein Pfund Ochsentalg, 1 Pfund Rosinen, 1 Pfund Korinthen und 250 Gramm Zucker enthielt. Ein Gast notierte: „Nachher sind ein oder mehrere Kognaks sehr bekömmlich."

„Lachs in Mayonaise", (Hamburg-Kochbuch, 1879)

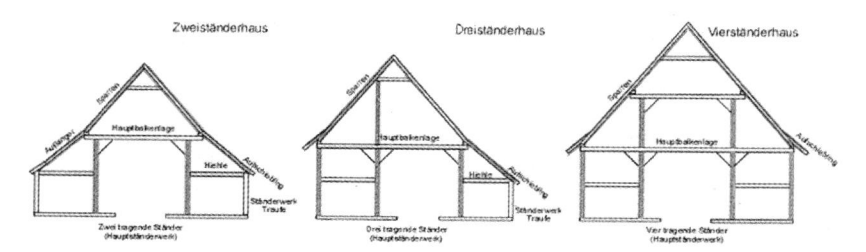

Konstruktionsvarianten des Fachhallenhauses

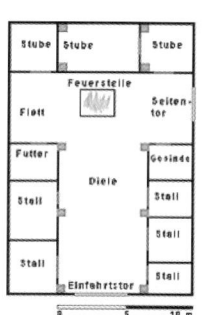

Typischer Grundriss

Fachhallenhaus Das niederdeutsche Fachhallenhaus war das typische alte Bauernhaus auch im Alstertal, mit einer großen, befahrbaren Diele und kleinen Wohnräumen. Menschen und Tiere lebten unter einem gemeinsamen Dach, das vielfach noch bis Ende des 19. Jahrhunderts mit Roggenstroh aus der dörflichen Produktion gedeckt wurde. Durch die Verwendung von Kunstdünger wurde das Roggenstroh zu weich und ließ sich nicht mehr als Dachdeckung verwenden. An die Stelle des Strohs trat Reet aus den Elbmarschen. Ursprünglich waren die Gefache zwischen den Fachwerkbalken mit Flechtwerk ausgefüllt, das mit Lehm verdichtet wurde. Später mauerte man die Gefache mit Backsteinen aus.

Fähre In der Nähe des Ausflugslokals →Alsterhöhe, an der Grenze zwischen →Klein Borstel und →Wellingsbüttel verkehrte eine Kahnfähre. Der Fährmann zog sie an einem Seil über die →Alster. Später baute dort der Wirt der „Alsterhöhe" eine hölzerne Fußgängerbrücke.

Seilfähre zwischen Hummelsbüttel und Wellingsbüttel (1938)

Fährkrogweg keine historische Bezeichnung, sondern ein Name aus den Werken des Dramatikers und Balladendichters Hermann Boßdorf (1877-1921).

Fahrradverkehr Um die Wende zum 20. Jahrhundert tauchten im →Alstertal die ersten Fahrräder auf. Zunächst waren die Radler Touristen aus →Hamburg, teilweise in Radfahrvereinen organisiert. Die Dorfbewohner sahen das neue Verkehrsmittel nicht gern, sie fühlten sich als Fußgänger gestört. Entsprechend versuchten die Gemeinden anfangs, das Radfahren zu beschränken. In →Wellingsbüttel wurden an den Ortszugängen Hinweisschilder aufgestellt. Darauf stand: „Das Befahren der Fußsteige mit Fahrrädern ist bei 6 M Strafe verboten. Die Ortsbehörde."

Farkenwisch (Duvenstedt) = Ferkelwiese.

Feldbahnen gab es in den →Ziegeleien und →Torffabriken, z. B. eine Verbindung von der Torffabrik im →Duvenstedter Brook zur Wohldorfer Weberei in den alten Mühlenanlagen. Die Gleise waren 600 Meter lang.

Feldmark

Feldmark bei Hummelsbüttel (2009)

Feldmark Die Dörfer im →Alstertal waren von einer ausgedehnten Feldmark umgeben und anschließend von Ödland, Heide und Wald, was als Gemeinweide diente. Heute gibt es größere zusammenhängende Acker- und Weidefluren vor allem noch im Norden von →Hummelsbüttel, in →Lemsahl-Mellingstedt und →Duvenstedt.

Feste waren in früheren Jahrhunderten oft Feiern sämtlicher Dorfbewohner. So feierten die Ohlstedter mit Genehmigung des Hamburger Rates im 18. Jahrhundert ihre „Johannis-Höge" zwei Tage lang zur Sommersonnenwende am Johannistag. Um ein Ausufern des Festes zu vermeiden, befahl der Rat: „Sie sollen sich aber dabei friedsam und ordentlich betragen und alle Gelegenheit zu Zank und Streit vermeiden, auch sorgfältig mit Feuer und Licht, insbesondere auch mit dem Tabakrauchen umgehen und keine Pfeife ohne Kopf brauchen. Nach Ablauf der erlaubten zwei Tage soll ein jeder wieder an seine Arbeit gehen. Alles bei schwerer nachdrücklicher Geld- oder Leibesstrafe." Das Fest gab es noch im 19. Jahrhundert. Nach Presseberichten handelte es sich um „wilde Saturnalien", die erst bei allgemeiner Erschöpfung endeten. „Wer sich davonschlich, wurde von dem jüngeren Volk aus dem Hause geholt, rücklings auf einen Windelbaum gesetzt und zum Fest zurückgetragen."

Festumzug in Poppenbüttel (um 1950)

Festumzug in Sasel (Ende der 20er-Jahre)

Feuerlöschteiche gab es in allen Dörfern bis auf →Hummelsbüttel, wo die →Susebek durch das Dorf floss. →Duvenstedt hatte sogar zwei Feuerlöschteiche: einen im Oberdorf („Babendörp") gegenüber der Bauernvogthufe und einen im Unterdorf beim Schleusenstieg (Tümpel noch vorhanden). In →Sasel diente der Teich auf dem Gutsgelände als Löschteich, in →Wellingsbüttel der →Kuhteich an der →Alster. Der Bergstedter Dorfteich fungierte als Viehtränke und Löschteich. Ab den dreißiger Jahren des vorigen Jahrhunderts wurden in den Dörfern Hydranten installiert. Damit waren die Löschteiche überflüssig geworden. In Poppenbüttel musste der Feuerlöschteich an der Ecke Schulbergredder/→Harksheider Straße einem Parkplatz weichen. Nur der alte Lemsahler Feuerlöschteich ist in seiner ganzen Größe erhalten

Feuerwehr →Freiwillige Feuerwehr. Die einzige Berufsfeuerwehr im Alstertal ist die BF Sasel am Saseler Kamp.

Berufsfeuerwehr Sasel bei einem Einsatz (1964)

Fichtenkamp (Sasel) Der Perlbergwald bestand hauptsächlich aus Fichten.

Fiersbarg (Lemsahl) von einem Flurnamen („Viert" = große Flächen Öd- und Grenzlandes).

Fische Die →Alster und ihre Nebenflüsse waren in früheren Zeiten ergiebige Fischgründe. Der Poppenbütteler Lehrer und Ortschronist Ludwig →Frahm berichtet von Gründlingen, Hechten, Rotaugen, Rapfen, Alanden, Brassen und Aalen. Hin und wieder kamen auch Barsche, Schleien und Forellen vor, die aber aus Zuchtanlagen entwichen waren. Fische wurden nicht nur geangelt, sondern auch mit Netzen, Schlingen oder sogar mit der bloßen Hand (!) gefangen, erschlagen oder mit Fischstechern und Heugabeln erlegt. Die Aale konnten mit dem Aalstecher erbeutet werden, wenn sie in Gräben oder auf nassen Wiesen unterwegs waren. Gründlinge sollen in der Nähe der →Poppenbütteler Schleuse so massenhaft gelebt haben, dass man den Boden unter ihnen nicht sehen konnte. Angeblich ließen sie sich sogar mit einer krumm gebogenen Stecknadel angeln. Brassen wurden in dieser Gegend zahlreich mit dem Netz gefischt oder einfach tot geschlagen, wenn sie beim Ablassen des Wassers in das Staubecken zurück schwimmen wollten. Besonders beliebt war die Jagd auf den größten Fisch, den räuberischen Hecht. Zur Laichzeit, wenn die Hechte still am Rande der Gewässer, in Bächen und Gräben standen, töteten die Dorfbewohner sie mit Hechteisen oder fingen sie mit Schlingen aus Draht, Pferdehaaren oder Weidengerten.

Fischerei Wegen des Fischreichtums der →Alster regelte →Hamburg als Eigentümerin des Flusses das Fischereirecht streng. Alle Fische waren der Obrigkeit vorbehalten. Nur den →Schleusenmeistern – als hamburgischen Bediensteten – und dem Wohldorfer Müller erlaubte die Stadt, in der Alster zu fischen. Auch das Fischen im Wohldorfer Herrenhausteich war untersagt. Nicht alle Dorfbewohner beachteten aber die Verbote. So berichtete der →Waldherr 1674 dem Rat, dass der Poppenbütteler Bauernvogt und zwei Männer aus →Rodenbek nachts heimlich von Kähnen aus in der Alster gefischt hätten. Zwischen dem →Domkapitel und vier Poppenbütteler Bauern gab es einen Rechtsstreit darüber, ob das Verbot auch für das Fischen in Tümpeln gelte, die vom Alsterhochwasser übrig geblieben waren. Gefischt wurde offenbar mit Keschern und Reusen.

FKK Der Hamburger Sport- und Naturistenclub e.V. nutzt ein ehemaliges Ziegeleigelände mit vollgelaufenen Gruben in →Hummelsbüttel zwischen Glashütter Landstraße und →Högenbarg für die Freikörperkultur. Der Volksmund sprach früher von „Nacktbadeanstalt". Weitere FKK-Einrichtungen gibt es im →Alstertal nicht.

Flößerei Im Mittelalter betrieb man auf der →Alster eine einfache Scheiter-Flößerei. Stämme, Bohlen u. a. wurden dort in den Fluss geworfen, wo das Holz geschlagen worden war. Flößerknechte liefen am Ufer oder im seichten Wasser mit und dirigierten die Stücke mit langen Haken. Der Transport endete in Alsterdorf oder Winterhude. Dort wurden die Scheite nach Größe sortiert, aufgestapelt oder zu Flößen zusammengebaut und bis →Hamburg getrieben. Als die →Oberalsterschifffahrt im 15. Jahrhundert begann, war die Flößerei noch nicht zu Ende. Allerdings wurden nun nicht mehr einzelne Stämme geflößt, sondern man verband die Stämme zu Flößen (Prähmen). Die Hansestadt verbot sogar, einzelne Stämme auf der Alster zu flößen. Ufer und →Schleusen sollten nicht beschädigt werden. Daran hielten sich aber nicht alle. So holzten russische Soldaten 1813 die sogenannte Eckerkoppel bei der →Wohldorfer Kornmühle ab, um damit gegen die napoleonische Besatzung Hamburgs Palisaden zu bauen, und warfen die Stämme in die Alster. Nur wenige kamen am Stadtrand an, aber die Einwohner der Dörfer an der Alster freuten sich über die unverhoffte Holzlieferung. Jahrzehnte später wurden starke Bäume für Eisenbahnschwellen bei Wulksfelde geschlagen und einzeln auf der Alster geflößt. Ansonsten war Holz eines der wichtigsten Frachtgüter der Oberalsterschifffahrt. Die Schiffer landeten die Kloben und Stücke am Hamburger Holzdamm an, dem heutigen Ballindamm.

Flurnamen dienten oft dazu, Straßen zu benennen. Wie alt die Flurnamen sind und ob sie von den Dorfbewohnern wirklich benutzt wurden, lässt sich oft nicht genau bestimmen. Die ersten Landkarten mit eingezeichneten Flurnamen stammen aus dem 18. Jahrhundert. Im Laufe der Zeit wurden Namen auch verändert oder falsch abgeschrieben.

Föhrenholt (Duvenstedt) = Kiefernwald

Förstereien Die Revierförstereien →Wohldorf-Ohlstedt und →Duvenstedter Brook sind die einzigen För-

Forsthaus im Duvenstedter Brook (2009)

stereien im →Alstertal. Das Dienstgebäude der Wohldorf-Ohlstedter Försterei steht im →Wohldorfer Wald (Kupferredder 54) am →Bollberg. Es stammt ursprünglich von 1785/1789. →Hamburg erwarb das Haus 1835. 1980 wurde es durch einen Brand zerstört und danach rekonstruiert. Das Försterhaus im Duvenstedter Brook steht noch einsamer fast am äußersten Ende des →Duvenstedter Triftweg, wo ein Weg nach Jersbek (Lange Reihe) abzweigt. Die Revierförsterei Wohldorf-Ohlstedt betreut auch das →Rodenbeker Quellental. Für das →Naturschutzgebiet Hainesch-Iland und einzelne Waldstücke in →Lemsahl-Mellingstedt ist die Revierförsterei Volksdorf zuständig.

Forsthof →Alter Forsthof

Frahm, Heinrich Friedrich Ludwig (1856-1936), Lehrer, Lokalhistoriker und Schriftsteller. Frahm wurde in Timmerhorn geboren und war ab 1890 Hauptlehrer in →Poppenbüttel. Er war als Lehrer geachtet und trat als Autor hervor. Frahm schrieb u. a. Gedichte und erzählende Werke wie „Leewer dod, as Slav! Plattdütsche Kriegsgedichte" (1914), „Hus un Hoff. Plattdütsche Gedichte" (1924), vor allem aber Sachtexte zur Geschichte des →Alstertals, regelmäßig in den Jahrbüchern des →Alstervereins veröffentlicht. Er zählte zu den Gründungsmitgliedern des Vereins. Sein besonderes Interesse galt der Vorgeschichte. Auf diesem Gebiet war er ein anerkannter Fachmann und korrespondierte mit professionellen Archäologen. 1880 wurde er zum „Pfleger für prähistorische Denkmäler der Vorzeit" ernannt. 1898 entdeckte er zusammen mit dem Poppenbütteler Zimmermann Hinrich Mohr und einem Mann vom Hof →Kakenhahn den jüngeren Bohlenweg im →Wittmoor. Befreundet war Frahm u. a. mit den Schriftstellern Richard Dehmel und Detlev von →Liliencron. Mit Liliencron grub er in →Hummelsbüttel Reste einer vorzeitlichen Bestattungsanlage aus. 1921 trat Frahm mit 65 Jahren in den Ruhestand. An ihn erinnert ein Gedenkstein vor der alten Poppenbütteler Schule am Schulbergredder, die lange Zeit nach ihm „Ludwig-Frahm-Schule" hieß.

Frahmredder →Frahm, hieß bis 1951 „Großer Kamp" und „Müller-Emden-Straße".

Frank´sche Siedlung Die Reihenhäuser der Siedlung in →Klein-Borstel entstanden in den Jahren 1935 bis 1938. Damit war die Besiedlung des Ortes weitgehend abgeschlossen. 1974 erhielt die Siedlung mit ihren Außenanlagen (vor allem Hecken-Mauern)

Ludwig Frahm mit Arbeitskolonne bei einer Ausgrabung (um 1900)

Ludwig Frahm: Lehrer und Dichter (um 1900)

Franzosenzeit

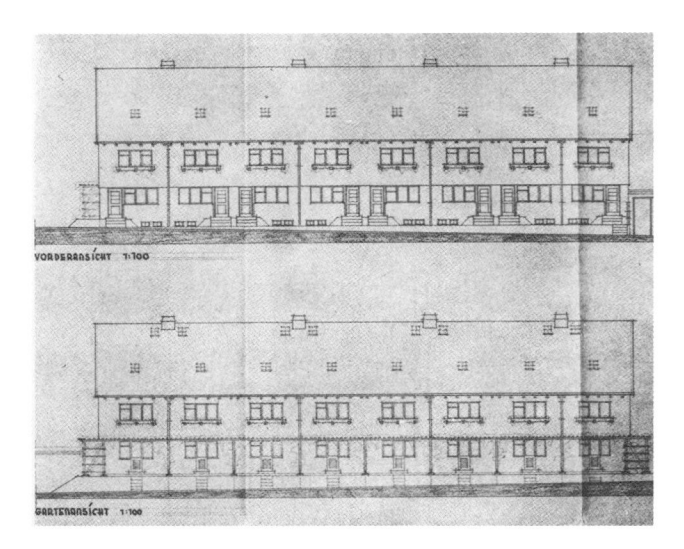

Frank'sche Siedlung, Architektenzeichnung der Reihenhäuser (um 1935)

Vertreibung der Hamburger Bürger, die sich nicht selbst verproviantieren konnten (24.12.1813)

den Status eines geschützten „Milieugebietes". Die Siedlung wurde nach ihrem Architekten Paul A. R. Frank benannt.

Franzosenzeit Die französische Besatzung →Hamburgs und Schleswig-Holsteins ab 1806 beeinträchtigte auch das →Alstertal. Dänemark war mit Frankreich verbündet. Im Juli 1806 quartierte sich in →Poppenbüttel das dänische Leibregiment „Dragoner" ein, offenbar auf dem →Mühlenhof, der dem König gehörte. Abends fanden für die Offiziere „ländliche Festlichkeiten" statt, an denen sogar der Kronprinz teilnahm. Als die französische Besatzungsmacht am Heiligen Abend 1813 über 10.000 Arme aus Hamburg vertrieben hatte, suchten die Menschen auch Zuflucht im Alstertal, allein 683 von ihnen in Poppenbüttel. Ein Jahr später quartierten sich Einheiten der Alliierten gegen Napoleon ein, vor allem Russen, aber auch Mitglieder des Lützowschen Freicorps. Bei allen diesen Anlässen mussten die Bauern Lebensmittel, Heu und Stroh liefern sowie Fahrdienste leisten („Kriegsfuhren"). Viele Häuser wurden ausgeplündert. Russische Einquartierung im Winter 1813/14 gab es auch in Ohlstedt. Die Alsterbrücke bei →Duvenstedt (→Duvenstedter Triftweg) besaß strategische Bedeutung und sollte gegebenenfalls von drei Kompanien des Lützowschen Freicorps verteidigt werden. Es kam aber nicht zu Kampfhandlungen. Gestorbene russische Soldaten begrub man im →Rodenbeker Quellental.

Freie Evangelische Gemeinde

Die Kirche der Gemeinde Hamburg-Sasel steht am Renettenweg 11-13.

Freiwillige Feuerwehr

Ende des 19. Jahrhunderts wurden im →Alstertal die ersten Freiwilligen Feuerwehren gegründet. Davor war jeder Hausbesitzer selbst für den Brandschutz verantwortlich gewesen. Um 1870 wurden Zwangswehren aufgestellt, schon uniformiert und mit Feuerspritzen ausgerüstet. Für die Alarmierung der Wehren waren die →Nachtwächter und einzelne Einwohner zuständig. Im Brandfall bliesen sie in ihr Feuerhorn. Um die Löscharbeiten zu beschleunigen, setzten einige Gemeinden Prämien für den Gespannführer aus, der als erster am Spritzenhaus eintraf. Noch bis in zwanziger oder dreißiger Jahre des 20. Jahrhunderts fuhr die Feuerwehr mit Pferdekraft. Bei Feueralarm wurden Sirenen ausgelöst – bis 1976. Dann erhielten die Feuerwehrleute Funkmelde-Empfänger.

Freiwillige Feuerwehr Bergstedt Das Gründungsjahr der Wehr ist 1885. 40 Männer schlossen sich damals zusammen. Die FF war zusammen mit den Wehren Hoisbüttel und Bünningstedt die Amtswehr für das Amt Bergstedt. Im Kirchspieldorf licherweise eine Zwangswehr. Zwei Jahre später erhielt die FF ihre erste Spritze, eine Handdruckspritze. Dafür wurde an der Ecke Poppenbütteler Chaussee/→Puckaffer Weg ein Spritzenhaus gebaut. Neben den Feuern, die in Bauernhäusern und Katen ausbrachen, hatte die FF auch mit Moorbränden im →Wittmoor und →Duvenstedter Brook zu tun. Ein besonders spektakulärer Brand war zu löschen, als 1923 ein Blitzschlag das Hotel →Zur Schleuse getroffen hatte. Das Hauptgebäude stand vollständig in Flammen. 1927 erhielt die Wehr eine kleine Motorspritze, 1935 eine größere. Bis 1961 musste die Wehr das alte Spritzenhaus benutzen, dann erhielt sie ein modernes Feuerwehrhaus. Eine zusätzliche Fahrzeughalle wurde 1975 in Eigenhilfe gebaut, 1984 das Gebäude noch einmal vergrößert.

Bergstedter Wehr (1890)

→Bergstedt hatte es aber schon zuvor einen organisierten Brandschutz gegeben. 1760 wurde eine große Spritze für das gesamte Kirchspiel beschafft, 1805 zusätzlich eine Handdruckspritze. Das Spritzenhaus am Markt wurde 1881 gebaut. Es ist neben dem Poppenbütteler Spritzenhaus das einzige, das im →Alstertal aus der Anfangszeit der Freiwilligen Feuerwehr erhalten ist, noch dazu in nahezu unveränderter Form. Seit 1975 steht in der Rodenbeker Straße ein neues Gerätehaus.

Freiwillige Feuerwehr Duvenstedt 31 Duvenstedter Männer gründeten 1891 die Wehr. Vorher gab es offenbar eine „Brandwehr", mög-

Duvenstedter Wehr (1891)

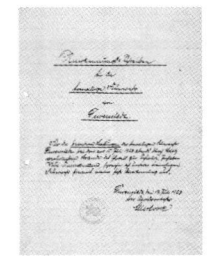

„Hohe Anerkennung" von Amtsvorsteher Ellerbrook für den Löscheinsatz beim Hotel „Zur Schleuse" (17.07.1923)

Freiwillige Feuerwehr Hummelsbüttel 1890 trafen sich auf dem Rugeschen Hof an der Dorfstraße einige Männer und gründeten die FF. Sie wählten den Gastwirt des Lokals →„Zum alten Zoll" zu ihrem Hauptmann. Als Löschgerät stand bis 1915 nur eine alte Handdruckspritze, genannt „Großmutter", zur Verfügung,

„Lieschen" (1925)

63

Freiwillige Feuerwehr Lemsahl-Mellingstedt

Hummelsbütteler Feuerwehr in der Gründungszeit (um 1895)

Freiwillige Feuerwehr Lemsahl-Mellingstedt (1900)

die dann durch eine größere namens „Lieschen" abgelöst wurde. Einer der ersten Einsätze betraf die Dorfschule. Sie brannte durch Blitzschlag ab. Wie andere Wehren veranstaltete die FF regelmäßig Feste wie den Herbstball und das Knackwurstessen (dabei brachte es ein Kamerad auf 24 Würste!). 1925 gründete man eine Musikkapelle. Die Erstausrüstung mit Instrumenten umfasste eine große Trommel mit Becken, eine kleine Trommel, einen Bass, eine Posaune, eine Tuba, zwei Tenorhörner, zwei Althörner und vier Trompeten. – Das jetzige Feuerwehrhaus liegt am Stiegstück.

Freiwillige Feuerwehr Lemsahl-Mellingstedt Die Wehr wurde 1890 gegründet und 1891 mit einer Handdruckspritze ausgerüstet. Dafür entstand auf dem Lemsahler Dorfplatz ein Spritzenhaus. In den dreißiger Jahren des vorigen Jahrhunderts erhielt die Wehr eine Motorspritze. Sie wurde von einem Lkw des örtlichen Baustoff- und Kohlenhändlers Finnern gezogen. Häufig musste die Wehr zu Moorbränden im →Wittmoor und zu Feuern in der Schuttkuhle am →Fiersbarg ausrücken. Vor 1950 wurde am Bilenbarg ein Gerätehaus gebaut. Das jetzige entstand 1985. Die Wehr besitzt zentral für die Bereiche Alstertal und Walddörfer eine Feldküche („Gulaschkanone").

Freiwillige Feuerwehr Ohlstedt Die Ohlstedter wollten 1777 eine eigene Brandgilde (Feuerversicherung) bilden. Der →Waldherr lehnte dies aber ab. Um diese Zeit entstand eine Pflichtfeuerwehr. 1786 wurden

Freiwillige Feuerwehr Ohlstedt mit der ersten Motorspritze (Februar 1925)

die Ohlstedter Bauern an der Wohldorfer Feuerspritze ausgebildet. 25 Einwohner, Landwirte und Handwerker, gründeten 1894 die Freiwillige Feuerwehr. Sie trafen sich sechs- bis zehnmal im Jahr zu „Spritzenübungen mit und ohne Wasser" sowie zum „Fußexerzieren". Da →Ohlstedt zu →Hamburg gehörte, wurde die Wehr auch in der Stadt eingesetzt, z. B. gleich im Gründungsjahr bei einem Fackelzug für Bürgermeister Versmann. 1895 erhielt die FF eine Musikkapelle. Die Ohlstedter Motorspritze von 1925 war die erste im gesamten Hamburger Landgebiet. Sie wurde noch von Pferden gezogen. 1928 gab es dann ein Motorfahrzeug.

Freiwillige Feuerwehr Poppenbüttel

Freiwillige Feuerwehr Poppenbüttel (um 1910)

Das erste Spritzenhaus war das kleine Gebäude beim →Waldhaus Hütscher (heute Reitstall „Alte Wache"). Das zweite stand am Ohlstedter Platz. Später wurde die Wehr im ehemaligen →Ohlstedter Rathaus untergebracht.

Freiwillige Feuerwehr Poppenbüttel Offizielles Gründungsjahr ist zwar 1878, doch vieles spricht dafür, dass die FF um 1890 entstand, als sich auch in den Nachbardörfern Männer zu Freiwilligen Feuerwehren zusammentaten. Außerdem kaufte die Gemeinde erst 1891 eine „Saug- und Druckspritze" für die Wehr und baute ein Spritzenhaus. Dieses historische Spritzenhaus an der Ecke Marienhof/ Poppenbütteler Markt steht heute noch. Später kamen die Fahrzeuge in einem Gebäude hinter der →Villa Otto sowie in einer Remise des Gasthofs →Wagener unter. 1974 wurde das Gerätehaus am →Rehmbrook gebaut.

Freiwillige Feuerwehr Sasel Die FF wurde 1883/84 gegründet. In den Anfangsjahren umfasste die Ausrüstung nur Holz- und Ledereimer, Schaufeln, Reißhaken, Leitern und eine Feuerpatsche. 1892 erhielt die Wehr die erste Feuerspritze, einen zweirädrigen Wagen mit zwei Holzkübeln für 250 Liter Wasser. Feuerwehrhauptmann war Zieglermeister Sievers von der →Saseler Ziegelei. 1902 schaffte die Gemeinde eine größere vierrädrige Spritze an. Kurz darauf bekam die Wehr auch einen Schlauchwagen. Den ersten Mannschaftswagen stiftete Gutsbesitzer →Reuter vom →Saselhof. 1924 wurde die Brass-Band gegründet. Die Mitglieder engagierten einen Berufsmusiker als Dirigenten. Ein Jahr später trat die Band beim Hummelsbütteler Feuerwehrfest zum ersten Mal öffentlich auf. 1934 bekam die FF eine Motorspritze. Hydranten wurden 1937 installiert. Das Gerätehaus am Saseler Parkweg entstand 1984.

„Einsatz" der FF Poppenbüttel auf der Hummelsbütteler Bodendeponie (um 1980)

Freiwillige Feuerwehr Wellingsbüttel 1890 versammelten sich die Wellingsbütteler Männer im Gasthof →Friedenseiche und gründeten

Freiwillige Feuerwehr Sasel bei einer Übung (1937)

Freiwillige Feuerwehr Wohldorf

FF Wellingsbüttel in der Anfangszeit

Freiwillige Feuerwehr Wohldorf (um 1960)

eine Freiwillige Feuerwehr. Ausgerüstet wurden sie mit der Feuerspritze des Gutes. Ein Jahr später gab es Uniformen für die Feuerwehrmänner. 1895 wurde ein Löschverband zwischen Gut und Dorf vereinbart. Das erste Gerätehaus stand an der alten →Wellingsbütteler Schule. 1912 wurde am Schulteßdamm ein Spritzenhaus gebaut, 1922 das Gebäude →Up de Worth. Bis zum Zweiten Weltkrieg gehörte ein Musikzug zur FF. 1925 erhielt die Wehr die erste Motorspritze, 1934 das erste Motorfahrzeug. Das Feuerwehrhaus am Schulteßdamm stammt von 1980.

Freiwillige Feuerwehr Wohldorf Die FF wurde 1894 gegründet. Sehr beliebt war die bereits 1895 gegründete Musikkapelle, die bei allen öffentlichen Veranstaltungen der Gemeinde in Erscheinung trat, so 1927 beim Richtfest und 1928 bei der feierlichen Einweihung des Wohldorfer und Ohlstedter „Rathauses". Nach dem letzten Kriege ist die Kapelle nicht wieder neu gegründet worden. Das heutige Spritzenhaus steht an der Herrenhausallee.

Friedenseiche, Zur →Zur Friedenseiche, Gasthof.

Friedhöfe →Bergstedter Friedhof und →Wohldorf-Ohlstedter Friedhof.

Friedrich-Karl-Straße (Wellingsbüttel) nach dem Herzog von →Holstein-Beck.

Friedrichshöh **(Gasthof)** war um 1900 ein beliebtes Ausflugsziel in →Duvenstedt an der Poppenbütteler Chaussee. Das auffällige eingeschossige Stallgebäude mit leicht vorspringenden Pfeilern wurde später u. a. von einem Vollwert-Bäcker genutzt, das Hauptgebäude von einem Friseur.

Gasthof „Friedrichshöh" (Postkarte, um 1910)

Füerbarg (Sasel) hügeliger Platz für Oster- und Sonnwendfeiern der Saseler Siedler.

Führer, Friedrich Carl Moritz Pastor der evangelisch-reformierten Gemeinde in →Hamburg. Er kaufte 1825 zwei Höfe in →Poppenbüttel, 1828 und 1834 jeweils einen weiteren, und bildete daraus einen großen zusammenhängenden Landsitz mit Gutsbetrieb nördlich des Dorfplatzes. Zur Alster hin baute er ein repräsentatives, strohgedecktes Wohnhaus mit einem 60 Quadratmeter großen Saal, das so genannte „Pastorenhaus". Aus Führers Gutsbetrieb ist später der →Poppenbütteler Hof hervorgegangen.

Furtbek kleiner Bach in →Bergstedt, nur zwei Kilometer lang, entspringt südlich des Ortskerns, durchfließt das Naturschutzgebiet →Hainesch-Iland, teilweise wildwasserartig, und mündet in die zum Mühlenteich aufgestaute →Saselbek.

Furten dienten zum Überwinden der →Alster und ihrer Nebenflüsse, bevor Brücken gebaut wurden. Solche seichten Stellen befanden sich in →Poppenbüttel an der Schleuse und bei dem späteren „Hafen" des →Mühlen-hofs (am Ende der jetzigen Straße →Alsterfurt) sowie bei der →Mellenburg.

Fußwege (genauer: Fuß- und Radwege) gibt es heute noch zahlreich im →Alstertal. Allgemein bekannt ist der →Alsterwanderweg. Ebenfalls bekannt und beliebt sind die Spazierwege in den →Naturschutzgebieten →Hainesch-Iland, →Rodenbeker Quellental, →Wohldorfer Wald und →Duvenstedter Brook. Aber auch an der →Saselbek und der →Mellingbek führen Fußwege entlang. Nur den Anwohnern vertraut sind die vielen schmalen Fußwege im Poppenbütteler →Heimgarten und im Gebiet zwischen Alter Landstraße und →Sievertscher Tongrube. So führen drei parallele, extrem schmale Pfade (Meisenstieg, Drosselstieg und Kiebitzstieg) von der Harksheider Straße zum →Kiwittredder.

Alsterfurt bei der Poppenbütteler Schleuse (um 1800)

Fußweg an der Alster (2009)

Gärten

Gartenanlage des
Gutes Hohenbuchen
(um 1910)

Gärten Als im →Alstertal noch überwiegend Bauern lebten (also bis weit in das vorige Jahrhundert!), dienten die Gärten der Selbstversorgung mit Gemüse. Sie hießen daher auch „Kohlgärten". Geld- und zeitaufwendige Ziergärten konnte sich nur die Oberschicht leisten. So lag hinter dem →Domherrenhaus an der →Alster in →Poppenbüttel ein barock gestalteter Park. Auch zum →Gut Wellingsbüttel gehörte ein standesgemäßer, repräsentativer Park. In der zweiten Hälfte des 19. Jahrhunderts legten die Besitzer von →Hohenbuchen und des →Poppenbütteler Hofes Landschaftsgärten im englischen Stil an. Im Hohenbuchenpark stehen noch heute einige exotische Bäume. Dort blühen im Frühjahr auch viele Wildtulpen, die wohl aus der historischen Bepflanzung stammen (botanisch „Stinzenpflanzen"). Das →Arboretum am →Marienhof ist erhalten, allerdings nicht zugänglich. Die Siedler der dreißiger Jahre des vorigen Jahrhunderts in →Sasel und Poppenbüttel bauten in ihren Gärten zunächst Gemüse und Obst an und hielten Kleinvieh. Reine Ziergärten sind erst im ausgehenden 20. Jahrhundert entstanden. Da große Grundstücke zunehmend geteilt werden, nimmt die Größe der Gärten stetig ab. Die Vielfalt der Bepflanzung verringert sich ebenfalls. Gärten sollen „pflegeleicht" sein. Rasenflächen und Sträucher, dazu einige Kübelpflanzen, lösen Staudenrabatten und Sommerblumen ab. Immergrünes ist verbreitet. Rhododendren und Koniferen dominieren viele Gartenanlagen. Formschnitte sind häufig zu sehen, ebenso bizarre Gewächse wie japanische Weiden und Araukarien. Gemüsegärten, bunte Blumengärten und Naturgärten gibt es nur selten. Bemerkenswert: Baumärkte bieten wieder Tuffsteine an, ähnlich denen, mit denen die historischen →Ausflugslokale vor hundert Jahren in ihren Parks Grotten nachgebildet haben.

Garleff-Bindt-Weg (Poppenbüttel) →Binde

Gehrckensplatz (Hummelsbüttel) nach einer Hummelsbütteler Bauernfamilie (seit dem 17. Jahrhundert ansässig).

Gemeindeverwaltungen
Die →Selbstverwaltung der preußischen Dörfer des →Alstertals sah Gemeinderäte und Gemeindeverwaltungen vor. Ursprünglich betrieben die Gemeindevorsteher die Verwaltung in ihren Wohnhäusern. Als nach dem Ersten Weltkrieg die Bevölkerung einiger Dörfer rasant anstieg, konnten die Gemeinden nicht mehr ehrenamtlich verwaltet werden. So übte der Saseler Gemeindevorsteher Lüders sein Amt erstmals hauptamtlich aus. Sein Büro lag in einem Dachzimmer der Schule →Kunaustraße. Schon bald wurde der Raum zu klein. Die Verwaltung zog in den ehemaligen Kuhstall des →Saselhofs um. 1928 wurde dann das →Saseler „Rathaus" eingeweiht.

Gemeinweide (Sasel) = Allmende.

Gesamtarmenverband Bergstedt
wurde 1873 gegründet. Mitglieder waren die Dörfer →Bergstedt, Bramfeld, →Sasel, Steilshoop, →Wellingsbüttel, →Poppenbüttel, Hoisbüttel sowie die Güter Wellingsbüttel und Hoisbüttel. 1882 errichtete der Verband das →Bergstedter Armenhaus.

Gesundheitsamt
Das Gesundheitsamt als Teil des Bezirksamts Wandsbek stand am Poppenbütteler Bahnhof an der Stelle des jetzigen Polizeigebäudes neben dem →Arbeitsamt. Dort waren u. a. die Schularztstelle und die Mütterberatung untergebracht.

Gilcher, Julius Abenteurer und Pionier der Saseler Siedlungsbewegung. Gilcher wurde in der Rheinpfalz geboren und wanderte mit 18 Jahren, nach zwangsweise abgebrochener Lehrerausbildung, nach Deutsch-Ostafrika und Sansibar aus. Er arbeitete als Assistent auf einer Kaffeeplantage in Usambara. 1894/95 unterrichtete er an der deutschen Schule in Tanga und verdingte sich dann als meteorologischer Beobachter am Kilimandscharo. Malariakrank kehrte Gilcher 1896 nach Deutschland zurück und schlug sich als Gutsvolontär, Molkereiarbeiter und Privatsekretär durch. 1902 erhielt

Julius Gilcher, Portrait von Walter Elwert (um 1950)

Gesamtarmenverband Bramfeld

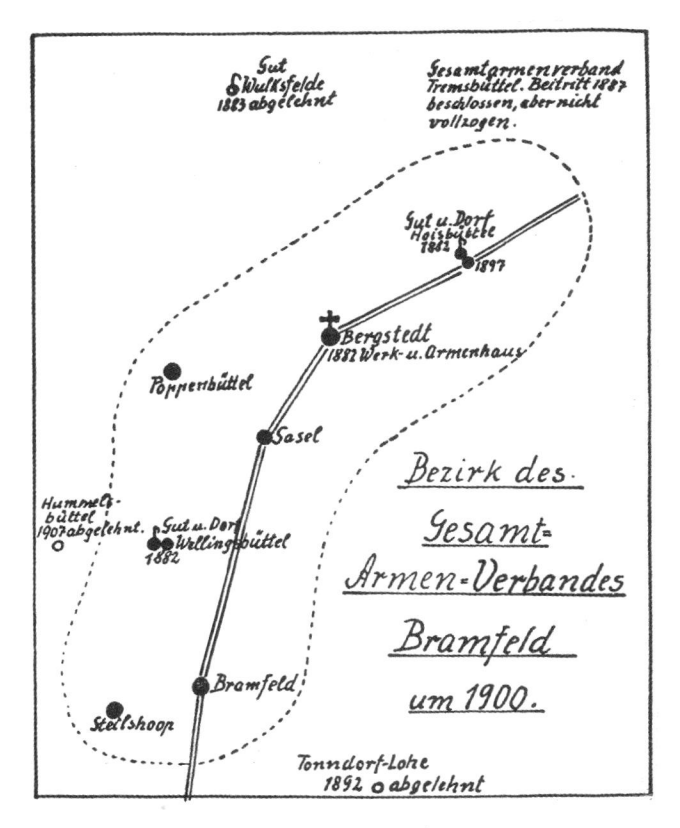

er eine feste Anstellung bei der Deutschen Seewarte und avancierte 1917 zum Leiter der Öffentlichen Wetterdienststelle Hamburg. Er engagierte sich in der Kleingartenbewegung und gründete 1917 die erste Eigenheimsiedlung in Eidelstedt. Zwei Jahre später begannen seine Aktivitäten in →Sasel, die recht konfliktreich verliefen. So teilte er in einer Versammlung des Siedlungsvereins Ohrfeigen aus und stieß Mitglieder zu Boden. 1923 endete seine Vereinstätigkeit. Trotzdem baute er ein Haus in Sasel am Heideweg Nr. 7 und lebte dort bis zu seinem Tod 1955. Der Heideweg heißt heute nach ihm „Gilcherweg".

Gnadenbergweg (um 1950)

Gnadenberg Die Anhöhe im Süden von →Hummelsbüttel an der Fuhlsbütteler Grenze hieß auch „Kanarienberg", „Gnarrberg" oder „Gnaddenberg". Hier befand sich einst ein vorzeitliches Hügelgrab. Der Berg wurde nach und nach abgetragen. Es entstand sogar eine Sandgrube. Der heutige Gnadenbergweg wurde früher „Schwarzer Weg" genannt.

Gödersenweg (Poppenbüttel) nach Dr. Joachim Gödersen, im 17. Jahrhundert Dekan des Domkapitels.

Golf Vor etwa zwanzig Jahren wurde auf dem Gelände des Hofes →Treudelberg in →Lemsahl ein Golfplatz angelegt. Er ist einer der wenigen im Hamburger Stadtgebiet. Vorher wurden die Ländereien zur Pferdehaltung und zur Erdbeerzucht genutzt. Der Golfplatz wurde 2008 auf der Poppenbütteler Seite des →Kupferteichs bis zum Ohlendiekrsredder erweitert. Die

Erweiterung des Golfplatzes (2008)

seit 200 Jahren bewirtschafteten Äcker von →Hohenbuchen gibt es nun nicht mehr. Mit dem Golfplatz entsteht eine parkartige Landschaft mit vielen kleinen Anhöhen und Vertiefungen, mit Kleinstgehölzen und kurz geschorenem Rasen, die im Gegensatz zu früheren Landschaftsparks vor allem sportlich-funktionell ausgerichtet ist.

Golfplatz mit Hotelanlage „Treudelberg" (2008)

Goppeltweg (Sasel) nach Georg Goppelt (1888-1944), Mitbegründer des Siedlungsvereins Sasel.

Gösselkoppel (Hummelsbüttel) nach dem Flurnamen „Gosselkoppel", vielleicht Weideplatz für Gänse, wohl eher von „goß" = unfruchtbar.

Gräben sind noch an einigen Stellen des Alstertals erhalten, vielfach aber verrohrt worden. Offene, regelmäßig instand gehaltene Gräben gibt es beispielsweise in der Poppenbütteler →Siedlung Eichenredder (teilweise sehr tief).

Grenzsteine Zur Kennzeichnung der Grenzen zwischen den Dorfschaften und vor allem der Landesgrenzen wurden Grenzsteine gesetzt. Ein Beispiel ist der Grenzstein an der Hummelsbütteler Landstraße von 1826 mit den Initialen von Frederik VI. von Dänemark. Auf der Seite nach →Hamburg stehen die Buchstaben „HG" = Hamburger Gebiet, auf der Hummelsbütteler Seite „HP" = Herrschaft Pinneberg. Der Buchstabe „A" weist auf den ersten in einer Reihe von Grenzsteinen hin. In →Hummelsbüttel standen einst insgesamt 29 Grenzsteine. – An der Ecke Horstweg/→Wegzoll am Rande →Poppenbüttels gab es einen Grenzstein, mit dem das →Domkapitel die Grenze seines Hoheitsgebietes markieren wollte. – Neben den Grenzsteinen wurden auch Grenzpfähle verwendet, so an der Grenze zwischen →Hummelsbüttel, Poppenbüttel und dem Tangstedter Gebiet (an der heutigen →Harksheider Straße) im 18. Jahrhundert. 1786 wurde er durch einen Grenzstein ersetzt. Der Stein stand dort bis 1966.

Gretchenkoppel (Poppenbüttel) nach der Flurbezeichnung „Gretgens Coppel" (Eigenname), hieß bis 1947 zuerst „Ellernkoppel" und dann „Fliederweg".

Grevenau kleiner Forst in →Wellingsbüttel westlich der Poppenbütteler Landstraße, war zu Beginn des 20. Jahrhunderts Privatbesitz von Friedrich →Kirsten. Nach dem Ersten Weltkrieg wurden dort 600 Eichen und Buchen abgeholzt und als Reparationsgut nach Frankreich geliefert. Kirstens Erben überließen die Grevenau der Gemeinde Wellingsbüttel. Die Gemeinde sorgte für eine Aufforstung.

Große Horst (Klein Borstel) nach dem dortigen Flurnamen (horst = Erhebung, auch: nachgewachsenes Unterholz auf gerodetem Waldboden).

Groß-Hamburg-Gesetz Das Gesetz über Groß-Hamburg und andere Gebietsbereinigungen vom 26. Januar 1937 bestimmte, dass bis zum 1. April 1938 aus den von Preußen übergegangenen Gebietsteilen und den beim Land →Hamburg verbliebenen Gemeinden die Einheitsgemeinde „Hansestadt Hamburg" entstehen sollte. Aufgrund dieser Gebietsreform wurden die preußischen Gemeinden →Wellingsbüttel, →Hummelsbüttel, →Poppenbüttel, →Sasel, →Lemsahl-Mellingstedt, →Bergstedt und →Duvenstedt mit Wirkung vom 1. April 1938 nach Hamburg eingemeindet. Ihren Status als selbständige Landgemeinden hatten sie schon 1935 verloren. Nun wurden sie zu Hamburger Stadtteilen. Die Hauptdienststelle Alstertal war zuständig für die vier Stadtteile der heutigen Region Alstertal.

Grenzsteine an der Hummelsbütteler Landstraße

Grotenbleken

Ihr unterstellt arbeiteten die Dienststelle Sasel in und für Sasel sowie die Dienststelle Wellingsbüttel mit Sitz in Wellingsbüttel und Zuständigkeit für Wellingsbüttel, Poppenbüttel und Hummelsbüttel.

Grotenbleken nach einer Flurbezeichnung („Bleeken" = Stelle im Acker, deren Untergrund aus Sandmergel besteht und wo das Getreide schlecht gedeiht). In der NS-Zeit hieß die Straße „Skagerrakring".

Grüner Jäger frühere kleine Ansiedlung mit Gasthof an der heutigen Saseler Chaussee/Am Pfeilhof. Der Gasthof entstand vor 1690 und wurde vor allem von Fuhrleuten genutzt, die von →Hamburg nach Lübeck auf dem alten →Königsweg unterwegs waren. Zum Gasthof gehörte eine eigene Schmiede. Der „Grüne Jäger" florierte, bis die neue Chaussee über Wandsbek dem alten Königsweg Konkurrenz machte. 1848 erwarb der Wellingsbütteler Gutsbesitzer →Jauch den Gasthof. 1869 brannte die Anlage ab. Ein neuer Gasthof entstand weiter südlich zwischen dem Farmsener Weg und der →Waldingstraße (Saseler Chaussee 30). Er wurde ein beliebtes Ausflugslokal der Kaiserzeit. – Um 1900 gab es beim Grünen Jäger noch vier Bauernstellen mit sieben Gebäuden – eines davon war der Gasthof, ein anderes die →Saseler Ziegelei. 1963 wurde der Gasthof abgebrochen.

Gasthof „Grüner Jäger", Postkarte (um 1908)

„Grüner Jäger" (um 1900)

Grüner Winkel (Klein Borstel) Kunstname (Zugang zum Alsterwanderweg), dort wohnte Arthur →Illies.

Grützmühle Als einzige Mühle im →Alstertal wurde die Hummelsbütteler Grützmühle weder von Wind noch Wasser, sondern von einem Göpelwerk mit zwei Pferden angetrieben. Hinrich Nicolaus Andreas Behrmann errichtete die Anlage um 1840 am heutigen Grützmühlenweg als zweistöckigen Fachwerkbau mit reetgedecktem Vollwalm. In Betrieb war die Mühle rund vierzig Jahre. 1962 wurde sie zerlegt und im Museumsdorf Volksdorf wieder aufgebaut.

Grützmühle am ursprünglichen Standort (um 1930)

Güter Nur in →Wellingsbüttel gab es einen Betrieb, der die Bezeichnung „Gut" verdient. Das Gut Wellingsbüttel bildete in der preußischen Zeit sogar einen eigenen Verwaltungsbezirk. Die anderen „Güter" im Alstertal (→Poppenbütteler Hof, →Saselhof und →Hohenbuchen) waren landwirtschaftliche Großbetriebe, die erst in der zweiten Hälfte des 19. Jahrhunderts gegründet wurden. Einen Sonderstatus besaß der →Wohldorfer Hof, der historisch stets mit dem Waldherrenhaus in Verbindung stand. Wirtschaftsgeschichtlich sind die Alstertaler Gutsbetriebe bisher wenig erforscht.

Güterbahnhof Zum Poppenbütteler Bahnhof gehörte ein Güterbahnhof. Das große Gebäude mit Ziergiebeln stand dort, wo die S-Bahn-Gleise enden, also kurz vor dem Saseler Damm. Dort befindet sich heute ein Hochhaus der ECE (Einkaufscenter-Entwicklungsgesellschaft der Otto-Gruppe).

Gundlachs Twiete (Wellingsbüttel) nach einem Besitzer des Geländes.

Gymnasium Oberalster Vorläuferin des „GOA" war die „Oberschule für Jungen und Mädchen in Poppenbüttel", die ab dem 2. Oktober 1945 in den Räumen der ehemaligen →Langemarck-Schule oberhalb der →Poppenbütteler Schleuse eröffnet wurde. Zunächst bestand das Kollegium aus dem Schulleiter und vier Lehrern. Zwei von ihnen, die an der Langemarck-Schule unterrichtet hatten, wurden nach einem Monat entlassen, die anderen beiden versetzt. Ab 1. Dezember 1945 gab es ein neues Kollegium, das bis 1952 unter notdürftigen Bedingungen arbeiten musste. Am 7. Juli 1952 wurde der Grundstein für das neue Gymnasium am Alsterredder gelegt. Ein knappes Jahr später zog die Schule von →Poppenbüttel nach →Sasel um. Den Namen „Gymnasium Oberalster" erhielt die Schule erst in den sechziger Jahren nach einem Wettbewerb unter den Schülerinnen und Schülern um die treffendste Bezeichnung.

Gut Wellingsbüttel. Lithografie von Eugen Krüger (1868)

Haberkamp

H

Haberkamp (Poppenbüttel) nach einer sehr alten Flurbezeichnung („Haber" = Hafer").

Hainesch-Iland Das kleine Naturschutzgebiet (ca. 60 ha) am Rande von →Bergstedt umfasst die Hochflächen Hainesch und Iland (altes Bauern- und Gartenland sowie Obstgärten) sowie die Täler von →Furtbek und →Saselbek, teilweise mit Steilhängen. Es gibt mehrere Quellen, z. B. eisen- und manganhaltige im Hainhorntal. Die Tierwelt ähnelt der des →Rodenbeker Quellentals. Hervorzuheben ist der bedeutendste Eisvogelbestand →Hamburgs. Die Tiere nisten u. a. in den Steilhängen der Saselbek. Insgesamt wurden rund 130 Vogelarten gezählt. Reste von historischen Krattwäldern – immer wieder auf den Stock gesetzten Buchen und Eichen – wie im Kremerschen Holz nördlich der Müssenkoppel zeichnen das Gebiet aus. Besonderheiten der Pflanzenwelt sind Teufelskralle, Mittlerer Lerchensporn, Bitteres Schaumkraut und Breitblättriges Knabenkraut.

Blick über die Felder am Hainesch-Iland (2009)

Weg im NSG Hainesch-Iland (2009)

Halenriggen (Duvenstedt) von einem Flunamen: „Hahle" = Einschnitt, „Riggen" von „Reie" = kleiner Wasserlauf.

Hamburg besaß für das →Alstertal schon im Mittelalter Bedeutung. Das →Bergstedter Kirchspiel wurde vom Hamburger Dom aus gegründet. Die Stadt erwarb früh alle Rechte an der →Alster und schuf sich mit den →Walddörfern →Wohldorf und →Ohlstedt einen Vorposten in →Stormarn. Das Hamburger →Domkapitel war Grundherr in vielen Dörfern der Region. Mit dem →Domherrenhaus in →Poppenbüttel verfügte auch die Kirche über einen Herrschaftssitz weit außerhalb der Hansestadt. Hamburg bot den Absatzmarkt für die landwirtschaftlichen Güter des Umlands und war Ziel der Frachtschifffahrt auf der Alster. Im vorigen Jahrhundert, als sich die städtebaulichen Funktionen „Wohnen" und „Arbeiten" trennten, bot Hamburg die Arbeitsplätze für die Menschen, die im Alstertal wohnten. Die Vororte wurden zu „Schlafstädten". Das gilt besonders für die vielen neuen Wohngebiete außerhalb der historischen Siedlungszentren.

Hamburg-Bau Wohnquartier im Norden von →Poppenbüttel zwischen Poppenbütteler Berg und Ohlendieksredder, entstanden von 1977 bis 1979. Die Bebauung sollte mit Stadthäusern relativ verdichtetes und gleichzeitig individuelles Bauen beispielhaft präsentieren. Am Anfang stand daher die Ausstellung „Hamburg-Bau". Ungewöhnlich ist die unregelmäßige Wegeführung, die Ortsunkundigen die Orientierung erschwert.

Hamburger Licht So nannten die Bewohner des südlichen →Alstertals um 1900 den hellen Schein, der nachts von der Großstadt ausging und späten Wanderern die Richtung wies. Denn ansonsten war es nach Sonnenuntergang dunkel. Eine Straßenbeleuchtung wurde in den Dörfern erst einige Jahre später eingeführt, und auch nicht flächendeckend.

Hamraakoppel (Sasel) nach einem Flurnamen („ham" = hoch, „Raa" = Rodung).

Handwerk Bereits im Mittelalter gab es in den Dörfern Handwerker. Es waren die Dorfbewohner, die in alten Verzeichnissen als „Kätner" aufgeführt sind. Welche Handwerke damals ausgeübt wurden, ist nicht bekannt. Später waren beispielsweise Zimmermänner und Schmiede in den Dörfern als Handwerker tätig.

Hand- und Spanndienste waren neben den Natural- und Geldabgaben die sogenannten „ungemessenen Dienste" der Bauern, weil ihr Umfang nicht genau feststand, sondern von der Willkür der Grundherren abhing. Zu den Diensten gehörten das Bestellen der Felder der Grundherren, die Erntearbeiten, Holzfuhren und andere Fahrten, Botendienste, Einsatz als Treiber, Sägen von Feuerholz (so in →Poppenbüttel für die →Domherren) u. a. Die Dienste belasteten besonders die Bauern in →Duvenstedt und →Lemsahl-Mellingstedt, weil sie sich (ersatzweise ihre Knechte) dazu zum weit entfernten Tremsbütteler, später zum Tangstedter Gutshof begeben mussten. Jahrhundertelang kam es immer wieder zu Streitigkeiten zwischen Bauern und Grundherren über das Ausmaß der Hand- und Spanndienste.

Hansa-Kolleg Das Kolleg wurde 1962 von →Hamburg, Bremen und Schleswig-Holstein gegründet, um junge Menschen mit abgeschlossener Berufsausbildung in drei Jahren zur Hochschulreife zu führen. 1963/64 zog das Hansa-Kolleg von Blankenese in das →Wellingsbütteler Herrenhaus. 1965 wurde das Wohnheim in Betrieb genommen. Vor einigen Jahren musste das Kolleg das Herrenhaus verlassen, weil das historische Gebäude als Altenwohnanlage genutzt werden sollte.

Handwerker beim Hausbau (um 1896), in der Mitte der Saseler Maurer Caspar Hinrich Jarmers (Pfeil)

Harksheider Straße (Poppenbüttel) hieß bis weit in das vorige Jahrhundert zutreffend „Glashütter Weg", denn der Weg führt zum Dorf Glashütte, nicht zum weiter nördlich liegenden Harksheide. Die Verbindung vom Kupferteichweg zum heutigen Norderstedt wurde erst vor einigen Jahrzehnten ausgebaut.

Haselknick (Ohlstedt) 1912 von der Terrain-Gesellschaft wohl nach den dortigen Knicks mit Haselnuss-Sträuchern benannt.

Hasenhoop (Poppenbüttel) nach einem Flurnamen („Hoop" = kleiner Hügel).

Hasselwisch (Ohlstedt) nach dem dortigen Flurnamen (1783) = Wiesen mit Haselnuss-Sträuchern.

Hattsmoor (Hummelsbüttel) nach einem Flurnamen, Bedeutung unklar.

Hausnummern In den kleinen Dörfern vergangener Jahrhunderte kannte man sich gegenseitig, und es gab nur wenig Post. Hausnummern wurden erst im vorigen Jahrhundert eingeführt, z. B. in →Wellingsbüttel 1929. In →Hummelsbüttel versah man 1936 die bebauten Straßen mit Hausnummern.

Hauwisch (Hummelsbüttel) nach einem Flurnamen, Bedeutung unklar. Im Nordfriesischen bedeutet „hauen" mähen.

Hebammen waren im →Alstertal tätig, lange bevor sich dort Ärzte niederließen. →Hamburg ging voran: Schon 1787 wurde eine Hebamme für die →Walddörfer bestellt. Rund hundert Jahre später arbeitete eine Hebamme in →Bergstedt, eine andere in Rahlstedt. Sie waren auch für die Versorgung der Dörfer →Hummelsbüttel, →Poppenbüttel, →Sasel, →Wellingsbüttel, Steilshoop und Hoisbüttel zuständig.

Heckel, Erich (1883-1970), Maler, geb. in Döbeln (Sachsen), 1905 Mitbegründer der Künstlervereinigung „Brücke". Als Heckel 1913 den Kunstsammler →Schiefler auf dessen Landsitz in →Mellingstedt besuchte, zeichnete er Badende in der Alsterlandschaft. Er malte auch die →Mellingburger Schleuse.

Heegbarg (Poppenbüttel) wahrscheinlich von „Heg" für ein kleines Gehege, hier also an einer hochgelegenen Stelle. Bis zum Zweiten Weltkrieg hieß der Weg „Admiral-Scheer-Straße".

Heiddiek (Bergstedt) = Teich in der Heide.

Heide Bis in das 19. Jahrhundert Bezeichnung für das offene Land jenseits der Ackerfluren mit lichtem Baumbe-

Lemsahler Heide (2009)

stand. Die Waldheide diente den Dorfbewohnern als gemeinsames Weideland. Es war genau festgelegt, wer dort hin wieviel Vieh treiben durfte. Die →Verkoppelung zum Beginn des 19. Jahrhunderts hob diese Allmende auf.

Heime Wegen der schönen Lage entstanden im Alstertal schon früh Heime, vor allem für Kinder. An der Bredenbekstraße 44 gab es das Kleinkindergenesungsheim „Gertrudheim". Auch die Pestalozzi-Stiftung war in den →Walddörfern tätig. Sie hatte 1847 mit einem Kinderheim in „Billwärder" ihre Arbeit begonnen, ab 1865 in „Barmbeck". 1906 bezog sie einen Neubau in Volksdorf, das spätere Johannes-Petersen-Heim. Seit 1930

Mahlzeit in Pestalozzi-Heim (1960er Jahre)

hat die Pestalozzi-Stiftung Hamburg ihren Sitz in der →Diestelstraße in →Ohlstedt. 1951 wurde das Pestalozzi-Kinder- und Jugenddorf am Bredenbekkamp gegründet.

Heimgarten Die Wochenendkolonie im äußersten Nordwesten von →Poppenbüttel wurde 1930 gegründet. Hohe Tore markierten die Zugänge. Von den ursprünglichen Lauben ist keine mehr vorhanden.

Heindaal (Bergstedt) von einem Flurnamen („Hein" = Hain, eingefriedigte Hölzung, „Daal" = Tal).

Henneberg, Albert Cäsar (geb. 1818) pachtete 1856 den großen Hof im Zentrum →Poppenbüttels von seiner Tante Amalie Löbbecke. Er stammte aus einer Familie von Postbediensteten. Sein Vater Ernst Henneberg war Direktor der braunschweigischen Post in →Hamburg. Albert hatte sich mehr für die Landwirtschaft interessiert und sich entsprechend ausbilden lassen. Nach Antritt der Pacht zog er in ein kleines Haus und widmete sich der Verbesserung der Landwirtschaft durch Urbarmachung von Moorflächen und Anlage von Fichtenschonungen. Außerdem veranlasste er, dass ein Teil des Weges nach →Hummelsbüttel gepflastert wurde. Aber schon 1857 übernahm sein Vetter Bruno →Henneberg den Hof. Die Hintergründe sind unklar. Albert lebte danach zunächst bei seinen Eltern im Domherrenhaus. Nach der Heirat mit seiner Frau Marie ließ er das alte Domherrenhaus erweitern und umbauen. Er erwarb eine Landstelle an der Ostseite des Dorfplatzes und nannte seinen Besitz →„Marienhof". 1878 errichtete Henneberg neue Stallgebäude und ein Jahr später das Wirtschaftsgebäude mit der Turmuhr, das noch fast hundert Jahre am Dorfplatz

Aufbruch zur Fahrrad-Tour, Pestalozzi-Heim (1960er Jahre)

Hof Henneberg (um 1880)

(Poppenbütteler Markt) stand. Ab 1880 wurde das →Arboretum angelegt, ein Gehölzpark mit seltenen Bäumen und Sträuchern aus allen Klimazonen. An der →Alster gab es ein Badehaus. 1887 krönte Henneberg seinen Landsitz mit einer spektakulären künstlichen →Burgruine.

Henneberg, Carl Ludwig Theodor Bruno (1830-1899) übernahm 1857 von seinem älteren Vetter →Albert Henneberg den →Poppenbütteler Hof. Er ließ schon bald sämtliche Felder dränieren und deichte den tiefgelegenen, sumpfigen →„Swienhagen" unterhalb vom heutigen →Strutzhang ein. Bruno Henneberg hatte mit seiner Frau Minna zwei Kinder (Sohn →Eduard Henneberg). Er war ab 1868 Mitglied des Stormarner Kreistages und wurde später in den Provinzial-Landtag und sogar in das Preußische Abgeordnetenhaus (Wahlkreis Wandsbek) gewählt. Er soll Kontakte zur königlichen Familie und zu Bismarck unterhalten haben. Unter seiner Ägide blühte der Poppenbütteler Hof auf.

Henneberg, Eduard übernahm nach dem Tod seines Vaters →Bruno Henneberg den →Poppenbütteler Hof. 1901 heiratete er die Tochter des Sanitätsrats Dr. Wilhelm Otto. Dazu veranstaltete er ein großes Fest. Der Gutspark war mit Fackeln illuminiert, in den Gastwirtschaften gab es Freibier. Eduard Henneberg erbte von seinem Onkel →Albert Henneberg den →„Marienhof" und besaß zusammen mit dem Vorwerk →Treudelberg ein Areal von rund 412 Hektar. Wie sein Vater war er Mitglied des Stormarner Kreistages und bekleidete mehrere Eh-

Eduard Henneberg als Student (um 1890)

renämter. Von 1895 bis 1919 fungierte er als Vorsteher des →Amtsbezirkes Poppenbüttel und gehörte von 1900 bis 1920 zur Landwirtschaftskammer für die Provinz Schleswig-Holstein. Mehrfach wurde er zum Vorsitzenden des landwirtschaftlichen Kreisvereins Stormarn und des landwirtschaftlichen Vereins „An der Alster" gewählt. Er liebte die Jagd und die Pferde. Mehr als zwanzig Pferde standen in seinem Stall, darunter mehrere Reit- und Kutschpferde. Eduard Henneberg beaufsichtigte den Gutsbetrieb hoch zu Ross, im Ersten Weltkrieg, als Pferde für das Militär eingezogen worden waren, auch mit dem Fahrrad. In der Landwirtschaft spezialisierte sich Henneberg wie sein Nachbar →Lippert auf die Milchproduktion. Um 1900 hielt er über 120 Kühe. Zweimal täglich fuhr der Milchkutscher die Milch in die Stadt. Wirtschaftlich ging es Henneberg schlechter als seinem Vater.

1909 musste er Treudelberg verkaufen. Der Erlös reichte aber zur Sanierung des Gutsbetriebs nicht aus. Daher plante Henneberg zusammen mit den Besitzern des Saselhofs und des Gutes Wellingsbüttel, die landwirtschaftlichen Flächen zu Bauzwecken zu verkaufen. Die Gutsbesitzer gründeten dazu die →ATAG. 1930 verkaufte Henneberg den Familienbesitz. Der landwirtschaftliche Betrieb wurde aufgelöst. Eduard Henneberg, mittlerweile geschieden, zog zu seiner Schwester in das alte →Pastorenhaus.

Henneberg-Bühne 1981 gründeten ca. 20 Personen in →Poppenbüttel eine Laienbühne. Da sie von Otto →Henneberg-Poppenbüttel finanziell unterstützt wurden, nannten sie ihre Theatergruppe „Henneberg-Bühne". Die erste Vorstellung fand 1982 in der Poppenbütteler →Marktkirche statt. Es gab aber auch Freilicht-Aufführungen im Hennebergschen →Arboretum. Dabei wurde der Park mit bengalischem Licht illuminiert. Zur Theatergruppe kamen in den folgenden Jahren ein Shanty-Chor und eine Volkstanzgruppe hinzu, außerdem eine Plattdeutsch-Gruppe für Kinder. Standort der Bühne ist seit 1994 das →Hospital zum Heiligen Geist.

Henneberg-Poppenbüttel, Otto (1905-1986) war der letzte Nachfahre der Familie Henneberg, die den →Poppenbütteler Hof gegründet und jahrzehntelang das wirtschaftliche und gesellschaftliche Leben in Poppenbüttel dominiert hatte. Wegen seiner Verdienste um den Stadtteil – er hatte dort die örtliche CDU nach dem Zweiten Weltkrieg gegründet und war Mitglied des Ortsausschusses – durfte

er den Namenszusatz „Poppenbüttel" tragen. Otto Henneberg-Poppenbüttel wohnte zuletzt in dem kleinen Bungalow hinter dem Torhaus am Poppenbütteler Markt. Mit Ausnahmegenehmigung des Senats wurde er in seinem Park beigesetzt und nicht im Familiengrab auf dem →Bergstedter Friedhof.

Henseweg (Bergstedt) Karl Adam Hense (1871-1946) war Mitglied der Hamburger Bürgerschaft und Senator.

Herd In den traditionellen →Fachhallenhäusern gab es ursprünglich eine offene Herdstelle. Gegen Ende des 17. Jahrhunderts wurden diese Feuerstellen mit gemauerten Schwibbogen gesichert. An der Vorderseite befanden sich Löcher, um den Rauch abziehen zu lassen. Das war der sogenannte „altdeutsche Herd". Schornsteine wurden noch nicht installiert. Der Rauch zog durch den gesamten Dachraum und gelangte durch das „Uhlenloch" im Dachfirst ins Freie. So wurden Heu und Stroh auf dem Dachboden, aber auch Würste und Schinken geräuchert und konserviert. Da es umständlich war, das Feuer zu entfachen, hielt man über Nacht die Glut im Herd. Zur

Emblem der Henneberg-Bühne

Altdeutsche Herde, Ohlstedt (um 1920)

Sicherheit wurde die Feuerstelle mit einem „Feuerstülper" bedeckt. Erst ab ca. 1800 bauten die Bauern nach und nach Schornsteine ein. Später leisteten sich fortschrittliche Dorfbewohner einen geschlossenen „englischen Herd" mit Ofenrohr.

Heuer, Christian Ludwig Wilhelm (1813-1890) bedeutender Landschaftsmaler. Malte auch im Alstertal, z. B. eine Ansicht →Poppenbüttels mit der Schleuse.

Hifthornweg (Wellingsbüttel) Ausdruck für „Jagdhorn", in der Gegend des →Grünen Jägers.

Beschilderung des Erlebnispfades (2009)

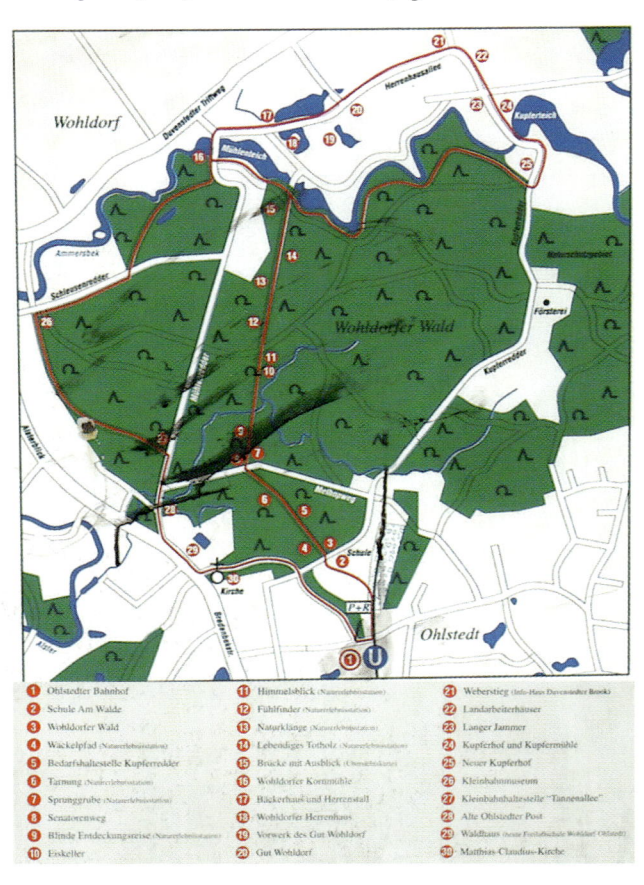

Himmelsmoor (Duvenstedt) nach einem Flurnamen („Ham/hem/him" = durch Gräben eingefriedigtes Land, besonders Grasland).

Himmelsmoorbarg Hügel der →Lemsahler Heide mit trigonometrischem Punkt (40,2 Meter über Normalnull).

Hinsbeker Berg (Poppenbüttel) nach dem Bach „Hinsbek", später Minsbek (Schreibfehler).

Hinsbleek (Poppenbüttel) nach einem alten Flurnamen, „Bleek" ist eine holzfreie Stelle oder freie Fläche, „Hins" könnte von „Hingst" = Pferd stammen. Dann wäre der Hinsbleek ein Platz gewesen, an dem Pferde zum Grasen angepflockt wurden.

Hinsenfeld (Lemsahl) nach einem Flurnamen, Bedeutung unklar.

Historisch-ökologischer Erlebnispfad Der Informationsweg in →Wohldorf entstand 1999 im Rahmen eines Projektes der Schule am Walde. Der Rundweg ist sieben Kilometer lang und hat 30 Stationen. Intendiert ist, Naturerlebnis (erstes Teilstück) mit Stadtteilgeschichte (zweites Teilstück) miteinander zu verbinden. Stationen des Weges sind z. B. das →Waldherrenhaus, die →Wohldorfer Kupfermühle und die →Landarbeiterhäuser.

Hochestieg (Wellingsbüttel) nach Prof. Dr. Richard Hoche (1834-1906), von 1874 bis 1888 Direktor des Johanneums, danach bis 1900 Hamburger Schulrat.

Högenbarg (Hummelsbüttel) Flurname, wohl von „Höhe".

Höger, Fritz (= Johann Friedrich H., 1877-1949) bedeutender Hamburger Architekt, eröffnete 1907 ein eigenes Architekturbüro. 1921 entwarf er das Chilehaus. Höger war mit dem Dichter Hermann →Claudius und dem Kachel-Fabrikanten Hermann →Wessely befreundet, die beide in →Hummelsbüttel lebten, und feierte in den zwanziger Jahren mit ihnen manches Künstlerfest. Von Höger stammt z. B. das Wohnhaus Edye am Alsterblick 1 (1923/24) in →Wohldorf. Er entwarf auch kleine Wohnhäuser in →Sasel (z. B. in →Saselbek Haus Schönbohm).

Hökerberg Anhöhe im Duvenstedter Ortskern, benannt nach einer Hökerei, die Hans Hinrich Krey 1847 dort in der ehemaligen Schulkate gründete.

Hofteich früherer Mühlenteich, Stau der →Mellingbek, in →Hohenbuchen. Mit dem Wasser des Hofteichs wurde die untere →Kupfermühle des →Mühlenhofs betrieben. Die wasserbaulichen Anlagen sind noch gut erhalten.

Hohenbergstedt westlichster Teil von →Bergstedt an der →Alster mit der gleichnamigen Straße, ursprünglich weitab von der Bebauung des Dorfes gelegen.

Hohenbuchen So nannte Senator →Kähler seinen Landsitz am Rande von →Poppenbüttel, den ehemaligen →Mühlenhof. Er erwarb das Anwesen 1849 und erbaute ein „feines, villenartiges Wohnhaus". Den Park gestaltete er neu. So ließ er das Gelände an der →Alster eindeichen. An einer mächtigen Buche wurde eine Tafel mit romantischen Versen angebracht, die Kähler selbst gedichtet hatte. Auf

Johann Friedrich H. Höger (um 1920)

Hohenbuchen, Blick über den Hofteich. Aquarell von Wilhelm Heuer (1860)

Hohenlinden

Wilhelm Schröder mit Familie (vor 1918)

Torhaus Hohenbuchen (um 1920)

Kähler folgte als Besitzer sein Sohn, auf diesen Eduard →Lippert, der ab 1896 Bauten und Park noch einmal erneuerte und weit repräsentativer gestaltete. Lippert produzierte hauptsächlich Milch, die „Kontroll-Kindermilch Hohenbuchen". Die Hauskoppel für die Kühe lag hinter den Arbeiterhäusern an der Hauptstraße, unterhalb der Abbruchkante. Dagegen zog sich die Ackerflur überwiegend westlich des Kupferteiches bis zum heutigen →Kiwittredder (sogenannte „Kiebitz-Koppel") und zum →Poppenbütteler Graben hin. Aber auch jenseits des →Kupferteichs an dessen nordöstlichem Ende gab es eine Feldflur. Die Felder lagen nur teilweise zusammen.

Meistens wurde die Hohenbuchener Ackerflur von Äckern der Poppenbütteler Landbesitzer unterbrochen. – 1923 verpachtete Franz Schröder die rein landwirtschaftlich genutzten Gebäude und Ländereien an den Landmann Wilhelm Schröder. Wilhelm Schröder produzierte weiterhin Vorzugsmilch. Franz Schröder verkaufte 1932 den Hohenbuchener Park mit Herrenhaus und Wirtschaftsgebäude an Hugo von Kaehne. Pächter blieb Wilhelm Schröder. 1934 wurden Herrenhaus und Gewächshäuser abgerissen, nachdem das Inventar versteigert worden war. Angeblich brach eine SA-Einheit die Gebäude im Rahmen einer Übung ab. Wilhelm Schröder führte die Milchproduktion bis 1936 weiter. Später übernahmen die Alsterdorfer Anstalten den Hof. Die großen Stallanlagen standen bis in die siebziger Jahre, ein altes Arbeiterhaus östlich der Hauptstraße noch länger (Geflügelzucht). Heute erinnern an das Gut nur noch die Arbeiterhäuser westlich der Hauptstraße, das alte Kopfsteinpflaster auf dem Weg zum Kindergarten, Mauerreste, eine alte Eisenpforte und einige exotische Gehölze im Park.

Hohenlinden →Lindenhof

Hohe Reihe (Sasel) nach einer Flurbezeichnung, wohl „Baumreihe", oder von „Reie" = kleiner Wasserlauf (bis 1930: „Horeih").

Hohensasel Nördlichster Teil von →Sasel zwischen →Saselberg und →Saselbek, ursprünglich weitab von der Bebauung des Dorfkerns gelegen.

Holländerberg (Wohldorf) benannt nach den Melkern des Gutes

Wohldorf, die nach holländischem Vorbild arbeiteten.

Hollenbek (Hummelsbüttel) Flurname, von „hohl", also Bach in einer Senke.

Holstein ehemaliges Herzogtum, südlicher Teil von Schleswig-Holstein. Bis auf die hamburgischen →Walddörfer →Wohldorf und →Ohlstedt sowie die hamburgische Landgemeinde →Klein Borstel gehörte das →Alstertal ab 1867 zur preußischen Provinz Schleswig-Holstein. Die Verbindungen nach Holstein bezogen sich besonders auf →Stormarn (Kreisverwaltung Wandsbek/Oldesloe und Bahnstation Bargteheide).

Holstein-Beck, Herzog Friedrich Carl Ludwig von, (1757-1816), besaß das Gut →Wellingsbüttel von 1810 bis zu seinem Tod als Lehen des dänischen Königs. Der Herzog stammte aus Ostpreußen. Dort hatte er Güter besessen und sich um die Modernisierung der Landwirtschaft bemüht (u. a. Publikationen über Schafzucht und Kartoffelanbau). Für ihn fand die Trauerfeier in der Bergstedter Kirche statt, beigesetzt wurde er aber in Sonderburg.

Holtweg (Wellingsbüttel) von „Holt" = Holz.

Holz Bis in das 19. Jahrhundert benötigte →Hamburg viel und immer mehr Holz – zum Bau der Fachwerkhäuser, die häufig abbrannten, und zum Bau der Schiffe, die wie die Häuser oft repariert und erneuert werden mussten. Holz war Rohstoff für fast alle Haushaltsgegenstände, beispielsweise für Löffel, Teller und Eimer. Notfalls diente es sogar zur Anreicherung von Lebensmitteln. So wurde Holzmehl als – verbotener – Zusatz zum Brotbacken verwendet, um Mehl zu sparen. Vor allem brauchten die Hamburger aber Holz als Brennstoff in allen Wohnungen und Gewerbebetrieben. Der begehrte Rohstoff war in →Stormarn vorhanden, aber auch in den hamburgischen →Walddörfern. Die →Oberalsterschifffahrt sorgte dafür, dass die Holzfracht nach Hamburg gelangte.

Hoopwischen (Duvenstedt) nach einem Flurnamen („Hoop" = sehr kleiner Hügel, „Wischen" = Wiesen). Hieß bis 1942 „Glashüttenweg", wohl ein Hinweis auf frühere Glasproduktion, denn Hoopwischen ist kein Richtweg nach Tangstedter Heide/Glashütte.

Hopfenweg Weg von →Poppenbüttel nach Nordwesten, eingezeichnet auf der ersten Landkarte des Dorfes von 1743. Er verband die Landstraße nach Segeberg mit der →Alster und

Publikationen des Herzogs von Holstein-Beck (ab 1804)

diente offenbar zum Transport von Hopfen. Diese Nutzpflanze wurde in →Holstein angebaut und an Hamburger Brauereien verkauft. Der Norderstedter Hopfenweg ist noch erhalten und heißt auch offiziell so. Von ihm führt ein Fußweg über ein Privatgelände zum Kupferteichweg.

Horstweg (Sasel/Wellingsbüttel) „Horst" bezeichnet mit Busch bestandene Hügel, die nicht gerodet wurden.

Hospital zum Heiligen Geist

Die „kleine Stadt für Senioren" im südlichen →Poppenbüttel geht zurück auf eine Stiftung von 1227 und das Oberalten-Stift aus dem 19. Jahrhundert. In Poppenbüttel wurde das Altersheim 1950 errichtet, nachdem die früheren Anlagen in Eilbek im Krieg zerstört worden waren. Zu den neuen Gebäuden gehörte auch ein Haus mit großem Glockenturm (mittlerweile abgebrochen).

Hospital zum Heiligen Geist (um 1955)

Hügelgrab in Lemsahl (1993)

Hügelgräber Im Alstertal gibt es noch eine Reihe von Hügelgräbern mit Grabstätten aus der Stein- und Bronzezeit. Viel mehr waren früher vorhanden, sie sind jedoch zerstört worden. Unsere Vorfahren benutzten sie als Steinbrüche, suchten nach Schätzen, überpflügten oder überbauten sie. Noch vorhanden sind und unter Denkmalschutz stehen: in →Sasel die →Wöhlberge und eine Grabanlage am Mellingburgredder (westlich von Nr. 1), in →Wellingsbüttel der →Knasterberg und eine Grabanlage an der Friedrich-Kirsten-Straße westlich der Poppenbüttler Landstraße, in →Poppenbüttel der →Vaterunserberg (Am Bronzehügel) und das Hügelgrab am →Kreienhoop/Moorblick, in →Hummelsbüttel ein Grab am Poppenbütteler Stieg und in →Lemsahl am →Bilenbarg und am →Fiersbarg je drei Gräber sowie westlich Tannenhof zwei Gräber. Früher nannte man die Hügelgräber „Hünengräber", weil man glaubte, dass nur Riesen solche Anlagen hätten errichten können.

Hübbe, Otto Jonathan (gest. 1911), Eigentümer des Gutes →Wellingsbüttel von 1892 bis zu seinem Tod, Hamburger Kaufmann, Konsul von Costa Rica.

Hüsermoor Flachmoor im Norden von →Hummelsbüttel am Rehagen, Teil des Naturschutzgebietes →„Hummelsbütteler Moore". Auf alten Karten heißt es noch „Hüßelmoor". Diese Bezeichnung kommt vielleicht von

"Höss" oder "Hössel", was "Horst" bedeutet. Tatsächlich liegt das Moor recht hoch. Geologisch ist es entstanden aus einer Sanderfläche der Saale-Eiszeit, einer Sackung von Bodenschichten über tauendem Toteis.

Pflegearbeiten im Hüsermoor (2009)

Hufe historische Bezeichnung aus dem Mittelalter für einen voll existenzfähigen Bauernhof (Vollbauernstelle). Dazu gehörten rund 7,5 Hektar Ackerland und Rechte an den Wiesen, Weiden und Waldungen. Der Besitzer hieß entsprechend „Hufner". Unterschieden wurden Voll-, Halb- und Viertelhufner. Die Hufe war auch ein Maßstab für die Besteuerung.

Hummelsbüttel Der Name „Humersbotle" (vom Personennamen Hunmar) taucht zum ersten Mal 1319 in einer Urkunde auf, als die Brüder →Struz aus der Familie von Hummersbotle einen Hof im Dorf an den Vikar des Hamburger Doms verkauften. Im Mittelalter umfasste das Dorf neun Vollhöfe („Vollhufen"). Damit war es eine der größeren Siedlungen im Alstertal. Ab 1528 gehörte das Dorf zur Herrschaft →Pinneberg. Hummelsbüttel war immer ein Bauerndorf. Eine Gutsherrschaft oder ein landwirtschaftlicher Großbetrieb sind nie entstanden. 1803 lebten in Hummelsbüttel 222 Menschen in 40 Haushalten, darunter immer noch neun Vollhufner, mittlerweile aber auch Handwerker wie ein Rademacher und ein Leineweber, außerdem Tagelöhner. Knapp hundert Jahre später (1900) war die Einwohnerzahl auf 650 angewachsen, 1936 auf 1.176. Seit 1867 gehörte Hummelsbüttel zu Preußen, 1938 wurde es nach Hamburg eingemeindet. Heute ist vom historischen

Renaturierung im NSG Hummelsbütteler Moore (2009)

Die Kate Friebel am Grützmühlenweg (vor 1918)

Hummelsbütteler Bodendeponie

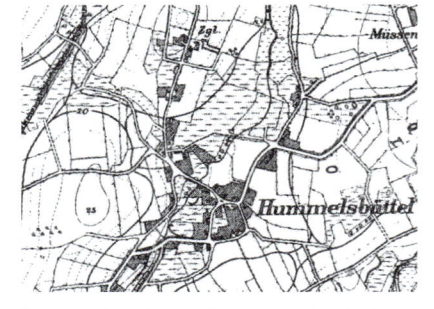

Karte von Hummelsbüttel (1875)

Bauerndorf bis auf wenige alte Gebäude, vor allem an der Hummelsbütteler Dorfstraße und am Poppenbütteler Weg, nichts mehr übrig geblieben. Das Ortszentrum wird von Hochhäusern dominiert. Auch die Großsiedlungen Lentersweg und →Tegelsbarg gehören zu Hummelsbüttel.

Hummelsbütteler Bodendeponie

Amtlicher Ausdruck für den „Müll"- oder „Schuttberg" im nördlichsten →Hummelsbüttel, an der Grenze zu Schleswig-Holstein. Auf der Deponie werden belastete Böden gelagert. Im vorigen Jahrhundert wurden dort auch Bauschutt und hausmüllähnlicher Abfall abgeladen, teilweise

Hummelsbütteler Bodendeponie (um 1970)

illegal. Mit über 80 Meter Höhe bietet der Berg eine ausgezeichnete Fernsicht auf die Kirchtürme und Hochhäuser →Hamburgs und bei gutem Wetter bis zu den Harburger Bergen. Im Winter freuen sich vor allem Kinder über lange und steile Rodelbahnen.

Hummelsbütteler Moore

jüngstes Hamburger Naturschutzgebiet (2008) im nördlichsten Zipfel von →Hummelsbüttel. Das NSG folgt dem Lauf der →Susebek und verbindet die beiden bisherigen Naturdenkmale →„Ohlkuhlenmoor" (12,5 ha) im Osten am Kiwittredder und →„Hüsermoor" (7 ha) im Westen am →Rehagen, die 1988 unter Schutz gestellt worden sind. Das Gebiet umfasst insgesamt 61 Hektar und ist nicht zugänglich. Im Naturschutz-

Moosbeeren im Ohlkuhlenmoor (2009)

gebiet leben seltene Tiere wie Moor-, Gras- und Wasserfrösche, Waldeidechsen, Schwarze und Blutrote Heidelibellen, sowie der Vierfleck (Libelle). Auch die Flora bietet Raritäten: In den Flachmooren wachsen u. a. Beinbrech, Mittlerer und Rundblättriger Sonnentau, Glockenheide, Lungenenzian, Torfmoosknabenkraut, Borstige Schuppensimse, Ackerkleinling, Sumpfblutauge, Kleiner Klappertopf, Schildehrenpreis, Moosbeere und Wollgräser.

Hummelsbütteler Mühlen

In →Hummelsbüttel gab es nur für sehr kurze Zeit eine Wassermühle. Um 1600 baute der Hamburger Bürger Lutke Meyer am späteren „Tegelhoff" Lehm ab und brannte daraus Ziegel. 1614 erhielt er die Erlaubnis zur Anlage einer Pulvermühle bei →Rehagen nahe der „Schäferbrücke" an der →Susebek. Meyer baute die Mühle und ließ zur besseren Wasserversorgung Gräben ziehen. Daraus ergaben sich – sogar handgreifliche – Konflikte mit den Bauern. Meyer wurde mit einem Beil bedroht. 1618 brach er sein Vorhaben ab. – Erst im 19. Jahrhundert wurde die →Grützmühle gebaut.

Hummelsbütteler Schule In einem Dokument von 1692 wird die Frau eines Schulmeisters erwähnt, ein Hinweis auf die Existenz einer Schule. 1733 unterrichtete der Lehrer Valentin Lange in →Hummelsbüttel. Die erste Schulkate stand in der Gegend des →Brillkamps. Zu Beginn des 19. Jahrhunderts wurde ein neues Schulhaus gebaut, wohl an der Glashütter Landstraße. 1865 entstand dort ein Neubau, der 1896 abbrannte. 1897 wurde die neue Schule mit zwei Klassenräumen für je sechzig bis siebzig Kinder und zwei Lehrerwohnungen eingeweiht, 1934/35 vergrößert. Die Schulpavillons am Poppenbütteler Stieg 7 entstanden ab 1959.

Hummelsbütteler Schule (vor 1896)

Hummelsbütteler Ziegeleien In →Hummelsbüttel waren drei Ziegeleibetriebe ansässig: a) Die Ziegelei Steinhage, der größte Betrieb, entstand wohl schon nach dem Großen Brand in Hamburg (1842), als die Nachfrage nach Backsteinen groß war. Belegt ist die Existenz der Anlage aber erst für 1893. Damals erwarb Adolf Wilhelm Steinhage den Betrieb. Das Betriebsgelände lag an der Glashütter Landstraße, etwa zwischen dem heutigen Ziegeleiweg und dem Poppenbütteler Weg. Die Tongruben befanden sich nördlich davon am heutigen →Högenbarg und am Ziegeleiweg. 1904 baute Steinhage das Werk II weiter westlich im Wilden Moor am heutigen Raakmoorgrund. Werk II arbeitete mit Unterbrechungen bis 1939 und verfiel später. Dort produzierten rund 45 Arbeiter etwa 2,5 Millionen Steine in einer Woche mit 60 bis 70 Arbeitsstunden. Dagegen war Werk I mit einer höheren Wochenleistung bis 1968 in Betrieb, ebenfalls mit Unterbrechungen. 1975 wurden die letzten

Werk I der Ziegelei Steinhage (um 1960)

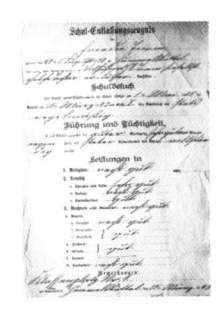

Abgangszeugnis einer Hummelsbütteler Schülerin (1893)

Hummelsee

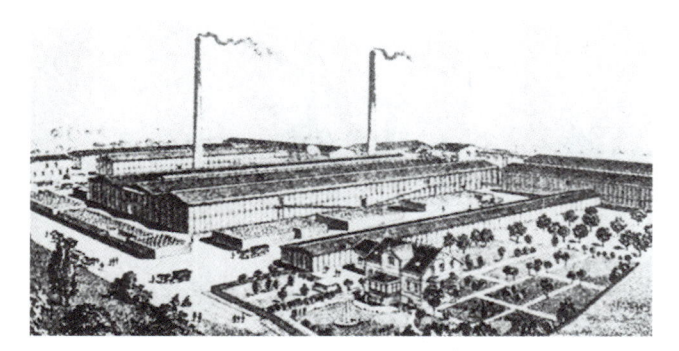

Ziegelei Wettern & Sievert (vor 1918)

Blick über den Hummelsee (2009)

drei, bis zu 100 Meter hohen, Ziegeleischornsteine gesprengt. Die ehemaligen Tongruben am →Högenbarg werden als Badegelände für →FKK genutzt. – b) Die Ziegelei Wettern & Sievert lag am Hummelsbütteler Weg/Poppenbütteler Weg. August Sievert baute mit seinem Partner Wettern 1898 die Ziegeleigebäude. Von 1939 bis 1948 ruhte der Betrieb, dann wurde bis Ende der fünfziger Jahre wieder gearbeitet. Schließlich erfolgten Konkurs und Stillegung. Das Wohnhaus des Besitzers steht noch, allerdings sehr marode, an der Ecke Hummelsbütteler Weg/Poppenbütteler Weg. Die alten Gruben südlich des Poppenbütteler Weges sind als Naturdenkmal →Sievertsche Tongrube geschützt. – c) Adolf Meyer (Aussprache „Mejer") errichtete 1908 eine Ziegelei westlich der Glashütter Landstraße/Wildes Moor. 1939 übernahm die Firma Möller&Förster den Betrieb. 1965/66 wurde die Ziegelei stillgelegt. Heute befindet sich auf dem Gelände ein Baumarkt.

Hummelsee Gewässer südlich der →Hummelsbütteler Bodendeponie, entstanden aus einer Kiesgrube, beliebtes inoffizielles Badegewässer. Vor etwa zwanzig Jahren galt das Baden als gefährlich, weil giftige Sickerwässer aus der Deponie befürchtet wurden. Mittlerweile gibt es im „See" Fische. Dort nisten Wasservögel, u. a. Haubentaucher. Wohl ausgestorben ist die frühere Kolonie von Uferschwalben an der östlichen Steilwand.

Huswedelweg (Wellingsbüttel) nach Johann Huswedel (1576-1651), Rektor des Johanneums 1627/28.

Huulfeld (Lemsahl) nach einem Flurnamen („Huul" = Höhle, aber auch kleine Erhöhung).

Iland (Bergstedt) nach einem Flurnamen, ursprünglich „Ieferland" = Ulmenland.

Pferdeweiden am Iland (2009)

Ilenwisch (Sasel) von „Ilen" = Blutegel, die offenbar auf der feuchten Wiese lebten.

Illies, Arthur (1870-1952) Maler, Mitbegründer des Hamburger Künstlerclubs. Illies hatte noch vor seinem Freund Ernst →Eitner das →Alstertal entdeckt. Er wohnte zunächst im Gasthof →Randel und ging von dort aus auf die Suche nach Motiven. 1899 baute er sich ein Haus am →Treudelberg. Illies schuf mehrere Gemälde mit Motiven aus dem Alstertal. Nach dem Tod seiner Frau zog er nach →Klein Borstel. Er wohnte auf einem kleinen Besitz an der →Alster am Ende des Weges „Grüner Winkel". Zusammen mit Ludwig →Frahm und anderen örtlichen Honoratioren gründete Illies 1900 den →Alsterverein und zeichnete dessen Enblem. Ab 1908 war er Lehrer an der Hamburger Kunstgewerbeschule. Im Ersten Weltkrieg arbeitete er als Kriegsmaler an der Ostfront in Russland. 1926 wurde Illies zum Professor an der Kunstgewerbeschule ernannt, 1933 entlassen. Heute trägt die Brücke, die vom Grünen Winkel aus über die Alster führt, den Namen des Künstlers.

Iloh (Bergstedt) nach einem Flurnamen (sumpfiger Wald, in dem Blutegel („Ilen") vorkommen).

Ilsenweg (Sasel) nach Ilse Lind, der Frau eines Grundbesitzers.

Im Ellernbusch (Duvenstedt) nach einem Flurnamen („Ellern" = Erlen).

Im Kohlhof (Lemsahl) = Hausgarten.

Immenhof Lokal am südlichen Ende von →Lemsahl, gegenüber dem ehemaligen Gasthof →„Alsterschlucht". Im Garten sind noch niedrige Natursteinmauern erhalten, die einzelne Sitzecken abschirmen. So ähnlich sah es in den Gartenanlagen vieler →Ausflugslokale um 1900 aus.

Immenhorstweg (Bergstedt), Flurname („Immen" = Bienen).

Im Busch (Ohlstedt) nach dem (falsch verstandenen) Flurnamen „Rüsch" (1783), „rüsch" = Binse, Schilfrohr, feuchtes Gelände mit Schilf.

„Immenhof" Postkarte (um 1900)

Arthur Illies (1905)

Jagd

Jagd Mehrere örtliche Gutsbesitzer und reiche Hamburger betreiben im →Alstertal die Jagd. Ein besonders großes Jagdrevier besaß der Hamburger Bankier E. Behrens. Er mietete 1907 das Herrenhaus des →Wohldorfer Hofes und nutzte es als Jagdhaus. Nach und nach pachtete er die Wulksfelder Gutsjagd, die Duvenstedter Gemeindejagd, die Ohlstedter Gemeindejagd, die Hamburger Staatsforstjagd und einen Teil des →Duvenstedter Brooks. Insgesamt umfasste sein Revier schließlich 13.400 Morgen. Er beschäftigte einen Förster und drei Jagdaufseher. In seinem Revier gab es viel Rehwild und anderes Niederwild. Pro Jahr ließ Behrens 1.000 bis 2.000 Fasanen aussetzen, dazu Hasen und Rebhühner. Bankier Behrens wirkte als Wohltäter. Er unterhielt während des Ersten Weltkriegs in der Hamburger Hagedornstraße eine Privatklinik für verwundete Soldaten. Die Kranken wurden speziell mit Wild aus dem Wohldorfer Revier beköstigt. – Ein ertragreiches Jagdrevier war auch die Poppenbütteler Flur um 1900. Auf der Sandkuhlenkoppel jagte der Gutsbesitzer Eduard →Henneberg Hasen, in der Fichtenschonung →Schäperdresch Kaninchen und Fasanen.

Jagersredder (Ohlstedt) = Weg zwischen Knicks, der von Jägern benutzt wird, aber auch: „Jager" = Tor zur Weide.

Jahrmärkte Der älteste Jahrmarkt des →Alstertals war der Bergstedter, der schon im 18. Jahrhundert entstand, damals wohl für das gesamte →Bergstedter Kirchspiel. In →Hummelsbüttel fand längere Zeit ein Jahrmarkt am →Gnadenberg statt. Offenbar gab es auch in →Wellingsbüttel zeitweise einen Jahrmarkt. Als einziger Jahrmarkt wird heute noch regelmäßig

Buntes Treiben auf dem Poppenbütteler Jahrmarkt (um 1900)

der →Poppenbütteler Markt veranstaltet (seit 1840).

Jauch, Johann Christian jr.

(1802-1880), Eigentümer des Gutes →Wellingsbüttel von 1846 bis 1880. Jauch handelte zusammen mit seinem gleichnamigen Vater (1765-1855) mit Holz. Ihnen gehörte das führende Holzgroßhandelsgeschäft →Hamburgs. Der Betrieb lag am Stadtdeich. Dort besaß die Familie einen Hirschpark und einen Bärenzwinger. Jauch erwarb mit seinem Sohn Carl Jauch (1828-1888) das Gut Wellingsbüttel und erweiterte es durch Ankauf verschiedener Landstellen erheblich. Auch dort legte er einen Hirschpark an und setzte Fasanen aus. Jauch pachtete einen Teil des →Duvenstedter Brooks, wohl ebenfalls für Jagdzwecke. Ein Nachfahre der Familie Jauch ist der heutige prominente Fernsehmoderator Günther Jauch.

Johann Christian Jauch jun. auf dem Weg zur Jagd (um 1850)

Hof von Joachim Wells (nach 1910)

Jettbergskamp (Ohlstedt) nach dem Flurnamen „Jettberg", „jett" = ursprünglich Ziege, dann weibliches Schaf und junges Rind, also wohl ein Hügel, auf dem Ziegen und junges Vieh weideten.

Joachim-Wells-Weg (Hummelsbüttel) nach einer Bauernfamilie (seit 1582 in Hummelsbüttel ansässig).

Johannes-Büll-Weg (Hummelsbüttel) nach dem Hamburger Senator (1878-1970).

Johann-Kröger-Straße (Sasel) nach einer Saseler Bauernfamilie.

Josthöhe (Hummelsbüttel) nach Graf Jost von Holstein-Schauenburg (1483-1533), der 1528 das an das Kloster Harvestehude verpfändete →Hummelsbüttel wieder einlöste.

Jubilate-Kirche

Die Kirchengemeinde →Lemsahl-Mellingstedt ist der jüngste Pfarrbezirk des ehemaligen →Kirchspiels Bergstedt. Er wurde 1962 von der Mutterkirche abgetrennt. Ein Jahr vorher hatte die Gemeinde schon den Kirchsaal am →Madacker eingeweiht.

Kähler, Alexander sen. (1805-1890) Hamburger Senator, kaufte 1849 den Poppenbütteler →Mühlenhof und gab dem Anwesen den Namen →„Hohenbuchen". Er besaß eine Baumschule und lieferte u. a. Bäume für die Bahnhöfe der Eisenbahn von Altona nach Kiel. 1865 gründete er die →Saseler Ziegelei am →Grünen Jäger. Kähler stiftete Eichen für die Randbepflanzung der Poppenbütteler Hauptstraße und Linden für den Marktplatz. Auf dem Marktplatz erinnert ein kleiner Gedenkstein an Kähler.

Kätnerweg (Sasel) Dort konnten Kätner (Dorfbewohner ohne eigenes Land) Kartoffeln anbauen.

Kahden (Sasel) Flurbezeichnung (Sumpfland).

Kaiser-Friedrich-Linde Zur Erinnerung an Kaiser Friedrich III. pflanzten die Bergstedter Dorfbewohner eine Linde auf dem →Woold.

Kaisersteine Wie in vielen anderen Dörfern errichteten Festkomitees 1897 auch in →Poppenbüttel, →Wellingsbüttel, →Sasel und →Hummelsbüttel Gedenksteine zur hundertsten Wiederkehr des Geburtstages von Kaiser Wilhelm I. Die Aufstellung geschah im Rahmen von Feiern, bei denen die örtlichen Honoratioren Reden hielten. In Poppenbüttel sprach auch der Bergstedter Pastor Jann Peters. Erhalten sind die Kaisersteine am Poppenbütteler Markt, am Rabenhorst und an der Hummelsbütteler Dorfstraße – bis auf die einstigen eisernen Adler, die in Poppenbüttel und Hummelsbüttel die Steine krönten.

Kakenhan (früher Kakenhahn) Duvenstedter Ausbau in Richtung →Wittmoor. „Kak" ist eine alte Grenzbezeichnung, „hahn" bedeutet „hoch". 1805 und 1819 gründete die Tangstedter Gutsherrschaft in Kakenhan zwei Eigentümerstellen. Rund hundert Jahre später entstand dort ein Erholungsheim.

Kamp Der Begriff ist ein häufiger Bestandteil von Straßennamen. Ein „Camp" (von „campus" = Feld) war eine Ackerfläche, die von den Bauern bis zum Ende des 18. Jahrhunderts gemeinschaftlich bewirtschaftet wurde. Jedem Hof standen je nach Größe ein oder mehrere lange Streifen des gemeinsamen Ackers zu.

Kapiteldörfer Bezeichnung für die Dörfer, in denen das Hamburger →Domkapitel die Grundherrschaft ausübte (besonders lange in →Poppenbüttel).

Karpfenteich Senke in →Hummelsbüttel, durch welche die →Susebek fließt. Um 1900 war der Bach zu einem 400 Meter langen Teich an-

Kaiserstein auf dem Poppenbütteler Markt (um 1910)

gestaut, in dem Karpfen aufgezogen wurden. Während des Ersten Weltkriegs wurde der Teich abgelassen.

Karpfenteiche gab es außer in →Hummelsbüttel um 1900 auch in anderen Dörfern (Poppenbütteler →Kupferteich, in →Duvenstedt am →Wittmoorgraben, am Nordrand des →Rodenbeker Quellentals).

Kartoffeln wurden in →Stormarn und damit wohl auch in den Dörfern des →Alstertals in der zweiten Hälfte des 18. Jahrhunderts als neues Grundnahrungsmittel eingeführt.

Kaspar-Ohm-Weg (Wellingsbüttel) nach der Erzählung „Kaspar Ohm un ick" von John Brinckmann.

Kattunfabrik In →Wellingsbüttel gab es von 1796 bis zum Beginn des 19. Jahrhunderts einen vorindustriellen Betrieb zum Bedrucken von Baumwollgewebe (Kattun). Kattun wurde also nicht gewebt, sondern aufbereitet. Die Betriebsgebäude lagen an der →Alster neben der Wassermühle am heutigen Langwisch. Um das Gewebe dauerhaft lichtecht zu bedrucken, war eine umständliche Prozedur erforderlich, zu der mehrfaches Kochen, Spülen und Bleichen gehörten. Dabei wurde u. a. Kuhmist verwendet. Das eigentliche Färbemittel für den „Zitzdruck" war Krapp (Färberröte = Rubia tinctoria). Daneben gab es den Blaudruck mit Indigo. Spätestens 1817 war die Fabrik stillgelegt. Die Gebäude wurden 1827 abgerissen.

Kaudiekskamp (Bergstedt) Flurname, „Kau" = Kuh.

Kaufmann, Karl (1900-1969) Hamburger „Gauleiter" und „Reichsstatthalter". Er schuf sich ein Jagdhaus und Jagdrevier im →Duvenstedter Brook. Auf sein Betreiben beschloss der Hamburger „Senat", dass jegliche Kultivierung des Brooks unterbleiben sollte. Die Stadt – die Staatlichkeit hatte sie verloren – erwarb sämtliche Brookflächen, die noch privaten Eigentümern gehörten. 1937 mussten die Bewohner der Farmsener Anstalten im Kern des Brooks ein zwei Meter hohes und elf Kilometer langes Wildgatter errichten. Ein Jahr später wies der Senat den Brook als Naturschutzgebiet aus (in dem u. a. die Jagd allgemein verboten war!). Kaufmann mietete die Hälfte eines der beiden Gebäude im Brook am →Duven-

Karpfenteich (um 1900)

Wellingsbütteler Kattunfabrik (um 1800)

stedter Triftweg. Eingatterung und Umbau des Hauses finanzierte die Stadtkasse, außerdem einen Revierjäger, der nur Kaufmann zur Verfügung stand. Damit hatte sich der mächtigste Mann Hamburgs ein Jagdrefugium ganz nach seinen Wünschen geschaffen. 1939 setzte er Rotwild aus, das er teilweise privat erworben, teilweise aber unentgeltlich aus dem Bestand von Hagenbeck erhalten hatte. Diese Tiere, aus den Ursprungsländern Polen und Österreich, bildeten den Ursprung der heutigen Rotwildpopulation. Kaufmann dehnte seinen Einflussbereich im nördlichsten Zipfel Hamburgs aus und pachtete 1940 einen Teil der Gebäude und Nutzungsrechte des →Wohldorfer Hofs. In den Kriegsjahren baute er im Brook einen fast „autarken" landwirtschaftlichen Betrieb auf, offenbar schon mit Blick auf ein späteres Überleben. Aus dieser Zeit stammen zwei Holzhäuser am →Duvenstedter Triftweg. Kaufmann zweigte sie für seine Bedürfnisse von einer Lieferung aus Norwegen ab. Das größere nutzte er als Wohnhaus. Vor der Kapitulation der deutschen Wehrmacht hortete Kaufmann im Brook massenhaft Lebensmittel, u.a. über tausend Flaschen Wein, und wertvolle Textilien. Am 3. Mai 1945 verhafteten die Briten Kaufmann und beschlagnahmten sein Vermögen. Kaufmanns Ehefrau lebte zunächst noch im Brook. Erst 1950, nach langen gerichtlichen Auseinandersetzungen, musste Kaufmann die Pachtobjekte an die Hansestadt zurückgeben. Die Forstverwaltung ließ das Wildgatter verfallen, so dass vom einstigen Jagdrevier keine Spuren mehr vorhanden sind. Am Duvenstedter Triftweg stehen aber noch die beiden Holzhäuser.

Kelterstraße (Wellingsbüttel) nach Prof. Dr. Edmund Kelter (1867-1942), Direktor des Johanneums von 1925 bis 1933.

Kielbarg (Lemsahl) benannt nach der keilartigen Form des Abhangs.

Kiesselbachweg (Hummelsbüttel) nach Dr. Wilhelm Kiesselbach (1867-1960), Präsident des Oberlandesgerichts.

Kinderkrankenhaus Walddörfer
Im Zweiten Welkrieg wurde in →Duvenstedt eine Entbindungsstation geschaffen. Das Kinderkrankenhaus Rothenburgsort verlagerte eines Teils seines Betriebs nach Duvenstedt, weil die Anlagen in →Hamburg zerstört worden waren. 1949 wurde das in sich selbständige Kinderkrankenhaus in Duvenstedt mit zunächst 90 Betten gegründet (Duvenstedter Damm/Duvenstedter Triftweg). Träger war der Verein Kinderkrankenhaus Rothenburgsort. Zur Einrichtung gehörte eine Spezialabteilung für Kinderchirurgie. Ende 1991 wurde der Betrieb eingestellt und neu in Rahlstedt aufgenommen (Wilhelmstift – Katholisches Kinderkrankenhaus).

Kindervogelschießen
war ein dörfliches Kinderfest für Knaben noch bis um 1900, meistens am Ostermontag, bevor die Jungen nach ihrer Schulzeit bei einem Bauern als Knechte „in Stellung" gingen, später im Hochsommer. Die Kinder schossen mit einer Armbrust auf einen großen Adler aus Holz oder Pappmaschee. Wer die meisten Treffer erzielt hatte, wurde als „König" gekrönt und gewann einen Preis. Die Mädchen unterhielten sich währenddessen mit Topfschlagen,

wobei ursprünglich tatsächlich ein alter irdener Topf zerschlagen wurde. Darunter war manchmal eine Taube versteckt. Die Siegerin des Topfschlagens eröffnete mit dem Schützenkönig nach einer Kaffeetafel den Kindertanz.

Kinos Nach dem Zweiten Weltkrieg gab es in fast allen Alstertaler Stadtteilen Kinos. Vielfach wurden die Filme in Sälen der Traditionsgaststätten vorgeführt (z. B. im Gasthaus →„Zum alten Zoll" in →Hummelsbüttel, im →Grünen Jäger an der Saseler Chaussee oder bei →Krogmann in →Poppenbüttel. Die „Poppenbütteler Lichtspiele" (Krogmann) boten 400 Plätze, die „Tonlichtspiele" in →Sasel (später „Tina") 432 Plätze. In →Wellingsbüttel gab es ein provisorisches Kino in der Turnhalle der Schule Strenge sowie die „Waldesruh-Lichtspiele" mit 345 Plätzen am Wellingsbütteler Weg 56. Weiter nördlich wurden das „Lichtspielhaus Duvenstedt" am Duvenstedter Damm (im alten Gasthof von →Blunk, 250 Plätze) und das „Berli – Bergstedter Lichtspiele" am Wohldorfer Damm 10 (230 Plätze) betrieben. Bis auf das „Tina" schlossen die Kinos spätestens 1962, weil das Fernsehen eine zu starke Konkurrenz wurde. Die Vorführungen im „Tina" liefen noch bis 1972.

Kipps Weg (Sasel) nach einer Saseler Bauernfamilie, die um 1800 eine Schäferei besaß.

Kirchen Außer der mittelalterlichen →Bergstedter Kirche entstanden die Kirchen in den einzelnen Stadtteilen des →Alstertals erst ab 1937. Bis dahin gehörten die Dörfer – abgesehen von →Hummelsbüttel und →Klein Borstel – alle zum großen →Kirchspiel Bergstedt. Hummelsbüttel und Klein Borstel, zeitweise wohl auch →Wellingsbüttel, waren im Mittelalter in die Eppendorfer Kirche eingepfarrt. Von 1768 bis 1894 gehörte Hummelsbüttel zur Niendorfer Kirchengemeinde, danach zur Fuhlsbütteler.

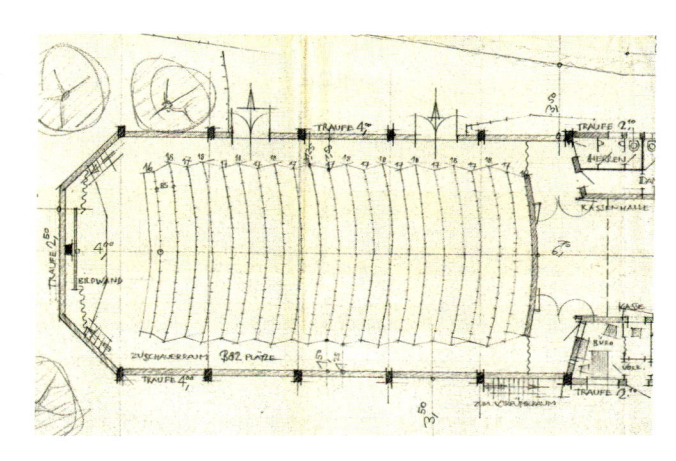

Kirchenredder (Hummelsbüttel) Diesen Feldweg nutzten die Hummelsbütteler, um die Niendorfer Kirche zu besuchen – meistens zu Fuß.

Kirchhof, Nicolaus Anton Johann (1725-1800), Hamburger Ratsherr. Kirchhof war Publizist und Kunstsammler. Er übersetzte ein bedeutendes naturwissenschaftliches Werk aus dem Englischen und schrieb über die Hamburger Bank. Kirchhof besaß einen „Garten", wohl mit einem Sommerhaus, in →Poppenbüttel.

Kirsten, Heinrich Friedrich (1942-1924) Eigentümer des →Wellingsbütteler Herrenhauses und der →Grevenau ab 1914, Hamburger Kaufmann, Förderer des Segelsports. Kirsten lebte nicht in →Wellingsbüttel, sondern in Groß Flottbek. Er ver-

Bauplan für die „Poppenbütteler Lichtspiele" (1953)

Programm der „Tina Lichtspiele" (1955)

mietete das Herrenhaus an mehrere Bewohner.

Kistendörfer Volkstümlicher Ausdruck für die selbstgebauten Behausungen aus Brettern und Kisten, die am Rande einiger Orte, vor allem von →Sasel, in den zwanziger Jahren des vorigen Jahrhunderts entstanden. Die Erbauer und Bewohner waren überwiegend Hamburger Arbeitslose mit ihren Familien, die eigentlich Siedlungshäuser errichten wollten. So stellte die Gemeinde Sasel fest, dass eine dreiköpfige Familie in einer Bude von 12 qm Fläche lebte, die aus einfachen Brettern mit Pappdach bestand und auf dem nackten Boden aufgestellt war. Die Behausung hätte eigentlich für unbewohnbar erklärt werden müssen. Wegen der akuten Notlage verzichtete man amtlicherseits darauf.

Kishorst (Hummelsbüttel) Flurname.

Kiwittredder (Poppenbüttel) benannt nach den Kiebitzen, die dort einst brüteten.

Klabundeweg (Bergstedt) nach Erich Klabunde (1907-1950), Journalist und Bürgerschaftsabgeordneter.

Kleinbahn Altrahlstedt-Volksdorf-Wohldorf Die Kleinbahn von Altrahlstedt nach Volksdorf (1904 eröffnet) wurde 1907 nach →Wohldorf verlängert. Der Hamburger Senat förderte das Projekt finanziell, um den Erholungsverkehr zu erleichtern. Am 29. April 1907 wurde die Teilstrecke nach

Feierlichkeiten zur Einweihung der Kleinbahn (1904)

→Wohldorf-Ohlstedt abgenommen. Der Gemeindevorsteher Timmermann und eine Festversammlung mit Musikkapelle begrüßten die Abnahmekommission. Abends fand im →Waldhaus Hütscher eine Feier statt. Am Himmelfahrtstag 1907 wurde der Betrieb offiziell aufgenommen. Auf der neuen Strecke fuhren zweistöckige Wagen („Etagenbahn"), wobei die Bänke im „1. Stock" nur leicht überdacht waren. Im →Wohldorfer Wald lagen zunächst nur zwei Stationen: die Haltestelle Tannenallee (so wurde der von Fichten gesäumte Mühlenredder im Volksmund genannt) und der Endbahnhof Wohldorf am Schleusenredder. 1921 wurde zusätzlich die Bedarfshaltestelle Kupferredder eingerichtet (bei der alten →Wohldorfer Schule). Als 1920 die Walddörferbahn der Hamburger Hochbahn-Aktiengesellschaft (HHA) bis Volksdorf fuhr, erhielt die Kleinbahn erhebliche Konkurrenz. Wegen abnehmender Fahrgastzahlen musste der Kleinbahnverkehr bald eingeschränkt werden. 1924 übernahm die HHA die Kleinbahn. Der Güterverkehr lief bis zum 1. Mai 1934. In den dreißiger Jahren wurde die Trasse von Altrahlstedt nach Volksdorf mitsamt den Betriebsgebäuden abgebrochen. Nach dem Zweiten Weltkrieg ging es auch mit der Strecke zwischen Volksdorf und Wohldorf bergab. Zunächst wurden Wagen abgewrackt und Ausweichen aufgehoben. Ende Januar 1961 stellte die HHA den Betrieb dort ein und ließ vier Jahre später die letzten Wartehäuschen abbrechen. Heute ist nur noch der Endbahnhof Wohldorf von 1907 vorhanden. Er beherbergt ein Museum, das über die ehemalige Kleinbahn informiert. Der Bahndamm zwischen Kupferredder und Schleusenredder wird als Wanderweg genutzt. Die Pläne des 1958 gegründeten Kleinbahn-Vereins Wohldorf, die Reststrecke Ohlstedt-Wohldorf in eine Museumsbahn umzuwandeln, ließen sich bisher nicht realisieren.

Haltestelle „Tannenallee" (um 1920)

Klein Borstel Der ursprüngliche Name „Borstelde" bedeutet „Bauernstelle". 1303 schenkte Graf Adolf V. von Holstein das Dorf dem Hamburger Bürger Johann vom Berge. Dessen Familie besaß bis zu 15 Dörfer, u. a. auch Ohlsdorf, Fuhlsbüttel und Langenhorn. Zwischen 1488 und 1615

„Spezial-Feldkarte" von Klein-Borstel (1821)

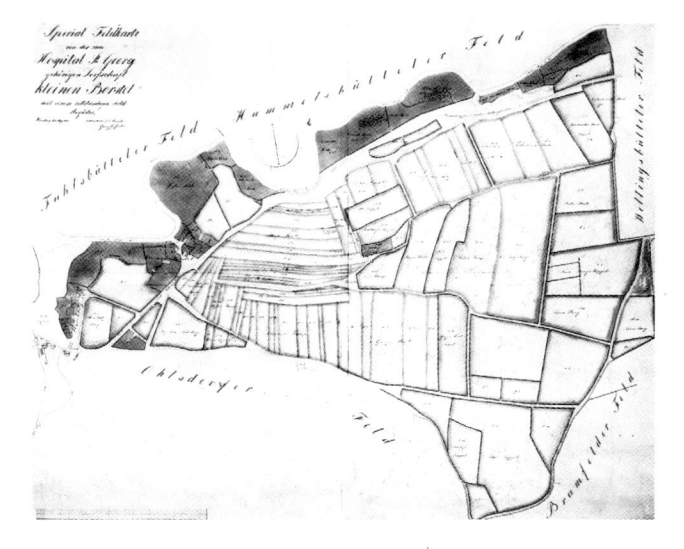

erwarb das St. Georgs-Hospital alle Rechte an Klein Borstel. Auf einer Karte von 1588 heißt der Ort „Brodlosenborstel", möglicherweise ein Hinweis auf die Lebensverhältnisse der wenigen Einwohner. Bis 1604 gab es dort drei und später nur noch zwei Vollhufen (an der Wellingsbütteler Landstraße). 1830 wurde das Dorf der Hamburger Verwaltung unterstellt – als „Landgemeinde Klein-Borstel-Struckholt" – und 1913 als Vorort eingemeindet. 1807 lebten knapp 100 Menschen im Ort. 1925 bis 1932 wurde die „Kriegsbeschädigtensiedlung" am →Tornberg gebaut. Bis 1939 entstand die →Frank'sche Siedlung zwischen →Stübeheide und Wellingsbütteler Landstraße. Seit 1938 gehört Klein Borstel zu Ohlsdorf. 1940 erhielt der Ort erstmals eine Schule. Der Ortsname „Klein Borstel" existiert heute amtlich nicht mehr und taucht nur noch in den Namen der S- und U-Bahnstationen auf.

Die Alster bei Klein-Borstel (um 1904)

Klein-Borsteler Fährhaus, großes Ausflugslokal um 1900 am Wellingsbütteler Weg. Das Gasthaus lag am Alsterhang mit einem terrassierten Garten und angrenzender Festwiese zum Fluss hin. Der Garten bot 3.000 Plätze. Entsprechend viele Ausflügler kehrten dort ein, denn das Fährhaus war das erste Lokal, das man von Ohlsdorf zu Fuß erreichen konnte. Als der →Ausflugsverkehr nachließ, wurde das Gebäude abgerissen.

„Klein-Borsteler Fährhaus" (um 1905)

Kleine Horst →Große Horst

Kleingartenvereine Während des Zweiten Weltkriegs und nach 1945 dienten viele Kleingartenvereine am Rande der Stadtteile als Notquartiere, so z. B. die Vereine „Pfeilshof" und „Alte Mühle" in →Sasel, aber auch die Laubenkolonien Heimgarten und Kreienhoop.

Knasterberg Hügelgrab in →Wellingsbüttel bei der →Lutherkirche.

Knicks (Wallhecken) sind bei der →Verkoppelung vor über 200 Jahren zur Abgrenzung landwirtschaftlicher Flurstücke angelegt worden. Mindestens auf einer Seite der Knicks lag ein Graben. Den Graben zur eigenen Koppel hin nannten die Bauern „Binnengraben", den anderen „Butengraben". Wenn der Acker brach lag, wurden die Bäume und Sträucher gefällt („geknickt", daher der Name!). Nur große Bäume, sogenannte „Überhälter" ließ man stehen. Diese Methode ist auch heute noch gebräuchlich. Alle sieben bis zehn Jahre soll die Bepflanzung der Knicks „auf den Stock gesetzt" werden. Danach schlagen die Sträucher und Bäume wieder kräftig aus. Teilweise wurden die umgeknickten Zweige verflochten, so dass ein natürlicher Zaun entstand.

Knoph, Hans Schierven Wardein (Münzprüfer) der Poppenbütteler →Silberschmelze Ende des 18. Jahrhunderts, hamburgischer Münzmeister ab 1805. Knoph besaß in →Sasel einen großen Hof, aus dem später der →Saselhof entstand.

Knokenholt (Wellingsbüttel) Flurname.

Kobberdiekskoppel (Lemsahl) Flurname („Kobberdiek" = →Kupferteich).

Köhlerei wurde zur Zeit des Zweiten Weltkriegs im →Wohldorfer Wald betrieben. Evtl. schon 1939, sicher 1942, entstanden östlich des →Bollbergs 22 Meileröfen. Die Arbeit erledigten 15 bis 20 polnische und russische Kriegsgefangene. Sie wohnten dort in Baracken und wurden vom →Wohldorfer Hof versorgt. Noch bis kurz vor der Währungsreform waren die Meiler in Betrieb. 1949 wurden die Anlagen abgerissen und das Gelände aufgeforstet. Auf eine wesentlich frühere Köhlerei weist der Flurname „Köllerlooge" hin.

Königsweg So hieß der alte Fuhrweg von Hamburg nach Lübeck, der über →Sasel und →Bergstedt führte, und den wohl auch Angehörige des dänischen Königshauses benutzten. Die heutigen Straßen „Saseler Chaussee" und „Bergstedter Chaussee" folgen der historischen Trasse. Bis in das 19. Jahrhundert war der Königsweg unbefestigt und bestand je nach Jahreszeit aus Matsch oder Sand. Er führte durch entwaldetes, heideartiges Gebiet. Da die Fuhrleute große Pfützen und tief ausgefahrene Geleise umfuhren, breitete sich der Weg immer mehr nach allen Seiten aus. Die Fahrt von einer Hansestadt zur anderen dauerte zwei Tage. Als 1843 eine neue Chaussee nach Lübeck über Wandsbek (heute Bundesstraße 75) gebaut wurde, verlor der Königsweg seine Bedeutung. Die Fuhrleute wichen auf die neue Straße aus.

Körner, Johann Lehrer und Ortschronist aus →Duvenstedt. An ihn sollte 2008 die inoffizielle Benennung des Fußwegs zwischen Trilluper Weg und Duvenstedter Markt erinnern. Wegen Körners Verhalten in der NS-Zeit untersagte das Bezirksamt die Aufstellung eines entsprechenden Schildes.

Kommunale Selbstverwaltung Dieses Recht genossen die Dörfer im →Alstertal (bis auf die hamburgischen →Wohldorf, →Ohlstedt und →Klein Borstel) während der preußischen Jahre von 1867 bis 1937.

Knicks in der Hummelsbütteler Feldmark (2009)

Kommunistenaufstand Der Hamburger Kommunistenaufstand vom 23. Oktober 1923 berührte auch das →Alstertal. Kampfgruppen marschierten in →Wellingsbüttel. Sie unterhielten Unterstützung aus →Sasel und beschafften sich Waffen. Im Laufe des Vormittags legten sie den Verkehr der →Alsteralbahn nach Ohlsdorf lahm. Zu Kampfhandlungen kam es aber nicht.

Koopmann, J. (gest. 1878), Eigentümer des →Wohldorfer Hofs. Ihm zum Andenken wurde das →Mausoleum im →Wohldorfer Wald errichtet.

Koppel Eingehegtes Acker- oder Weidestück, bei der →Verkoppelung entstanden.

Kornweg (Klein Borstel) Kunstname, nach den dortigen ehemaligen Kornfeldern.

Korte Blöck (Ohlstedt) Flurname (1783), „Block" = kürzerer Queracker vor anderen längeren Äckern.

Kortenenden (Poppenbüttel) = kurze (Acker-)Stücke. Die entsprechende historische Flurbezeichnung bezieht sich auf eine andere Gegend, in der Nähe des heutigen →Rönkreis.

Kortenredder (Ohlstedt) Kunstname (in der Nähe Flurstück „Der kurze Kamp" (1783)), „kurzer Feldweg".

Krampstieg (Bergstedt), nach der Hufnerfamilie Kramp in Rodenbek.

Kratzmann Gasthof an der Kreuzung Saseler Chaussee/Stadtbahnstraße. 1912 kauften Emil und Helene Krüger den Gasthof und richteten einen Tanzsaal ein. „Kratzmann" war der Treffpunkt vieler Saseler Vereine und zog mit Tanzveranstaltungen am Wochenende weit über →Sasel hinaus vor allem junge Gäste an. Wegen der Erweiterung der Kreuzung wurde der Gasthof 1982 abgerissen.

Kreienhoop (Poppenbüttel) = Krähenhügel. Der Grabhügel Kreienhoop lag vor hundert Jahren kahl und exponiert in der Feldmark. Dort dürften sich Krähen gern aufgehalten haben.

Kreienhoop Vorzeitlicher Grabhügel an der Straße →Kreienhoop in →Poppenbüttel. Die knapp einhalb Meter hohe Erhebung am Straßenrand ist für Laien kaum identifizierbar. Anfang der neunziger Jahre des vorigen Jahrhunderts erforschten Archäologen die Anlage. Sie fanden vier Gräber. Eine kleine Sensation war der älteste Fund, eine gut erhaltene Bestattung aus der jüngeren Steinzeit. Ein so altes Grab (um 2000 vor Christus) kannte man im Hamburger Raum bis dahin nicht. Die anderen Gräber sind jünger. Über tausend Jahre lang bestatteten Menschen dort ihre

Der als „Kratzmann" bekannte Gasthof „Saseler Park" (um 1925)

Toten. In der ältesten Zeit wurden die Verstorbenen in flachen Erdmulden begraben. Später verbrannte man die Leichen und setzte die Überreste bei, meistens in Bohlensärgen. Die Gräber wurden durch Packungen großer Steine geschützt. Zusätzlich sollten Erdaufschüttungen verhindern, dass Tiere oder Menschen die Ruhe der Toten störten. In der jüngeren Bronzezeit – das jüngste Grab des Kreienhoops stammt aus der Zeit um 750 vor Christus – wurden die Reste des Leichenbrandes in Urnen beigesetzt, wie zuvor in Steine und Heideplaggen eingebettet. Die Hinterbliebenen legten den Verstorbenen Waffen, Werkzeug oder Schmuck mit in die Gräber. Noch im Tod wurde so die gesellschaftliche Stellung hervorgehoben. Kleinere Speisevorräte sollten wohl Wegzehrung auf der Reise ins Jenseits symbolisieren. Die Trennung von wertvollen Gegenständen war für die Angehörigen aber auch ein Opfer, um die Geister der Verstorbenen und die Götter gnädig zu stimmen. Denn es herrschte Angst vor der Wiederkehr der Toten. So wurden die Leichen in der Steinzeit oft in Hockerlage bestattet, die durch Fesselung von Armen und Beinen entstand. Auch die Grabhügel erfüllten eine doppelte Funktion: Sie schützten die Toten vor den Lebenden, aber auch die Lebenden vor den Toten. Ursprünglich war der Kreienhoop wesentlich höher als heute. Er dürfte eine Höhe von dreieinhalb Meter erreicht haben. Durch Bodenerosion, aber auch durch Schatzgräber wurde der Hügel im Laufe der Jahrhunderte abgetragen. Eine eiserne Gürtelschnalle aus der Zeit um 800, die im Boden gefunden wurde, belegt, dass Menschen schon im frühen Mittelalter nach Grabbeigaben gestöbert haben.

Archäologische Grabungsstelle am Kreienhoop (1982)

Krempenhege (Ohlstedt) nach dem Flurnamen „Krempen Hege" (1783), „Krempe" = Krümmung, Einschrumpfung, also = Waldkrümmung.

Kriegerdenkmäler volkstümlicher Ausdruck für bildhauerisch gestaltete, teilweise figürliche Denkmäler zur Erinnerung an die Toten verschiedener Kriege. Die Gedenksteine für die Toten des Ersten und Zweiten Weltkriegs werden offiziell als „Ehrenmale" bezeichnet. Kriegerdenkmäler stehen in →Wellingsbüttel („Hindenburgdenkmal" im „Hindenburghain" am Kuhteich, Friedrich-Kirsten-Straße, 1931 eingeweiht, 1935 Gedenkstein für Paul von Hindenburg, gestorben 1934),

Kriegerdenkmal hinter der Bergstedter Kirche als Hügelgrab (2000)

Kriegervereine

→Hummelsbüttel (Hummelsbütteler Hauptstraße 22, Höhe →Gnadenberg, eingeweiht 1925), →Sasel (Saseler Chaussee/Park), →Bergstedt (Anlage ähnlich einem Hügelgrab hinter der →Bergstedter Kirche, Entwurf Oberbaurat Wilhelm Klupp, ursprünglich Denkmal für Schiller, 1805), →Wohldorf (am Senatorenstieg auf einer Anhöhe über dem ehemaligen Eiskeller des →Waldherrenhauses (1924, auf einem 1 ½ Meter hohen Sockel thront ein großer, 150 Zentner schwerer Findling) und auf dem Waldfriedhof, →Lemsahl-Mellingstedt (Redderbarg beim alten Feuerlöschteich, Entwurf Klupp), →Duvenstedt (Duvenstedter Damm, Entwurf Klupp). Das frühere Kriegerdenkmal in →Poppenbüttel oberhalb der →Poppenbütteler Schleuse wurde abgebaut und durch einen Gedenkstein (Ehrenmal) mit der neutralen Inschrift „Unseren Toten" ersetzt (am Wanderweg von der Schleuse zum Saseler Damm). Im Durchgang des →Wellingsbütteler Torhauses erinnern eine Bodenplatte und Inschriften in den Balken an die Toten des Ersten und Zweiten Weltkrieges. Außerdem gibt es einfache Gedenksteine (Findlinge) mit Inschriften oder zumindest Jahreszahlen der jeweiligen Kriege in Hummelsbüttel (Hummelsbütteler Dorfstraße/Grützmühlenweg, Entwurf Hermann Perl, 1848), Lemsahl-Mellingstedt (Lemsahler Dorfstraße, 1848), Bergstedt (Bergstedter Markt, 1813 und Rodenbeker Straße/Iloh, 1848-50, 1870/71), Duvenstedt (Lohe/Tangstedter Weg, 1870/71), zusätzlich Gedenktafel an einer Eiche (1848)) und Ohlstedt (Alte Dorfstraße beim Teich, 1870/71).

Kriegervereine wurden im 19. Jahrhundert in verschiedenen Dörfern gegründet, u.a. in →Hummelsbüttel und →Poppenbüttel. Der Hummelsbütteler Verein hieß offiziell „Militärische Kameradschaft und Kampfgenossen-Verein Hummelsbüttel", entstand wahrscheinlich 1880 und wurde nach 1933 in den Kyffhäuserbund integriert. Er besaß eine schwarz-weiß-rote Fahne, auf der das Eiserne Kreuz und Hermann der Cherusker abgebildet waren. – Der Poppenbütteler Kriegerverein wurde spätestens 1888 gegründet, u. a. auf Initiative des örtlichen Apothekers.

Kriete, Carlo (1924-1989) Maler, lebte zeitweise in →Poppenbüttel am Baggesenstieg, schuf u. a. Gemälde mit sakralen Motiven.

Kritenbarg (Poppenbüttel) Die Bedeutung von „Kriten" ist umstritten, entweder von „Kreide" oder von „Kriet" = Streit (siehe auch Krietkamp im Wellingsbüttel).

Krögerkoppel (Sasel) nach dem Bauern Hermann Kröger aus Sasel.

Krogmann, Gasthof Das Aus-

Kriegerdenkmal in Lemsahl am Feuerlöschteich (2008)

flugslokal stand an der Westseite des Poppenbütteler Marktplatzes (heute Discounter). In den fünfziger Jahren des vorigen Jahrhunderts war im Saal ein →Kino eingerichtet.

Krümmelsdiek (Ohlstedt) vom Flurnamen „Krümmels Dieck" (1783), „krümpen" = einschrumpfen, also = kleiner werdender Teich.

Künstler Im →Alstertal lebten und arbeiteten mehrere Künstler, vor allem Maler. So war in →Klein Borstel außer Arthur Illies die Malerin Ilse Tesdorpf-Edens ansässig und seit 1875 der Bildhauer Johann Andreas Theodor Koops. In →Hummelsbüttel wohnten Ernst →Eitner, der Bildhauer Hermann →Perl und Hermann →Claudius. Auch der Poppenbütteler Lehrer, Laienhistoriker und Literat Ludwig Frahm dürfte sich als Künstler verstanden haben. Gustav →Schiefler lud in sein Haus am →Treudelberg bedeutende bildende Künstler ein. Am Treudelberg hatte für kurze Zeit auch Illies gelebt.

Kuhteich runder Vorstau des ehemaligen Mühlenteiches in →Wellingsbüttel unterhalb des Parks des Gasthofs →Friedenseiche.

Kunaustraße (Sasel) nach Thomas Kunau, Lehrer in Sasel, (hieß bis 1950 „Schulstraße").

Kunstwerke im öffentlichen Raum gibt es neben den →Kriegerdenkmälern und Ehrenmalen an verschiedenen Stellen des →Alstertals, z. B. das Walross „Antje" am →Heegbarg/→Kritenbarg, den bronzenen Hahn vor dem Polizeigebäude am S-Bahnhof Poppenbüttel, das Nilpferd in der Siedlung →Hamburg-Bau oder die Marder an der Marderstraat im Westen von →Poppenbüttel.

Kupferhammer (Poppenbüttel) Der Name erinnert an den Weg von der unteren Mühle zur oberen Mühle an der →Mellingbek, wo einst Kupfer mit riesigen Hämmern zu verschiedenen Produkten be- und verarbeitet wurde.

Kupferhof Zunächst allgemeine Bezeichnung für Anlagen der Kupfermühlen (→Poppenbütteler Mühlen, →Wohldorfer Mühlen), dann Name für das Haus des Mühlenbesitzers in →Wohldorf. Dieses Gebäude hieß später →Alter Kupferhof, um es von der neuen Villa schräg gegenüber (→Neuer Kupferhof) zu unterscheiden.

Kupfermühlen gab es in →Wohldorf an der →Ammersbek (Aue) und in →Poppenbüttel an der →Mellingbek. Dort wurden Kupferplatten für die Dachdeckerei, Kupferdrähte und Kupfergeräte (z. B. Kessel) hergestellt. Kupfermühlen waren bis in das 19. Jahrhundert in →Stormarn weit verbreitet. Ab dem 17. Jahrhundert

Gasthof „Krogmann" mit dem Kino (um 1950)

Kupferteich

Untere Kupfermühle, Gemälde von Olga Kähler (um 1870)

Umlauf-Schlucht am ehemaligen Standort der oberen Poppenbütteler Mühle (um 1984)

wurden an kleinen Flüssen über 60 solcher Betriebe angelegt, oft weitab von Dörfern. Die Produktionsbedingungen (Wasserkraft, Holz und menschliche Arbeitskraft) waren hier offenbar so günstig, dass die weiten Transportwege wirtschaftlich nicht ins Gewicht fielen.

Kupferteich Bezeichnung für die aufgestauten Mühlenteiche in →Poppenbüttel und →Wohldorf, nach der dortigen Kupferbearbeitung.

Kultur 1946 wurde die „Volksbühne Sasel" gegründet. Diese Laienbühne spielte vor allem niederdeutsche Stücke und ging damit auch auf Tournee. 1949 entstand der „Kulturkreis Sasel e.V." mit seinem Mitteilungsblatt „Saseler Bote". Auch eine Außenstelle der Hamburger Volkshochschule bot schon bald nach dem Krieg Kurse an. Die →Henneberg-Bühne und das →Amateur Theater Duvenstedt sind jüngere Gründungen. Zu den kulturellen Einrichtungen gehören u. a. auch die Bücherhallen (mittlerweile reduziert) und das →Sasel-Haus.

Kurtzrock, Berhardina von geb. Freiin von Schorlemmer (gest. 1803), zweite Ehefrau von →Theobald Joseph von Kurtzrock, leitete nach dem Tod ihres Mannes das Gut →Wellingsbüttel 33 Jahre lang allein. Während dieser Zeit kam es zu einem Streit mit dem Hamburger →Domkapitel: Die Gutsherrin wollte ungebetene Besucher („Pöbel") aus ihrem „Spatzier-Gehöltze" heraushalten und ließ 1777 an der Grenze zu →Poppenbüttel einen tiefen Graben ausheben. Der durch den Aushub entstandene Damm wurde bepflanzt. Darüber beschwerten sich die Poppenbütteler Dorfbewohner beim →Domkapitel. Mit Genehmigung der →Domherren warfen Poppenbütteler Einwohner den Graben wieder zu und schlugen die Büsche auf dem Damm ab. Dabei sollen sie die Gutsherrin verhöhnt haben. Diese beschwerte sich darüber beim dänischen König.

Kurtzrock, Clemens August von (1745-1822) Sohn und Erbe von Theobald Joseph von Kurtzrock, „Ober-Post-Director" der Kaiserlichen Post in Hamburg, verkaufte 1807 das Gut →Wellingsbüttel.

Kurtzrock, Maximilian Heinrich von Sohn und Erbe von Theobald Edler von Kurtzrock auf →Wellingsbüttel. Wie sein Vater bekleidete er mehrere öffentliche Ämter, war u. a. Kaiserlicher

Postmeister der Thurn- und Taxisschen Post in Hamburg.

Kurtzrock, Theobald Edler von

Der Familie von Kurtzrock aus einem alten Adelsgeschlecht in Thüringen gehörte das Gut →Wellingsbüttel von 1673 bis 1806. Theobald Edler von Kurtzrock, Bediensteter des Kurfürsten-Erzbischofs von Köln und des Bischofs von Hildesheim sowie kaiserlicher Resident in Bremen, wurde Ende 1673 Eigentümer. Offenbar hatte sein Schwiegervater das Gut für ihn erworben, gegen eine Summe von 7.000 Reichstalern. 1678 erhielt von Kurtzrock den rittermäßigen Reichsadel und durfte sich „Edler zu Wellingsbüttel" nennen. Er wohnte in Bremen, besuchte aber häufiger sein Landgut. Er legte dort einen Garten und einen Wildpark und richtete ein Brauhaus ein. Wohl 1704 starb von Kurtzrock.

Kurtzrock, Theobald Joseph von

(1703-1770) Sohn und Erbe von Maximilian Heinrich von Kurtzrock, ab 1735 Gutsherr in Wellingsbüttel. Er baute um 1750 ein neues Herrenhaus, 1757 das Torhaus. Seine zweite Frau →Bernhardina von Kurtzrock überlebte ihren Mann um 33 Jahre.

KZ Sasel

Das „Außenlager Sasel" des Konzentrationslagers Neuengamme lag am heutigen Feldblumenweg. Von September 1944 bis April 1945 wurden dort 500 jüdische Frauen unter unmenschlichen Bedingungen gefangen gehalten. 35 Frauen starben in der Haft. Während des Krieges waren in der Gegend schon ein Lager für Kriegsgefangene und eine „Flak"-Stellung eingerichtet worden. Das Wachpersonal für das Außenlager bestand aus 30 älteren Männern und acht bis zehn Frauen. Sie waren mit Waffen, Schäferhunden und Peitschen ausgerüstet. Am Tor warnte ein Schild mit der Aufschrift „Arbeitslager Sasel – Stehenbleiben verboten". Die Häftlinge wurden vom Lager aus zu verschiedenen Arbeitseinsätzen gebracht. Ein Teil der Frauen blieb im →Alstertal und musste beim Bau von →„Plattenbüttel" arbeiten. Andere wurden in die Stadt zum Trümmerräumen oder zur Bestattung von Bombenopfern abkommandiert. Sie fuhren mit der S-Bahn, in gesonderten Zügen. Die Frauen waren unzureichend bekleidet und erhielten nur sehr karge Kost, dünne Steckrüben- oder Kohlsuppe, und rund 300 Gramm Brot am Tag. Die Opfer der Haft wurden in einem Massengrab auf dem →Bergstedter Friedhof beerdigt. Pastor Peter Hansen-Petersen hielt für jede Verstorbene eine – eigentlich verbotene – Trauerfeier. Vom Lager sind keine Spuren mehr vorhanden. Es wurde im Auftrag der britischen Militärregierung eingeäschert. Im Frühjahr 1946 verurteilte ein Militärgericht den Lagerkommandanten Starck zu 15 Jahren Zuchthaus. SS-Aufseherinnen und andere Personen erhielten teilweise Haftstrafen zwischen acht Jahren und drei Monaten. An das KZ Sasel erinnern ein Mahnmal am Feldblumenweg und ein Gedenkstein neben der →Bergstedter Kirche mit der Inschrift „Vergessen verlängert das Exil, Erinnerung ist das Geheimnis der Erlösung"

Mahnmal am Feldblumenweg (2001)

Gedenkstein (2007)

L

Lademannbogen (Hummelsbüttel) nach Dr. Ing. Friedrich Lademann (1891-1966), Vorstandsvorsitzender der Hamburger Hochbahn AG.

Läden Bis weit in die Zeit nach dem Zweiten Weltkrieg existierten in den Dörfern bzw. späteren Stadtteilen viele kleine Läden (Bäckereien, Schlachtereien, Schuhgeschäfte, Textilhäuser usw.) und auch Kolonialwarengeschäfte mit Lebensmitteln aller Art und Haushaltsbedarf. Diese Läden mit persönlicher Bedienung und engem Kundenkontakt befanden sich nicht nur in den Ortskernen, sondern auch am Rand und in den Siedlungsgebieten. So war das jetzige „Mellinghus" an der →Mellingbek noch in den zwanziger Jahren des vorigen Jahrhunderts ein Kolonialwarenladen. Heute gibt es ein solches Geschäft nur noch in →Bergstedt. Um 1970 begann der Siegeszug der anonymen Lebensmittel-„Märkte", Discounter und Einkaufszentren, zu denen die Kunden vielfach weite Wege zurücklegen müssen.

Lärm Laute Geräusche gab es vor der Verbreitung von Automobilen, Motoren, Radio und Grammophon kaum. Alle Tätigkeiten, die heute mit Hilfe von Benzin oder Elektrizität verrichtet werden, musste man mit Menschen-, Pferde- oder Wasserkraft bewältigen. Laut waren allerdings die Hämmer der Mühlen in →Wohldorf und →Poppenbüttel. Ihr Stampfen konnte man im entwaldeten Alstertal kilometerweit hören. Musik war auf eigenes Singen, Orgelspiel und Wirtshauskapellen beschränkt. Der spätere Besitzer von →Treudelberg nennt in seinen Erinnerungen als markante akustische Eindrücke das Schellengeläute der Schlitten im Winter, das Streichen der Sensen auf den Äckern und Wiesen sowie das Dengeln der Sensen vor den Katen der Landleute.

Lafayette, Marie Josef Graf de (1757-1834) Offizier und Politiker, Teilnehmer der französischen Revolution und des amerikanischen Unabhängigkeitskrieges, soll sich zur Genesung um 1797 im Poppenbütteler →Domherrenhaus aufgehalten haben.

Lagerlöfstraße (Wellingsbüttel) nach der schwedischen Dichterin Selma Lagerlöf (Nobelpreis 1909), hieß bis 1947 „Buchenweg".

Lambert-Strus-Weg (Poppenbüttel) →Struz

Kaufhaus Peters, Postkarte (vor 1914)

Im Bergstedter Lebensmittelladen Bauersfeld (1955)

Landahlweg (Hummelsbüttel) nach Dr. h. c. Heinrich Landahl (1895-1971), Hamburger Senator.

Landarbeiterhäuser Die einst zehn nur 70 Quadratmeter großen Häuser im Heimatstil in der Wohldorfer Herrenhausallee wurden 1937 für die Arbeiter des →Wohldorfer Hofs errichtet. Seit einigen Jahren sind sie in Privatbesitz. Ihr Erhalt ist seit langem Gegenstand politischer Auseinandersetzungen.

Landarbeiterhäuser in Wohldorf (1998)

Landhaus Ohlstedt Das Lokal steht an der Stelle einer früheren Gastwirtschaft aus dem 18. Jahrhundert. Das alte Gebäude brannte 1927 durch Blitzschlag ab.

„Landhaus Ohlstedt" (um 1930)

Landschaft Im Mittelalter war das →Alstertal von einem lichten Wald bedeckt. Nur direkt am Fluss sorgten Überschwemmungen für offenes Wiesenland. Übermäßiger Holzeinschlag führte in den nächsten Jahrhunderten zur Entwaldung. Vor 200 Jahren zog sich entlang der →Alster eine kahle Landschaft hin, teilweise mit Wanderdünen durchsetzt. Hohe Bäume gab es nur noch an wenigen Stellen, vor allem im →Wohldorfer Wald und im →Wellingsbütteler Gehölz. Der Hamburger Ferdinand Beneke berichtete über eine Wanderung im Jahr 1810 u. a.: „... gings nun immer auf der sandigen Landhöhe neben der Alster fort, Klein Borstel vorbey nach Wellingsbüttel. Ueberall eine traurige, öde Gegend." Durch die Anlage von Straßen mit Straßenbäumen und den Bau von Villen mit größeren Gärten wurde es Ende des 19. Jahrhunderts im Alstertal etwas grüner. Aber noch um 1920 boten die Höhen des Alstertals, beispielsweise der →Kreienhoop, weite Ausblicke bis zu den Hamburger Kirchtürmen und zum Schüberg. Die Siedlungen der dreißiger Jahre in →Sasel und →Poppenbüttel entstanden auf Äckern und Weiden und waren zunächst noch recht kahl. Das heutige, grüne Alstertal entwickelte sich erst in der zweiten Hälfte des vorigen Jahrhunderts.

Alsterlandschaft bei Poppenbüttel. Gemälde von J. H. Camincke (1833)

„Landhaus Ohlstedt" vor dem Brand 1927

Landsitze Schon seit dem 16. Jahrhundert erwarben reiche Hamburger Bauernhöfe außerhalb der Stadt und nutzten sie als Landsitze. Zuerst war Billwerder ein beliebter Ort, darauf folgten die Elbvororte. Im →Alstertal kauften sich Hamburger ab dem 18. Jahrhundert ein.

Landstraßen Von →Hamburg aus führten drei Landstraßen nach Norden durch das →Alstertal. Die Alte Landstraße verlief über →Hummelsbüttel und →Poppenbüttel, wurde weiter nördlich mit der Poppenbütteler Hauptstraße, der Lemsahler und der Poppenbütteler Chaussee bis →Duvenstedt fortgesetzt und mündete über Wulksfelde in die Segeberger Chaussee. Östlich der →Alster führte der Wellingsbütteler Weg über →Klein Borstel und →Wellingsbüttel bis zum Saseler Damm, überquerte die Alster in Poppenbüttel und mündete in die Poppenbütteler Hauptstraße. Durch das östliche Wellingsbüttel, die Ansiedlung →Grüner Jäger, →Sasel und →Bergstedt verlief die Saseler bzw. Bergstedter Chaussee (→Königsweg) nach Hoisbüttel und weiter nach Bargteheide und Lübeck. Diese Straße war bis 2002 die Bundesstraße 434. Mit Wirkung vom 1. Januar 2003 wurde sie zur Landesstraße 225 in der Baulast des Bundes herabgestuft.

Poppenbütteler Hauptstraße, Höhe Kupferhammer (um 1950)

Hummelsbütteler Landstraße (1905)

Landwirtschaft Jahrhundertelang bestellten die Bauern ihre Äcker nach dem einfachen Prinzip des Wechsels von Anbau und Brache. Im ersten Jahr bauten sie Getreide an, im zweiten Jahr ließen sie das Land brach liegen und weideten dort Schweine. Die Tiere lockerten mit ihrem Wühlen die Erdkrume und düngten das Land mit ihren Exkrementen. Erst im Zuge der Agrarreformen des 19. Jahrhunderts (→Verkoppelung) wurde im →Alster-

Kartoffelernte in Lemsahl (um 1946)

Lange Kate

Hof des Bauern Bramfeld in Lemsahl-Mellingstedt (1962)

tal die Dreifelderwirtschaft eingeführt. Angebaut wurden vor allem Roggen, Gerste und Hafer, anspruchslosere Getreidearten als der heute verbreitete Weizen. Bis weit in das 19. Jahrhundert war der Ackerbau eine Subsistenzwirtschaft, deren Erträge für die Ernährung der bäuerlichen Familie sowie der Knechte und Mägde und die Abgaben an die Herrschaft gerade ausreichten.

Erntedankfest in Lemsahl-Mellingstedt (1946/47)

Lange Kate Unterkunft für die Landarbeiter des →Poppenbütteler Hofs am jetzigen Poppenbütteler Weg gegenüber der Einmündung des →Müssenredders. Das Gebäude hieß so, weil es eine lange Reihe von acht Wohnungen umfasste. Jede Wohnung hatte drei Räume (Wohn-, Koch- und Schlafraum) auf 30 Quadratmetern. Auf dieser Fläche lebten durchschnittlich zwei Erwachsene und bis zu sechs Kinder. Insgesamt hausten fast hundert Menschen in der Unterkunft. Sie mussten sich in der Küche waschen und Eimerklos im rückwärtigen Stall benutzen. Ungeziefer und Krankheiten breiteten sich in der „Langen Kate" rasch aus. Die Kinder aus der Langen Kate wurden in der Schule geächtet.

Langemarck-Schule Die „Langemarck-Schule, Oberschule für Jungen und Mädel in Poppenbüttel", war ein Ableger der „Einsatzschule" Martinistraße in Eppendorf. Die Eppendorfer Schule hatte im Sommer 1944 nach einem sicheren Außenstandort gesucht und ihn auf dem hochgelegenen Gelände östlich der →Poppenbütteler Schleuse gefunden. Noch in den Sommerferien wurde die erste Baracke gebaut. Weiter nördlich begannen Erdarbeiten für einen größeren Schulkomplex. Die Schülerinnen und Schüler kamen aus der Umgebung.

Langenjähren

Viele lebten als „Ausgebombte" in Behelfsheimen. Es gab nur zwei Klassen, eine mit 42 Jungen und eine mit 34 Mädchen. Im Sinne der NS-Ideologie wurde besonderer Wert auf den Sportunterricht gelegt. Die „Leibeserziehung" umfasste fünf einzeln benotete Fächer. Mit den Frühjahrsferien 1945 lief der Unterricht aus. Die Schule war auf Dauer geschlossen. Am 2. Oktober 1945 begann in den Räumen ein neuer Unterricht in einer neuen Schule, der „Oberschule für Jungen und Mädchen in Poppenbüttel". Aus ihr entstand das spätere →Gymnasium Oberalster mit Standort am Alsterredder. Die Barakkenschule wurde 1959 abgerissen.

Langenjähren (Hummelsbüttel), Flurname (Jar/Jarl = Anteile der einzelnen Hufner an der Ackerflur, also langgestreckte Flurstücke).

Der alte Langenjähren vor dem Bau der Siedlung „Eitnerweg"

Langenstücken (Poppenbüttel) nach einer Flurbezeichnung (langes Stück Ackerland).

Langer Jammer Unterkunft für die Arbeiter der Weberei auf der früheren →Wohldorfer Kupfermühle. Der Name spielt auf die Wohnbedingungen an. Südlich des →Neuen Kupferhofs steht noch das Gegenstück, der „Kurze Jammer".

Langer Jammer (2008)

Langheinstraße (Poppenbüttel) nach einer örtlichen Bauernfamilie, die sich seit dem 16. Jahrhundert nachweisen lässt.

Langhein-Kate Begegnungsstätte des Deutschen Roten Kreuzes am Poppenbütteler Schulbergredder. Das Reetdachhaus ist eine Rekonstruktion und hat mit der eigentlichen Langheinschen Kate nur das Balkenmaterial gemeinsam. Die Kate des Tischlers Langhein befand sich ursprünglich schräg gegenüber. Am Platz der Begegnungsstätte stand einst das älteste Schulhaus.

Langhein-Kate (vor 1920)

Laurembergstieg (Wellingsbüttel) nach Peter Lauremberg (1585-1639), Rektor des Hamburger Akademischen Gymnasiums.

Leemrackeln (Duvenstedt) nach einem Flurnamen („racke" = schlecht, also schlechter Lehmboden).

Lemsahl hieß in einer alten Urkunde „Lemsole", möglichwerweise eine Anspielung auf den Boden. Tatsächlich gab es später im nördlichen Lemsahl eine Ziegelei. Der heutige Lemsahler Dorfplatz markiert den Mittelpunkt des alten Dorfes. Im Mittelalter bestand das Dorf aus vier →Hufen.

Lemsahler Heide sandige Hochfläche am Ostrand des →Wittmoors. Bis in die Mitte des vorigen Jahrhunderts war die Lemsahler Heide vollkommen entwaldet und kahl. Heute werden die aufkommenden Birken am Moorrand immer wieder entfernt, um den Heidecharakter zu erhalten. Im August blüht an den Abhängen massenhaft die Besenheide. Weiter östlich liegen Äcker und Waldstücke. Einst gab es hier 14 große →Hügelgräber aus der Bronzezeit. Heute sind noch zwischen →Bilenbarg und →Fiersbarg je drei Gräber erhalten. Außerdem liegen am Tannenhof zwei weitere Hügelgräber. Diese Fläche hat der →Alsterverein 1900 gekauft, um die Gräber zu schützen.

Spätsommer in der Lemsahler Heide (2004)

Lemsahl-Mellingstedt Die beiden Orte Lemsahl und →Mellingstedt werden erstmals in einer Urkunde von 1271 genannt. Damals erwarb das Hamburger Domkapitel dort Pachtabgaben. Die Bauernhöfe von Lemsahl lagen von alters her in der Umgebung des heutigen Lemsahler Dorfplatzes, die von →Mellingstedt nördlich der →Mellingburger Schleife. Der genaue

Dorfplatz Lemsahl-Mellingstedt (2004)

Lemsahl-Mellingstedter Schule

Alte Kate am Schulteich (1967)

Schulkinder vor dem „neuen" Schulgebäude (um 1920)

Zeitpunkt, ab dem es das Doppeldorf gab, ist bisher nicht bekannt. Die Bauern beider Dörfer mussten Hand- und Spanndienste für das Kanzleigut →Tangstedt leisten. Erst 1873 wurden die letzten Verpflichtungen gegenüber Tangstedt abgelöst.

Lemsahler-Mellingstedter Schule

In Mellingstedt gab es nachweislich 1706 den Lehrer Hinsche. Die erste „richtige" Schule (auch für Lemsahl) wurde 1868 gebaut, nachdem die alte Schule abgebrannt war. Brandstifterin war die dreizehnjährige Kuhhirtin des Lehrers Mohr. Sie gab an, sie habe „nicht Lust zum Hüten" gehabt. Das neue Schulhaus wurd erst nach 99 Jahren, im Jahr 1967 abgerissen. Auch um die Wende vom 19. zum 20. Jahrhundert lebten in Lemsahl noch viele Kinder, die wochenlang oder sogar das ganze Sommerhalbjahr vom Schulbesuch befreit waren, weil sie auf dem elterlichen Hof arbeiten mussten. Damals gingen 50 bis 70 Kinder in die Schule. 1897 stieg die Zahl auf 85, weil Kinder der Straßenarbeiter (Steinschläger) hinzukamen. Die Arbeiter waren beim Ausbau der Lemsahler Landstraße zur Chaussee beschäftigt.

Lentersweg (Hummelsbüttel) nach einer Hummelsbütteler Bauernfamilie.

Lenzenreye (Ohlstedt) nach dem Flurnamen „Lentzenreen" (1783), „Lenz" = Niederung, auch „trockener Bach", „Reye" = kleiner Wasserlauf.

Lessing, Gotthold Ephraim

(1729-1781) war weitläufig mit der Familie →Henneberg in →Poppenbüttel verwandt. Er heiratete 1776 die verwitwete Eva König. Deren Tochter aus erster Ehe, Maria Amalia König, vermählte sich 1782 mit dem Braunschweiger Postrat Georg Conrad Henneberg.

Leuteritzweg (Hummelsbüttel) nach Max Leuteritz (1884-1949), Präsident der Hamburgischen Bürgerschaft.

Lichtensteinweg (Wellingsbüttel) nach Heinrich Lichtenstein (1753-1816), Rektor des Johanneums von 1782 bis 1799, hieß bis 1951 „Lerchenkamp".

Lichtwark-Ausschuss einstiger Kulturausschuss beim früheren Ortsausschuss Alstertal, benannt nach Alfred Lichtwark, dem ersten Direktor der Hamburger Kunsthalle.

Lichtwark, Paul (1872-1948), Vetter von Alfred Lichtwark (Direktor der Hamburger Kunsthalle), Maler und Lithograph, kaufte das Haus Ecke Duvenstedter Damm/ →Specksaalredder (→Villa Lichtwark), wohl durch Vermittlung von Otto →Ameis. Er arbeitete als Zeichenlehrer am Johanneum.

Liedertafel Amicitia Poppenbütteler Männerchor, gegründet 1874. Der Chor besteht heute noch.

Liepmannweg (Hummelsbüttel) nach Prof. Dr. Moritz Liepmann (1869-1928), Rechtsgelehrter.

Liliencron, Detlev von (1844-1909) Dichter und Offizier, Werke u. a. „Poggfred", „Leben und Lüge". 1901 gewährte Kaiser Wilhelm II. ihm ein jährliches Ehrengehalt von 2.000 Mark. Liliencron war mit Ludwig →Frahm befreundet und lebte in Rahlstedt.

Lindenhof Große Villa mit auffälligen dorischen Säulen an der Alten Landstraße in →Poppenbüttel, Höhe Einmündung →Emekesweg. Mit dem Bau der Villa hatte 1922 der Osteuropäer G. Franz Prohaska begonnen, ihn aber wegen der Inflation nicht vollenden können. Einige Jahre später kaufte der Ingenieur Anton Herle den Rohbau und stellte ihn fertig. Herle war durch seine Erfindung des „magischen Auges" reich geworden, einer Einrichtung zur Feinabstimmung von Sendern an Radios. Die Wohnfläche betrug 500 Quadratmeter. Eine acht Meter hohe Vorhalle im Stil Ludwigs XVI. diente zum Empfang von Gästen. Jedes Zimmer war in einem eigenen historischen Stil gestaltet. Der rund 11.000 Quadratmeter große Park zog sich bis zur →Alster hin. Der Abhang gliederte sich in viele kleine Terrassen, nach der Art von Weinbergen oder dem Vorbild von Schloss Sanssouci. Die Poppenbütteler sprachen beeindruckt von

Lindenhof, Terrassen am Alster-Abhang (um 1930)

Eingangshalle, Lindenhof (um 1980)

„Schloß Hohenlinden", denn der Lindenhof stellte wohl die Herrenhäuser des →Poppenbütteler Hofs und selbst von →Hohenbuchen in den Schatten.

Lippert, Eduard Amandus (1844-1925) Der Hamburger Kaufmann machte ab 1882 in Südafrika

Lippert, Eduard Amandus

Geschäfte, wie sein Vetter Alfred →Beit, der dort schon seit 1875 als Agent der Firma Lippert tätig war und mit dem späteren Premierminister der Kapkolonie, Cecil Rhodes, bei der Ausbeutung der Diamanten- und Goldminen zusammenarbeitete. Auch Lippert stieg in den Diamantenhandel ein und sicherte sich die Nutzung des Matabelelandes. Dort machte auch Rhodes Rechte geltend. Nach juristischen und politischen Auseinandersetzungen zahlte er an den Deutschen als Ausgleich eine achtstellige Summe. Lippert reiste wieder nach Deutschland und erwarb 1896 das Landgut →Hohenbuchen in →Poppenbüttel. Er baute das alte Herrenhaus des →Mühlenhofs zu einem prachtvollen Gebäude um. Schon in den ersten Jahren investierte er in die Bautätigkeit 300.000 Reichsmark, vor allem für den Anbau eines neuen Flügels und eines Turmes. Im Turm richtete sich Lippert eine Sternwarte ein, wie es damals im Großbürgertum modern war. – Lippert steckte aber auch viel Geld in die Modernisierung der Landwirtschaft. Er baute neue Wirtschaftsgebäude, ein Inspektorenhaus und Arbeiterwohnungen auf beiden Seiten der Chaussee nach →Lemsahl. Davon sind noch mehrere Gebäude vorhanden, u. a. die auffälligen Doppelhäuser an der Straße →Kupferhammer. Diese damals vorbildlichen Wohnungen besaßen eine Wasserpumpe in der Küche, worüber nicht einmal Kleinbauern und Handwerker verfügten. Auch sonst zeigte sich Lippert großzügig mitmenschlich. Er stiftete in Groß Borstel und in Poppenbüttel an der Hauptstraße (an der Ecke →Rönkrei, noch vorhanden, mit Inschrift „Marie und Eduard Lippert 1897") Heime für Waisenkinder und am Poppenbütteler Markt ein Erholungsheim für weibliche Büroangestellte. – Die Landwirtschaft stellte Lippert wie die benachbarten Gutsbesitzer im →Alstertal auf Milchproduktion um. Hohenbuchen lieferte aber eine spezielle Milch, die „Kontroll-Kindermilch". Dafür ließ Lippert Stäl-

Haus des Stall-Inspektors (um 1930)

Das repräsentative Lippertsche Herrenhaus mit Personal (um 1900)

Hofplatz Hohenbuchen mit Viehställen und Motorhaus (um 1900)

Lippertsche Fischbrutanstalt am Poppenbütteler Kupferteich (um 1950)

le nach den neuesten hygienischen Erkenntnissen bauen, teilweise gekachelt und gut belüftet. Die Kühe erhielten spezielles Futter und wurden ständig tierärztlich betreut. In den Melkanlagen floss die Milch direkt in Milchflaschen, die in großen Eisbehältern standen. Jeden Morgen fuhren Pferdewagen die Milch in die Stadt. – Lippert betrieb auch Fischzucht. Dazu nutzte er den →Hofteich und den →Kupferteich. Im Kupferteich wurden Karpfen gezüchtet, in der alten Mühle am Kupferteich und in einer Hütte am großen Staudamm Forelleneier ausgebrütet. Lippert legte für 45.000 Reichsmark neue Fischteiche im Lauf der →Mellingbek an. Die heute noch vorhandenen, verwunschenen Teichanlagen nördlich und südlich des eigentlichen Kupferteiches gehen wohl auf den Diamantenhändler zurück und sind rund hundert Jahre alt. – 1914 verkaufte Lippert sein Landgut an den Hamburger Kaufmann Franz Schröder. Er zog nach Hamburg. Sein astronomisches Fernrohr übergab er der Sternwarte Bergedorf (noch vorhanden). In der Inflation nach dem Ersten Weltkrieg verlor er fast sein gesamtes Vermögen. Er starb 1925.

Lockkoppel (Wellingsbüttel) Flurname („Lock" = Loch).

Löwenschlucht volkstümliche Bezeichnung für den steilen Fußweg vom Alsterwanderweg zum Saselbergweg/Alsterredder.

Lohe (Duvenstedt) Flurname („Loh" = Wald).

Lohstücken (Hummelsbüttel) nach einem Flurnamen („Loh" = Wald, „Stücken" = Feldeinteilung).

Lohse, Gustav Adolf (1910-1994) war ein renommierter Käferforscher (Koleopterologe) mit zahlreichen Veröffentlichungen sowie Autor und Mitherausgeber der Zeitschrift „Käfer Mitteleuropas". Spezialisiert hatte er sich u. a. auf Kurzflügelkäfer (Staphylinidae). Lohse lebte in einem Haus an der Poppenbütteler Schleusentwiete.

Lottbek a) Bach in →Bergstedt, kommt als „Moorbek" aus Wulfsdorf, mündet östlich vom Wohldorfer Damm in die →Bredenbek. b) Untergegangenes Dorf, erstmals 1320 urkundlich genannt. Es hieß auch „Brunsdorf". Der Dorfplatz lag an der Lottbek zwischen dem Volksdorfer Friedhof und der Landstraße, etwa am Standort der jetzigen U-Bahnstation Hoisbüttel. Um 1535 war das Dorf ausgestorben. Die ehemalige Feldmark wurde zwischen Volksdorf und Hoisbüttel aufgeteilt. c) Ortsteil von Bergstedt nördlich vom →Rügelsbarg, in den zwanziger und dreißiger Jahren des vorigen Jahrhunderts Wochenendkolonie.

Lottbeker Krug Gastwirtschaft an der Landstraße von →Bergstedt nach Hoisbüttel auf dem Gebiet des untergegangenen Dorfes →Lottbek, bei der heutigen U-Bahn-Station Hoisbüttel. Der Krug war seit ca. 1773 in Familienbesitz und gehörte um 1950 Wilhelm Harten.

Lottbeker Weg war der alte Kirchenweg von Ohlstedt nach Bergstedt, hieß bis 1903 „Kirchweg".

Lütte Blöck Kunstname, = kleiner Queracker.

Lüttmelland (Sasel) = kleine →Mellande.

Lufthütten bot der Gasthof →„Sennhütte" in Duvenstedt. In halb offenen Lauben auf dem Gartengelände konnten die Gäste diskret Licht- und Luftbäder nehmen.

Lukaskirche Als nach dem Zweiten Weltkrieg die Bevölkerungszahl →Sasels stark anstieg, wurde die Gemeinde in drei Pfarrbezirke eingeteilt. Der Südbezirk erhielt 1955 ein Pastorat mit Gemeindesaal. 1965 wurde die Lukaskirche geweiht (Auf der Heide 15).

Lungershausenweg (Poppenbüttel) nach Carl-Hans Lungershausen (1896-1975), Fraktionsvorsitzender im Ortsausschuss Alstertal.

Lutherkirche Bis 1907 gehörte →Wellingsbüttel zum →Kirchspiel Bergstedt, danach zur Bramfelder Kirche. Gottesdienste gab es aber auch im Dorf selbst, in der Schule, seit 1901 Kindergottesdienste und ab 1902 Bibelstunden. Am Alsterufer beim Gasthof →Randel wurden im Sommer bis 1928 vor einem hohen Kreuz Gottesdienste unter freiem Himmel gefeiert. Dazu spielte der Posaunenchor der Brüder des Rauhen Hauses. 1937 wurde die Lutherkirche am →Knasterberg eingeweiht, 1938 die Kirchengemeinde Wellingsbüttel geschaffen.

Lutherkirche (2009)

Madacker (Lemsahl) Flurname („Mede" = Matte, Wiese).

Maler Das Alstertal war ein beliebter Anziehungspunkt für Maler. Im 19. Jahrhundert hielten Johann Theobald Riefesell, Christian Ludwig Wilhelm →Heuer und Carl Martin Laeisz hiesige Motive auf Gemälden fest. Um 1900 kamen Ernst →Eitner und Arthur →Illies ins Alstertal.

Maria-Magdalenen-Kirche
(Klein Borstel) Klein-Borstel war jahrhundertelang zur St. Johannis-Kirche in Eppendorf eingepfarrt, seit 1922 zur St. Lukas-Kirche in Fuhlsbüttel. Die Maria-Magdalenen-Kirche an der →Stübeheide entstand 1936 bis 1938 als Backsteinbau mit massivem, kirchenschiffsbreiten Turm. 1947 wurde die nun von Fuhlsbüttel abgesonderte Kirchengemeinde gebildet.

Marienhof a) Straße in →Poppenbüttel zwischen Saseler Damm und Poppenbütteler Markt (hieß bis 1950 „Burgweg"), b) Sitz der →Domherren in Poppenbüttel östlich des Marktplatzes (der Dom war ein Marien-Dom), c) Landsitz von Albert Cäsar →Henneberg auf dem einstigen Gelände des →Domkapitels, benannt nach seiner Gattin Marie.

Margaretenhof (Lemsahl-Mellingstedt) Der Name entstand erst um 1920 als Bezeichnung für einen Landsitz. Damit sollte – wie häufig – die Ehefrau des Besitzers geehrt werden, in diesem Fall Frau Margarete Fett.

Marktkirche Kirchenrechtlich selbständig wurde die Gemeinde →Poppenbüttel 1948. 1956 erhielt sie eine eigene Kirche am Poppenbütteler Markt. Der Turm ist 36 Meter hoch. In den sechziger Jahren wurde das ehemalige Erholungsheim, gestiftet von Eduard →Lippert, zwischen Kirche und Marktplatz abgerissen und ein neues Gemeindehaus gebaut. In das neue Gebäude integrierte man einen Balken aus dem alten mit der Inschrift „hic habitat felicitas" (hier wohnt das Glück).

Marktkirche in Poppenbüttel (um 2004)

Matthias-Claudius-Kirche Im Sommer 1944, als viele hundert Flüchtlinge in →Wohldorf-Ohlstedt lebten, feierten die Menschen alle zwei Wochen provisorische Gottesdienste in der Aula der Schule am Walde. Nachdem die Schule als Reservelazarett fungieren musste, wurden die Andachten in die Friedhofskapelle und in ein Privathaus verlegt. 1948 erhielt Wohldorf-Ohlstedt zusammen mit →Duvenstedt den Status einer selbständigen Kirchengemeinde. 1954 wurde die Matthias-Claudius-Kirche fertiggestellt und geweiht.

Matthiesgarten Gelände an der gleichnamigen Straße zwischen →Am Beerbusch und →Alsterwanderweg in →Bergstedt. Dort wurden im Frühjahr 2008 rund hundert alte Eichen und

Buchen gefällt, offenbar rechtswidrig. Das Gelände gehörte dem Eigentümer der Hamburger Firma Kluxen. Der Name stammt von dem früheren Besitzer Matthies (Reeder).

Mausoleum Im →Wohldorfer Wald stand einst ein aufwendiges Mausoleum (→Ole Boomgarden, südlich des →Wohldorf-Ohlstedter Friedhofs). 1884 ließ J. →Koopmann jr. das Gebäude für seine Eltern errichten. Der 25 Meter hohe Bau mit einer Gruft im Kellergewölbe benötigte zwei Jahre Zeit. Riesige Sandsteinblöcke von drei bis fünf Zentnern Gewicht mussten herangeschafft werden. Verwendet wurden auch gelbe Backsteine aus der →Trilluper Ziegelei. Die Fenster waren mit Glasmalerei verziert. Malereien schmückten auch die Innenwände. Das Dach erhielt eine Kupferhaut. Oben thronte eine Wetterfahne. Die Treppenpfeiler schmückten links und rechts je eine lebensgroße Statue („Jugend" und „Alter"). Innen standen eine Statue Koopmanns sowie Büsten seiner Frau und einer Tochter. Eine riesige Platte aus schwarzem Marmor bedeckte die Gruft mit sieben Särgen. Das Mausoleum war weithin sichtbar und um die Jahrhundertwende ein beliebtes Ausflugsziel. Zur Zeit des Erstens Weltkrieges wurde das Kupferdach entfernt, um das kriegswichtige Metall nutzen zu können. Anstelle des Kupfers erhielt die Kuppel Dachpappe als Wetterschutz. Als 1932 die Dachpappe nicht mehr geteert worden war, begann der Verfall des Mausoleums. 1943 sprengten russische Kriegsgefangene das Gebäude. Teile des Bauschutts benutzte Karl →Kaufmann, um den Weg zu seinem Hof im →Duvenstedter Brook zu befestigen. Die Särge wurden auf dem →Wohldorf-Ohlstedter Friedhof beigesetzt. Was mit den äußeren Statuen und der Statue Koopmanns geschah, ist unklar. Gerüchte sprechen von einem Geschenk für Hitler. 1953 konnte der Hamburger Senat die Statue Koopmanns erwerben und stellte sie auf dem Friedhof auf. Dort steht sie bis heute. Nur ein Knopf am Gehrock fehlt. Große Mauerbrocken des Mausoleums liegen noch wirr im Unterholz und warten auf eine ordnende Hand. Ein Hinweis auf das ehemalige Wahrzeichen Wohldorfs fehlt.

Koopmann-Mausoleum in Wohldorfer Wald (um 1920)

Überreste des Mausoleums (2000)

Meinertstraße (Sasel) nach einem Saseler Landwirt und Gemeindevorsteher.

Melhopweg (Ohlstedt) nach Wilhelm Melhop (1856-1943), Oberbaurat, Verfasser des Standardwerks „Die Alster". Die Straße hieß bis 1948 „Schulweg".

Mellande (Sasel) Flurbezeichnung („Meiland" = Mähland (also keine Weide) oder von „Meente" = Gemeindeland).

Mellenburg Entstehung und Funktion der Befestigungsanlage an der →Mellingburger Schleife sind bisher noch unerforscht. Nachrichten aus dem Mittelalter über die Burg wurden nicht überliefert. Erstmals ist die Anlage auf einer Flurkarte von 1793 eingezeichnet. Offenbar war sie in eine Vorburg und eine Hauptburg gegliedert. Auf den Wällen der Mellenburg befinden sich heute – weitgehend zugewachsene – Aussichtspunkte.

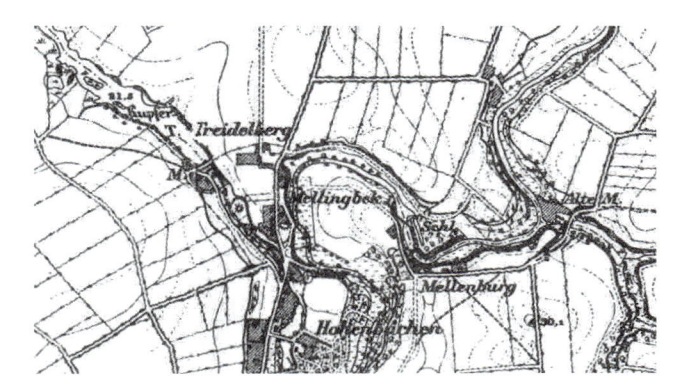

Mellingbek, Karte von 1875

Hügel bei der Mellenburg. Litografie von C. H. Cornelsen (um 1850)

Mellingbek (= „Zwischenbach"), speist sich aus dem Wittmoor (mehrere parallele Entwässerungsgräben), wird zum →Poppenbütteler Kupferteich sowie zum →Hofteich von →Hohenbuchen angestaut und mündet im Hohenbuchenpark in die →Alster. Der Bach hieß ursprünglich →Twelenbeck. Dieser Name ging auf den anderen Zulauf des Kupferteichs über.

Mellingburger Schleife Die Alster bildet bei der →Mellenburg eine enge Schleife. Das eingeschlossene Gebiet hat nur einen schmalen Zugang und ist für die Öffentlichkeit verschlossen (regelmäßige Führungen durch den Naturschutzbund NABU).

Blick vom Treudelberg auf die Mellingburger Schleife (um 1975)

Das Gelände liegt relativ hoch und sonnenexponiert. Daher gibt es hier eine Trockenrasenvegetation und eine entsprechende Tierwelt.

Mellingburger Schleuse Die erste Anlage entstand 1528/29 (gleich als Doppelschleuse („Fangschleuse"), die heutige im Jahr 1835. Das Schleusenbecken war ursprünglich viel breiter und unregelmäßig geformt. Es fasste

Mellingbek nördlich Eichelhäherkamp vor der Renaturierung (um 1980)

Mellingburger Schleusenmeisterhaus

Mellingburger Schleuse, Postkarte (um 1950)

Mellingstedter Schleusenmeisterhaus (um 1980)

bis zu elf →Alsterschiffe. Später wurde das Becken verengt, um die Strömung zu beschleunigen und Sandablagerungen zu verringern. Um 1600 herrschte reger Schiffsverkehr: 600 Schiffe mussten Schleusengeld bezahlen. Bis 1943 lag hier das angeblich letzte historische Alsterschiff. Es handelte sich aber um einen Nachbau von 1912 für die Bauverwaltung zur Kontrolle und Instandhaltung der →Alster. – In den fünfziger Jahren des vorigen Jahrhunderts wurden die alten hölzernen Schleusen der →Oberalster durch Betonschleusen ersetzt. Nur die Mellingburger Schleuse blieb im Ursprungszustand und wurde sogar regelmäßig erneuert.

Mellingburger Schleusenmeisterhaus Das erste Schleusenmeisterhaus wurde 1529 errichtet, das jetzige Gebäude stammt von 1717. Im Vorderbereich der Gaststätte gibt es noch eine historische Stube. Dort feierten angeblich die Alsterschiffer ihre „Meetköst".

Mellingstedt Das frühere Dorf ´Mellinghestede´ bestand ursprünglich aus drei Hufen auf der Höhe des westlichen Alsterufers (Bargweg/→Kielbarg). Das Zentrum soll am heutigen →Ödenweg gelegen haben (historischer Baumbestand). Auch die Gebäude am →Kupferhammer nördlich der Mellingbek und die spätere Villenbebauung an der Alsterschleife (Straße Treudelberg) sind zum Bereich von Mellingstedt zu zählen. Gegen 1780 wurde eine Vollhufe zum →Treudelberg verlagert. Die Verbindung mit →Lemsahl war bereits seit dem Mittelalter intensiv. So hatten beide Dörfer gemeinsam einen Bauernvogt. Später lag in Mellingstedt die gemeinsame Schulkate.

Mellingstedter Dorfplatz, Räucherkate Lohse, heute Ecke Redderbarg/Bargweg

Mergel Erdgemenge aus Ton mit fein verteiltem Kalk. Damit konnten die armen Böden auf der Geest verbessert werden. In der zweiten Hälfte des 18. Jahrhunderts begannen einzelne Bauern mit dem Mergeln.

Mergeln Bodenverbesserung durch kalkhaltigen Ton, erfunden Ende des 18. Jahrhunderts. Auf dem Gelände des Gutes →Wellingsbüttel befanden sich drei Mergelkuhlen (Barkenkoppel 24, an der Lockkoppel und am Alsterstieg bei der →Grevenau).

Mesterbrooksweg (Duvenstedt) nach einem Flurnamen („Meester" = Meister).

Milch Die Gutsbetriebe im →Alstertal spezialisierten sich – wie auch sonst in der Umgebung Hamburgs – im ausgehenden 19. Jahrhundert auf die Milchproduktion. Die Güter →Hohenbuchen und →Wellingsbüttel verfügten über moderne gekachelte Ställe. In Wellingsbüttel wurden 180 Milchkühe gehalten und damit täglich 3.000 Liter Milch erzeugt. Neun sogenannte „Schweizer" und ein „Oberschweizer" versorgten die Tiere. Zweimal täglich, nachts um 2.30 Uhr und nachmittags um 14.30 Uhr fuhr der Milchkutscher die Milch zu Händlern nach Barmbek.

Molkerei Hohenbuchen mit Personal und Milchwagen (um 1910)

Minigolf wurde in den sechziger Jahren des vorigen Jahrhunderts modern. So gab es eine Minigolfanlage östlich des Poppenbütteler Marktplatzes. Mittlerweile kann man im →Alstertal richtig →Golf spielen.

Minsbek Der Bach wird aus Zuläufen vom westlichen und nördlichen →Poppenbüttel gespeist und ist erst auf der kurzen Strecke zwischen Poppenbütteler Weg und der Mündung in die →Alster zugänglich bzw. sichtbar. Der Zulauf vom Poppenbütteler Berg wurde vor einigen Jahren renaturiert und mit mehreren Verbreiterungen, Überläufen usw. wasserbaulich aufwendig versehen. Vor Kurzem ist auch der Unterlauf mit seinem Rückhaltebecken ausgebaut worden. Das Bachbett an der Ulzburger Straße (hinter einem Holzgitter erkennbar) erinnert mit seinem Geröll und den hohen Wänden an die Sicherung eines Gebirgsbaches.

Neu angelegtes Bett der Minsbek (2007)

Möhlendannen (Wellingsbüttel) von „Möhle" = Mühle und „Dannen" = Tannen.

Mohren Im 18. Jahrhundert hielten sich Reiche schwarze Diener als Statussymbole. Ein Mohr gehörte zum Personal des Poppenbütteler →Mühlenhofs, ein anderer diente auf dem Gut →Wellingsbüttel.

Mollhagen untergegangene Siedlung zwischen →Saselbek und →Bergstedt, eingezeichnet auf einer Landkarte von 1650. Der Name bedeutet wohl „Mühlhagen" und spielt auf die →Alte Mühle an.

Moore Zusätzlich zu den jetzt noch vorhandenen Moorgebieten gab es in früheren Jahrhunderten kleine Moore im Ödland zwischen den Dörfern, z. B. am Oberlauf der →Mellingbek das „Mellenstedter Mohr", am →Poppenbütteler Graben das „Poppenbütteler Mohr" und am Nordrand von →Hummelsbüttel das „Große →Müssen". In den Mooren durften die Bauern gegen Entgelt →Torf stechen. Später wurden auch Moore zwischen den Bauern aufgeteilt.

Moorhof (Poppenbüttel) Bezeichnung nach dem dortigen früheren Moorboden. Auf dem Grundstück der alten Räucherkate Ecke Moorhof/→Harksheider Straße soll man solchen Boden noch sehen können.

Mühlen →Alte Mühle, →Grützmühle (Hummelsbüttel), →Poppenbütteler Mühlen, →Rodenbeker Mühle, →Saseler Mühle, →Wellingsbütteler Mühlen, →Wohldorfer Mühlen.

Mühlenbrook (Ohlstedt) nach dem dortigen Flurnamen (1437), ohne Bezug zur Wohldorfer oder Hoisbütteler Mühle. Evtl. gab es am →Ellernbrookswisch zeitweilig auch eine Mühle.

Mühlenhof So hieß der Poppenbütteler Mühlenbetrieb, zu dem die obere Mühle am →Kupferteich und die untere Mühle am →Hofteich gehörten. Ab Mitte des 19. Jahrhunderts hieß der Mühlenhof →"Hohenbuchen".

Müllabfuhr Eine Abfallbeseitigung durch die Gemeinden war erst im 20. Jahrhundert nötig. Bis dahin hatte die ländliche Bevölkerung keine Abfälle im heutigen Sinn produziert, sondern alle verbrauchten Stoffe wurden, zuletzt über Misthaufen oder Jauchegruben, weiter- oder wiederverwertet. In →Wellingsbüttel übernahm die Gemeinde 1928 die geregelte Müllabfuhr.

Müllerweide (Poppenbüttel) nach der alten Flurbezeichnung „Möller Wiese".

Münze →Silberschmelze.

Müssen nordwestlicher Zipfel des ehemaligen Dorfes →Hummelsbüttel, überbaut von der Großsiedlung →Tegelsbarg. Die Gegend war besonders feucht („Muss" heißt Sumpf). Mehrere Tümpel lagen in der Feldmark. Hier lebten und arbeiteten einst vier Bauernfamilien. Ihre Höfe wurden teilweise schon 1969, ansonsten 1974 abgerissen. Bauer Dabelstein baute im Norden Hummelsbüttels am →Kiwittredder einen neuen Hof. Lange standen noch einige alte Bäume vom ehemaligen Hof Dabelstein im Zentrum von Tegelsbarg. Jetzt sind auch sie verschwunden.

Weg im Müssengebiet (um 1960)

Müssenredder (Poppenbüttel) Knickweg zu den Müssenhöfen, von „Musse" = Sumpf.

Muusbarg Heidefläche in →Lemsahl-Mellingstedt in Richtung →Wittmoor. Hier lagen einst elf →Hügelgräber. Der Name hat nichts mit Mäusen zu tun, sondern stammt von „Musse" = Sumpf.

Nachtwächter gab es zumindest bis zum Ende des Kaiserreichs in allen Dörfern. Sie gingen nachts mit dem Feuerhorn umher, um notfalls Alarm zu blasen. Außerdem mussten sie Tagelöhner wecken, z. B. die Melkerinnen. Einige Gemeinden kamen auf die Idee, dass die Nachtwächter auch bei Tage bestimmte Tätigkeiten ausführen könnten, z. B. Reinigungsarbeiten.

Aufmarsch der Nationalsozialisten in Sasel (1933)

Nationalsozialismus Auch im →Alstertal entschieden sich bei den Wahlen im Frühjahr 1933 die meisten Wählerinnen und Wähler für die NSDAP. Im früher „roten" →Sasel erhielt diese Partei am 12. März 33,3 % der Stimmen, die SPD nur 29,6 %. Die demokratischen Gemeindevertretungen in den preußischen Orten wurden 1935 abgeschafft, an ihre Stelle traten NS-gelenkte, nicht von den Bürgern gewählte Gremien. In Sasel nannte man den alten Gutspark „Adolf-Hitler-Park". Das Gemeindehaus („Rathaus") wurde als Verwaltungssitz aufgegeben und für Parteizwecke genutzt. Die neuen Machthaber residierten ab 1935 im Herrenhaus des Saselhofs. 1937 mussten die Angestellten der Gemeindeverwaltung ein Treuegelöbnis auf den „Führer" ablegen.

Naturschutzgebiete →Duvenstedter Brook, →Wohldorfer Wald, →Hainesch-Iland, →Rodenbeker Quellental, →Hummelsbütteler Moore, →Wittmoor. Hinzu kommen die Naturdenkmale →Poppenbütteler Graben und →Sieversche Tongrube. Das →Alstertal ist besonders reich an Naturschutzgebieten.

renaturierte Wasserfläche im NSG Wittmoor (um 1990)

Negerswalde volkstümliche Bezeichnung für das rustikale Zeltlager an der →Alster in Hummelsbüttel gegenüber der →Grevenau in den zwanziger Jahren des vorigen Jahrhunderts. Dort rasteten hauptsächlich Paddler.

Neuapostolische Kirche Die Kirche der Gemeinde Hamburg-Alstertal steht →Dweerblöcken 8.

Neuapostolische Kirche (1951)

Neuer Kupferhof Dr. Johannes Semler, Hamburger Rechtsanwalt, Mitglied der Bürgerschaft und seit 1900 Reichstagsabgeordneter (Nationalliberale Partei), war um die Wende vom 19. zum 20. Jahrhundert Besitzer des →Alten Kupferhofs. Er arbeitete eng mit Gustav Stresemann zusammen und engagierte sich besonders in der Kolonialpolitik. Dazu war er weit gereist, u. a. in Togo, Kamerun und Deutsch-Südwestafrika. In →Wohldorf fand Semler für seine Familie den Lebensmittelpunkt. Jedes seiner Kinder sollte ein Gebäude der Kupferhof-Anlagen bewohnen. Für seine Tochter ließ er 1906-1908 (oder nach anderen Angaben 1912/13) jenseits der Ammersbek, gegenüber der →Wohldorfer Kupfermühle, eine großzügige Villa bauen. Die Pläne entwarf der renommierte Berliner Architekt Emil Schaudt, von dem auch das Kaufhaus des Westens stammt. Semlers Tochter war mit dem Kaufmann Heinrich Westphal verheiratet. Dessen Vater (Finanzsenator) besaß das größte, damals rund hundert Jahre alte, Tee-Importunternehmen Europas. Als Semler 1914 starb, wurden die Gebäude des Mühlenhofs aufgeteilt. Westphal erhielt den Neuen Kupferhof, der nun auch als „Villa Westphal" bezeichnet wurde. In den dreißiger Jahren erwarb der Staat die Villa bei einer Zwangsversteigerung. Die Wehrmacht nutzte das Gebäude zur →Spionage-Abwehr. 1945 diente die Villa als Lazarett. Ab 1949 residierte hier das städtische →Verwaltungsseminar Kupferhof. 2009 verkaufte die Hansestadt die Anlage an einen Verein zur Betreuung schwerstbehinderter Kinder.

Neuer Kupferhof (2006)

Niederdeutsch Bis in das 16. Jahrhundert war die Niederdeutsche Sprache nicht nur Umgangs-, sondern auch Schriftsprache (z. B. in der Hanse). Nach der Reformation setzte sich das Hochdeutsche als offizielle Sprache durch (auch in der Kirche, Predigten auf Hochdeutsch). Die Landbevölkerung sprach weiter „Platt", wobei die hochdeutsch erzogene Oberschicht das Niederdeutsche ebenfalls beherrschte. Mit zunehmender Verstädterung war es spätestens im 20. Jahrhundert nicht mehr fein, sich in Niederdeutsch auszudrücken. Daneben begann aber schon Ende des 19. Jahrhunderts eine Bewegung, die niederdeutsche Sprache wieder zu beleben (Theaterstücke, Lyrik usw.). Heute ist Niederdeutsch neben z. B. dem Friesischen und Sorbischen in Deutschland eine anerkannte Amtssprache.

Nissen, Sönke (1876-1923) 1914 hatte Eduard →Lippert sein Landgut →Hohenbuchen in →Poppenbüttel an den Hamburger Kaufmann Franz Schröder verkauft. Schröder verpachtete noch im selben Jahr die Land- und Milchwirtschaft an den Gutsbesitzer Sönke Nissen aus Glinde. Das Gut hatte er 1912 erworben. Ähnlich wie Eduard →Lippert, dem Hohenbuchen früher gehört hatte, war Nissen durch die Ausbeutung von Diamantenminen in Afrika reich geworden. Nissen wurde später als Initiator des nach ihm benannten Sönke-Nissen-Kooges bei Bredstedt bekannt.

Norder-Ohe (Sasel) Flurbezeichnung („Ohe" = Gehölz).

Norweger-Häuser Die Blockhäuser mit Grasdächern in →Duvenstedt (Ellerbrookswisch/Ohlstedter Stieg) und →Wohldorf-Ohlstedt (→Sarenweg u. a.) stammen aus Norwegen. Sie wurden während des Zweiten Weltkrieges beschafft und dienten ab 1943 als Behelfsheime für privilegierte Bombenopfer (NS-Funktionäre). Der Architekt Werner Kallmorgen schuf die Anordnung der Häuser zu kleinen Gruppen. Die Holzhäuser am →Duvenstedter Triftweg, an Bredenbek- und →Sthamerstraße, ebenfalls aus Norwegen, wurden in konventioneller Holzbautechnik mit Hartdächern errichtet.

Norweger-Haus am Ohlstedter Stieg (2009)

Notgeld Die heute in Sammlerkreisen beliebten Notgeldscheine aus der Zeit nach dem Ersten Weltkrieg mit Alstertal-Motiven waren nie als echtes Zahlungsmittel in Umlauf, sondern wurden von vornherein für Sammler produziert.

Notgeldschein mit Alstermotiv, hier die Langwisch-Brücke (1921)

Oberalster

Oberalster Oberlauf der →Alster von der →Alsterquelle bis zur Fuhlsbütteler Schleuse.

Oberalsterniederung, Naturschutzgebiet Die Fläche zwischen der →Alsterquelle und der Segeberger Chaussee wurde 2004 unter Schutz gestellt (907 ha). Zum Areal gehören Grünland, Hochmoore und naturbelassene Waldbestände. Die Oberalsterniederung hat für die Bestände von Wachtelkönig, Neuntöter und Großem Brachvogel europaweite Bedeutung. Eine weitere Besonderheit ist die Kleine Flussmuschel.

Oberalsterniederung Höhe Schlappenmoorbrücke (um 2004)

Oberalsterschifffahrt Vom 16. bis zum Ende des 19. Jahrhunderts war die →Alster ein Schifffahrtsweg für Frachtschiffe, die speziell gebauten →Alsterschiffe. Die Alster verband →Holstein, zeitweise – über den →Alster-Trave-Kanal – sogar die Ostsee mit →Hamburg. Transportiert wurde zu allen Zeiten vor allem Holz. Weitere Frachgüter waren Kalk (aus Segeberg, bis zu 40.000 Zentner pro Jahr, bei Kayhude verladen), →Torf (als Brennstoff, nachdem Holz knapp geworden war), Ziegelsteine, Pflastersteine (aus Rodenbek, Poppenbüttel und Hummelsbüttel, wo Arbeiter Findlinge spalteten) sowie die Erzeugnisse der →Mühlen und Gewerbebetriebe. Besonders bei Dürre in der warmen Jahreszeit mussten die →Schleusenmeister das →Alsterwasser oft lange anstauen, bis der nötige Wasserstand erreicht war. Umgekehrt konnten starke Regenfälle bei Gewitter gefährlich werden. Dann hatten die Schleusenmeister die Schütten rechtzeitig zu entfernen. Da Schnee und Eis die Oberalsterschifffahrt behinderten, ruhte der Betrieb allgemein von Martini bis Petri (11. November bis 22. Februar). Auch im Juni während der Heuernte lagen die Alsterschiffe still, damit die Alsterwiesen nicht durch Anstauen überschwemmt wurden. – Alsterabwärts fuhren die Alsterschiffe mit der Strömung, unterstützt und gelenkt durch Staken. Dazu waren mindestens zwei Männer nötig. Alsteraufwärts

Alsterschiff in Höhe Wulksfelde. Lithografie von Hornemann (um 1850)

mussten die Schiffe bis →Treudelberg (daher der Name!) getreidelt werden. Menschen oder Pferde zogen je nach Schiffslast die Fahrzeuge an langen Seilen vom Ufer aus. Der heutige →Alsterwanderweg verläuft auf dem alten Treidelpfad. Dass Frauen das Treideln ausführten, wird behauptet, ist aber nicht belegt. Möglicherweise waren es die Ehefrauen der →Alsterschiffer. In Richtung →Hamburg schafften die Schiffe rund zwei Kilometer pro Stunde, flussaufwärts ging es nur halb so schnell. Die Bergfahrt von Hamburg bis Stegen dauerte oft länger als zehn Tage. – Der städtische Verladeplatz für Holz lag in →Wohldorf in der Nähe der →Wohldorfer Schleuse bei den Sahren (→Sarenweg). Er war durch einen Graben gesichert. Das →Domkapitel unterhielt bei →Saselbek einen eigenen Holzsammelplatz. Auch dort gab es einen Lösch- und Landeplatz für die Alsterschiffe. – Auf dem Rückweg aus der Hansestadt brachten die Schiffe – wenn überhaupt – nur Rohstoffe für die →Mühlen und Straßenkehricht mit. Der Hamburger Abfall wurde als Dünger verkauft. – Im 19. Jahrhundert sank die Bedeutung der Binnenschifffahrt im Nahbereich der Städte allgemein. Transporte auf den neuen Chausseen und vor allem mit den Eisenbahnen liefen ihr den Rang ab. Aber die Alsterschifffahrt erlebte ab 1842 noch einmal einen kleinen Aufschwung, als der Große Brand fast ein Viertel der Hamburger Gebäudesubstanz zerstört hatte. Der Wiederaufbau der Stadt erforderte unendlich viel Baumaterial, vor allem Steine. Backsteine lieferten die Betriebe im →Alstertal, speziell die in Nahe und →Trillup. Mit den Naher Backsteinen wurde die Petrikirche wieder aufgebaut, mit den großen gelben aus Trillup die Nikolaikirche. Trotz des Ziegeltransports, der noch bis 1891 dauerte, nahm die Zahl der Alsterschiffe in der zweiten Hälfte des 19. Jahrhunderts stetig ab. Die Aufzeichnungen des Poppenbütteler Schleusenmeisters Hinrich Schleu dokumentieren, dass 1866 noch 119 Schiffe und elf Flöße die →Poppenbütteler Schleuse passierten. Im folgenden Jahr waren es 136 Schiffe und sechs Flöße. 1905 gab es nur noch zwei Schiffe. Fünf Jahre später lag lediglich das „amtliche" Schiff für die jährliche Inspektionsfahrt auf der →Oberalster bei der →Mellingburger Schleuse. Es wurde 1943 abgewrackt.

Ödenweg (Lemsahl-Mellingstedt) Weg, der ins Ödland führt, hieß bis 1947 „Wittenkampsweg".

Övern Barg (Klein Borstel), Kunstname in Anlehnung an Klein Borsteler Flurnamenmotive.

Övern Block (Klein Borstel), ebenfalls an Flurnamen angelehnt.

Offen Die heutige Gaststätte in →Lemsahl-Mellingstedt geht auf die alte Lemsahler Bauernvogthufe zurück. Sie lag ursprünglich gegenüber

Gasthaus Offen (um 1920)

Ohlendieck

dem jetzigen Restaurant und wurde 1513 zum ersten Mal erwähnt. Da das Amt des Bauernvogtes das Schankrecht einschloss, war der Hof auch früher schon ein Lokal. Die Familie Offen stammt aus Klein-Hansdorf und besitzt den Hof durch Einheirat seit 1734. Das Haus in der jetzigen Form entstand 1888.

Ohlendieck (Poppenbüttel) benannt nach einem nicht mehr vorhandenen kleinen Teich westlich des →Kupferteichs, der vielleicht zu früheren Mühlenanlagen gehörte.

Ohlkuhlenmoor Flachmoor im Norden von →Hummelsbüttel am →Kiwittredder (daher auch die frühere Bezeichnung „Kiwittsmoor"), Teil des Naturschutzgebietes →„Hummelsbütteler Moore". Hier wachsen u. a. Lungenenzian und Beinbrech. Um 1960 gab es dort sogar Schildkröten (möglicherweise ausgesetzt). Das Gebiet ist nicht zugänglich.

Ohlstedt heißt in alten Urkunden auch „Oltstede" und „Oldensteden". Belegt ist die Existenz des Dorfes zuerst für 1292, als in einer Urkunde die Dörfer aufgezählt wurden, die zum →Bergstedter Kirchspiel gehörten. Ob

„Moorlilien" im Ohlkuhlenmoor

Hof Beck in Ohlstedt (um 1930)

Ohlstedter Dorfplatz (um 1970)

„ol" für „alt" steht oder von einem Personennamen stammt, ist unbekannt. Im 14. Jahrhundert gehörte Ohlstedt der Familie →Struz. 1391 verpfändeten Emeke und Marquard Struz ihr Dorf Ohlstedt an einen Hamburger Priester und einen Bürger. Sie lösten das Pfand wieder ein und verkauften das Dorf 1407 an den Hamburger Bürgermeister Hildemer Lopow. Auch diese Transaktion machten die Struze wieder rückgängig. Erst 1463 wurde Ohlstedt endgültig hamburgisch. Die Stadt erwarb das Dorf mit allem Zubehör von Hartwich v. Hummelsbüttel. Zu Ohlstedt gehörten im Mittelalter vier bis fünf Vollhöfe. Die Bauern waren – wie in den anderen Alstertal-Dörfern – nur Erbpächter ihrer Höfe. Für 1583 gibt es ein Verzeichnis der Viehhaltung. Danach besaßen die Ohlstedter Bauern damals 16 Ochsen, 26 Kühe, 14 Kälber, 32 Pferde, 16 Schweine, 54 Ferkel und 53 Schafe. Außerdem hielt der Schäfer 60 Schafe. Um die Mitte des 17. Jahrhunderts mussten die Bauern der Hamburger Obrigkeit jährlich je ein Rauchhuhn (für die Herdstelle) und einen Kapaunen liefern, außerdem Hauer (Pacht), Wagengeld (Ablösung für frühere Fahrdienste), Kollationsgeld (Ablösung für Beköstigung des Waldherren) und Bötlingsgeld (Ablösung für Hammel-Lieferung) bezahlen. Zeitweilig hatten die Ohlstedter außerdem noch Pflichten für den Besitzer des →Wohldorfer Hofes wahrzunehmen. – 1920 verzeichnete Ohlstedt erst 336 Einwohner, 1933 schon 1041. Nach der Bombardierung Hamburgs 1942 flüchteten fast dreitausend Menschen nach Wohldorf-Ohlstedt.

Ohlstedter Rathaus Der Sitz der Gemeindeverwaltung (die hamburgischen Landgemeinden hatten bestimmte Selbstverwaltungsrechte) wurde 1928 eingeweiht.

Ohlstedter Rathaus (erbaut 1928)

Ohlstedter Schmiede Die alte Schmiede stand an der Ostseite des Ohlstedter Platzes. 1751 erteilte der Waldherr dem Schmied Hans Hinrich Sabel die Genehmigung zum Betrieb einer Schmiede. Die Schmiede wurde offenbar bis in die zweite Hälfte des 19. Jahrhunderts betrieben.

Ohlstedter Schule 1751 wurde der Schulunterricht im Dorf erlaubt. Erster Schulmeister war Jochim Iden. Sechs Jahre später entstand an der Straße Im Busch die erste Schulkate. Damals besuchten höchstens 20 Kinder die Schule. Das alte Gebäude stand noch bis 1911 und brannte dann ab. 1824 entstand eine gemeinsame Schule für →Ohlstedt und →Wohldorf am Kupferredder an der Brücke über die →Drosselbek. Zur Einweihungsfeier reisten die beiden Wald- und Landherren, zwei weitere Senatoren, 20 Kämmereibürger und Pastor Dose aus Bergstedt an. Insgesamt umfaßte die Festgesellschaft rund 100 Personen. Dagegen gab es um diese Zeit in Wohldorf und Ohlstedt nur 64 Schulkinder! Das Schulgebäude verfiel im Laufe der Jahre; die Zahl der Kinder wuchs. So wurde 1853/54 ein neues Schulhaus am Kupferredder gebaut. 1930 wurde mit dem Bau der Schule am Walde begonnen.

Alte Ohlstedter Schule (1928)

Olde, Hinrich Christian (1727-1789) Hamburger Bürger, Zuckerbäkker (= Zuckersieder), Besitzer des Poppenbütteler →Mühlenhofs und damit der beiden Mühlen an der →Mellingbek. Er lebte selbst auf dem Mühlenhof und unterhielt Kontakt zu prominenten Literaten wie →Baggesen, Klopstock, den Gebrüdern Stolberg und Matthias →Claudius. Auch Maler lud er auf seinen Landsitz ein. Olde liebte seinen Park mit seltenen Pflanzen, im gerade modernen englischen Stil naturnah gestaltet. Dieses „treffliche Landschaftsgemälde", wie ein Zeitgenosse formulierte, wollte er ungestört genießen, was zu manchen Konflikten mit den Ortsansässigen führte. Auch die Anlage von Spazierwegen, Stegen,

Feierlichkeiten an der Ohlstedter Schule (1928)

Deichen, Dämmen und die Pflanzung von Hecken löste Streit mit dem →Domkapitel aus. Den inselartig erhöht gelegenen Bereich nördlich der →Mellingburger Schleife nutzte Olde anscheinend als Obstgarten. Er zog Melonen, Pfirsiche und Weintrauben (südliche Früchte galten als Statussymbol!). Der Repräsentation diente auch ein farbiger Diener, ein Mohr namens Leander. Seinen Besitz vergrößerte Olde stetig durch den Zukauf mehrerer Landstücke und zahlte dem Kapitel 50 Reichstaler dafür, dass die Bäume auf seinem „Hof und Platz" bis an sein Lebensende stehen bleiben durften. Denn das Hartholz auf Poppenbütteler Gebiet gehörte den →Domherren. Der Unternehmer plante sogar, ganz →Poppenbüttel dem Domkapitel abzukaufen. Doch man konnte sich nicht über den Preis einigen. Trotz (oder wegen) der großzügigen Lebensführung war Oldes wirtschaftliche Situation immer wieder prekär. Als er 1789 „an einer Nervenkrankheit, und an Krämpfen" starb, hinterließ er lediglich Schulden. Beigesetzt wurde er auf dem Bergstedter Kirchhof. Von der Grabstelle sind keine Spuren mehr erhalten. An den stolzen Mühlenherrn Olde erinnert nur der Name einer sehr kleinen Straße am östlichen Rand Poppenbüttels.

Ole Boomgaarden (Wohldorf) entweder nach dem Obstgarten des →Wohldorfer Hofes oder nach einer Schonung für junge Waldbäume.

Ole Luus Alte Gastwirtschaft in →Mellingstedt nördlich der →Mellingbek an der Poppenbütteler Grenze, bestand wohl schon 1770, heute Fischrestaurant. Das Gebäude wurde an einer Seite „abgeschnitten", als die Chaussee ausgebaut werden sollte.

Ole Luus nach dem Straßenbau (1983/84)

Olendeelskoppel (Lemsahl) Flurname (= Altenteils-Koppel).

Olenreem (Lemsahl) nach einem Flurnamen (= Alter →Rehmen, also altes Stück Ackerland), hieß bis 1947 „Duvenstedter Kirchenweg".

Omnibusverkehr 1886 richtete der Omnibusbetrieb Ellerbrock aus →Duvenstedt eine Verbindung von →Hamburg über Duvenstedt hinaus in die →Walddörfer ein. Der Pferdewagen benötigte von →Ohlstedt bis in die Innenstadt drei Stunden. Man konnte also an einem Tag hin und zurück fahren. Auch der Fuhrunternehmer Witt aus →Wohldorf (→Kup-

Oldes Hof (um 1810)

ferhof) betrieb um diese Zeit eine Omnibusverbindung, und zwar bis Ohlsdorf. – 1937 führte die Buslinie D von Bramfeld bis →Wellingsbüttel. Zwischen dem Poppenbütteler Bahnhof und dem Hoisbütteler Bahnhof betrieb die Südstormarnsche Kreisbahn einen Busverkehr. 1939 übernahm die Hamburger Hochbahn diese Linie als Linie C und verlängerte sie von →Poppenbüttel bis zum Saseler Markt. Auch die Linie D wurde weiter geführt, und zwar bis zum Buchenkamp, der heutigen Saselbekstraße. Damit erhielt →Sasel erstmals einen Busanschluss.

Op de Elg (Sasel) nach einer Flurbezeichnung, von „Elg" = Elend, Fremde oder „Etz" = Saatland.

Op de Solt (Wellingsbüttel) Flurname – ob damit Salzboden gemeint sein soll, ist unklar.

Op'n Möhlnrad (Duvenstedt) nach einem Flurnamen, Bedeutung umstritten (Existenz einer Mühle wohl eher unwahrscheinlich), „Rad" ist jedenfalls eine Rodungsfläche.

Opferstein Hinter der Straße „Am Opferstein" und dem Tümpel am Mergelgrund in →Sasel lag an der südwestlichen Ecke der Koppel Lehmkamp bis zur Mitte des 19. Jahrhunderts ein riesiger Findling (4,5 Meter Länge, 2,4 Meter Breite und 2 Meter Höhe). Im Volksmund hieß der Stein auch „Lügenstein" oder „Gerichtsstein". 1852 wurde der Findling verkauft, gesprengt und zu Werksteinen verarbeitet, u. a. für Brücken. Ob der Stein einst eine rituelle Bedeutung besaß, ist ungeklärt. Auch in →Duvenstedt gab es einen „Opferstein". Ein großer Stein mit 30 Dellen oder „Schälchen" wurde am →Specksaalredder gefunden.

Omnibus der Linie „Jungfernstieg-Wohldorf" (um 1920)

Opferstein in Sasel, nach einer Lithografie von Otto Speckter (um 1830)

Ortsausschüsse Die Ortsausschüsse Alstertal (für →Hummelsbüttel, →Poppenbüttel, →Sasel und →Wellingsbüttel) und Walddörfer (u. a. für →Lemsahl-Mellingstedt, →Bergstedt, →Duvenstedt und →Wohldorf-Ohlstedt) boten von 1950 bis 2007 eine gewisse Form der kommunalen Selbstverwaltung. Zwar wurden die Ausschussmitglieder nicht direkt gewählt (das Gremium war nur ein Verwaltungsausschuss), aber die Ortsausschüsse behandelten vor Ort örtliche Themen. Fragestunden stellten den Kontakt mit den Bürgerinnen und Bürgern her. Im Zuge einer Verwaltungsreform wurden die Ortsausschüsse aufgelöst und durch Regionalausschüsse ersetzt.

Osterkampstieg (Bergstedt) Flur im Osten des Dorfes.

P

Pantoffelmacher Dieses Handwerk betrieb Wilhelm Maack in →Sasel bis 1929. Das Holz, meistens Erle, besorgte er sich vor allem aus dem →Duvenstedter Brook. Sein Bruder erledigte die ersten Arbeitsgänge: Sägen der Stämme, Spalten der Klötze, Herausarbeiten von Hacke und Fußform mit dem Zugmesser. Wilhelm Maack befestigte dann das Leder am Schuh und färbte („blaute") das Holz mit einer Mixtur, die angeblich aus Kienruß, Köm und Ochsenblut bestand.

Papenhörn nach dem dortigen Flurnamen (1642), „Pape" = Priester, „Hörn" = spitz zulaufendes Landstück, wahrscheinlich Land eines Bergstedter Geistlichen.

Pastorenhaus So hieß das Haus, das Pastor →Führer in den zwanziger oder dreißiger Jahren des 19. Jahrhunderts auf seinem Landsitz in →Poppenbüttel gebaut hatte. Es lag an der Nordostecke des Dorfplatzes. Die Familie →Henneberg, die Führers Besitz übernommen und erweitert hatte, nutzte das alte Haus nur für besondere Veranstaltungen. So lud Bruno Henneberg sein Personal dort anlässlich seines 25-jährigen „Gutsbesitzer-Jubiläums" zu einem Festessen ein. Im vorderen Teil des Gebäudes wohnte der Gärtner. Der hintere Teil diente als Getreidelager. Im Obergeschoss hielt Henneberg Kanarienvögel. Das Gebäude wurde im Zweiten Weltkrieg zerstört.

Perl, Hermann Hummelsbütteler Bildhauer der Kaiser- und Weimarer Zeit, lebte an der Hummelsbütteler Hauptstraße. Über dem Eingang des Hauses hängt noch heute ein von Perl geschaffener Elchkopf. Perl fertigte große Grabmale auf dem Ohlsdorfer Friedhof an, außerdem u. a. die Kachelbilder und die Reliefs der Erbauer im Alten Elbtunnel sowie die Skulpturen an der Fassade der Baubehörde. Seine Werkstatt hatte er am Falkenried in Hamburg.

Perlbergwald Waldgebiet im Osten →Sasels. Um 1900 gehörte der Wald Dr. Lomer, der dort auf einem kleinen Anwesen lebte. Nach dem Ersten Weltkrieg besiedelten die Mitglieder der „Perlberggenossenschaft" das Waldgelände.

Perlbergwald vor der Bebauung (vor 1920)

Pfefferkrug (Peperkrog) Gasthaus in →Lemsahl-Mellingstedt an der Chaussee aus dem 17. Jahrhundert, hieß zeitweilig „Unter den Linden".

Gasthof „Unter den Linden" (um 1900)

Pfeilshof 1888 gründete ein Mann namens Pfeil aus Barmbek am östlichen Rande →Sasels einen kleinen Gutsbetrieb von 88 Hektar. Später übernahm Oskar Krauseneck den Hof und errichtete ein herrschaftliches Wohnhaus mit Turm. Nach dem Ersten Weltkrieg entstand dort die Pfeilshofsiedlung.

Pferdesport →Reiten

Pfierkamp (Duvenstedt) →Fiersbarg

Philemonkirche Im Zusammenhang mit dem Bau der Großwohnsiedlung →Tegelsbarg wurde auch eine Kirche geplant. 1969 konnten eine Kapelle und ein Gemeindehaus am Poppenbütteler Weg in Betrieb genommen werden. Zehn Jahre später wurde die Kirche in einem zweiten Bauabschnitt vergrößert. Seit 1994 läutet eine Schiffsglocke in einem Holzgestell vor der Kirche zum Gottesdienst. Die Poppenbütteler Kirche ist zuständig für Tegelsbarg, das verwaltungsmäßig zu →Hummelsbüttel gehört.

Piepenbrinkweg (Poppenbüttel) nach dem Poppenbütteler Apotheker Adolf Piepenbrink (1827-1942), der zu den Gründern des →Alstervereins gehörte.

Pinneberg Die Pinneberger Landdrostei übte während der Zugehörigkeit Holsteins zum →dänischen Gesamtstaat die Herrschaft über mehrere Dörfer aus, u. a. über →Poppenbüttel, für das allerdings bis 1803 auch das →Domkapitel Rechte beanspruchte.

Plaggenkamp (Bergstedt) Flurname (Plaggen = Heide- oder Torfsoden).

Plattenbüttel Bezeichnung für das ehemalige Wohngebiet mit „Plattenhäusern" westlich des Poppenbütteler Bahnhofs, vom →Heegbarg bis über →Grotenbleken hinaus. Gegen Ende des Zweiten Weltkriegs, als die Hamburger Innenstadt weitgehend zerstört war, wurden dort kleine Häuser aus Beton-Fertigteilen errichtet. Sie dienten als Unterkunft für „ausgebombte" Familien, vorwiegend für privilegierte, z. B. Ingenieure der kriegswichtigen Werft Blohm & Voss. Beim Bau wurden weibliche Häftlinge aus dem →KZ Sasel eingesetzt. Die Frauen mussten das Gelände planieren, Feldbahngleise verlegen und Baumaterialien transportieren. Der Sand für den Bau stammte aus der Sandkuhle an der Ecke Saseler Damm/Wellingsbütteler Landstraße, also direkt unterhalb von „Plattenbüttel". Die „Gedenkstätte Plattenhaus" in einem historischen Plattenhaus dient der Erinnerung.

Plomin, Karl (1904-1986) Poppenbütteler Gartenarchitekt, plante in Hamburg vier Gartenschauen und entwarf über 800 private Gärten. Der eigene Garten des Iris-Spezialisten am →Rehmbrook war naturnah gestaltet. Davon ist nichts mehr vorhanden.

Poggenkamp (Hummelsbüttel) angeblicher Flurname („Poggen" = Frösche).

Eines der Plattenhäuser am Pfefferminzkamp (um 1990)

Polizei, berittene

Reiterstaffel vor der „Alten Wache" in Wohldorf-Ohlstedt (um 1970)

Streife (um 1960)

Polizei, berittene Die Hamburger berittene Polizei wurde 1870 gegründet. Sie war ab 1934 im Gestütsstall der Borsteler Rennbahn in Groß-Borstel (Zentrale) und in fünf Reiterdepots in den Außenbezirken stationiert, u. a. im ehemaligen Spritzenhaus der →Freiwilligen Feuerwehr Ohlstedt („Alte Wache" neben dem →Waldhaus Hütscher). 1974 bestreifte die Wohldorfer Reiterstaffel (zwölf Beamte mit sieben Pferden) ein 70 Quadratkilometer großes Gebiet von →Duvenstedt bis →Sasel, darunter den →Duvenstedter Brook, das →Wittmoor, das →Alstertal, Wälder und Feldmarken sowie vier Campingplätze in Landschaftsschutzgebieten. Die Polizeireiter nahmen allgemeine polizeiliche Aufgaben wahr, vor allem jagd-, fischerei- und naturschutzrechtliche. Sie sorgten für das Sicherheitsempfinden von Anwohnern und Erholungssuchenden. Nach 1968, als die Reiterstaffel zunehmend bei Demonstrationen in der Innenstadt eingesetzt wurde, verlegte der Senat das Depot von →Wohldorf weiter zur City. 1975 wurde die Hamburger Polizeireiterstaffel aufgelöst – gegen den Protest von über 90.000 Bürgern.

Poppenbüttel Der Name stammt von „poppilo". So hießen im Mittelalter Geistliche, und so hieß vielleicht auch der Gründer des Dorfes. 1336 wurde das Dorf zum ersten Mal in einer Urkunde erwähnt, als der Knappe Lambert →Struz seine Pachteinnahmen aus der „villa poppelenbotle" an das Hamburger →Domkapitel verkaufte. Gegründet wurde das Dorf wohl schon im 13. Jahrhundert. 1490 erhielt der Propst des Domkapitels die Zuständigkeit für die Verwaltung Poppenbüttels. Im Mittelalter und bis in das 19. Jahrhundert gab es im Dorf sieben Vollhöfe, daneben kleinere Landstellen. Ob sie ursprünglich schon dort lagen, wo sich heute der Ortskern um den Marktplatz befindet, ist nicht gesichert. Das

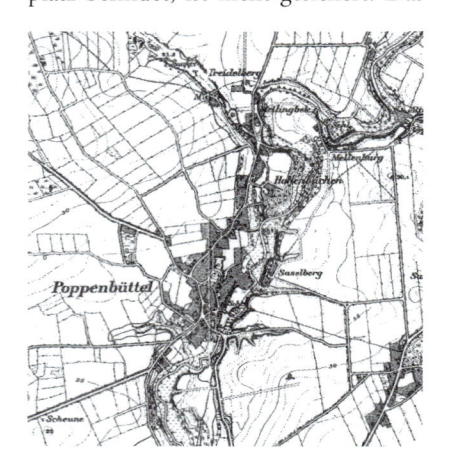

Karte von Poppenbüttel (um 1875)

Domkapitel baute in Poppenbüttel ein Gerichts- und Sommerhaus. Damit erhielt der Ort eine herausgehobene Stellung im Vergleich zu den anderen Dörfern des →Alstertals. Im 18. Jahrhundert musste jeder Poppenbütteler Untertan schwören, „daß ich einem Hochwürdigen Dom-Capitul ... als meiner vorgesetzten Obrigkeit treu gehorsam und gewärtig sein will, alles was mir von demselben wird anbefohlen werden gehorsamlich ausrichten, hingegen alles was denselben auf einige

Die Poppenbütteler Hauptstraße, Höhe Moorhof (vor 1918)

Weise Schaden verursachen könnte so viel an mir ist zu vermeiden und zu verhüten..." Die Dorfschaft war damals verpflichtet dem Domkapitel jährlich Roggen und Kapaunen liefern sowie Pacht bezahlen (Katharinenschatt, Insten- und Weidegeld, Grundheuer, Krugheuer und Mastgeld). Zu dieser Zeit hatten die →Poppenbütteler Mühlen Hochkonjunktur, eine →Silberschmelze war eingerichtet, und die ersten reichen Hamburger kauften sich im Ort ein. Die Herrschaft des Domkapitels endete 1803. Danach waren die Poppenbütteler holsteinische Untertanen, später dänische und preußische. In der Mitte des 19. Jahrhunderts entstanden zwei Gutsbetriebe: →Poppenbütteler Hof und →Hohenbuchen. Die Gründung einer →Apotheke ebenfalls um diese Zeit hob das Dorf wieder über die Nachbarorte hinaus. In Poppenbüttel war auch der Sitz der Verwaltung des →Amtes Poppenbüttel, zu dem die Gemeinden →Hummelsbüttel, →Sasel und →Wellingsbüttel gehörten. Poppenbüttel erhielt nach dem Ersten Weltkrieg einen Bahnhof mit →Güterbahnhof und damit eine günstige Verbindung nach Hamburg. Nach dem Zweiten Weltkrieg entstanden zentral für das Alstertal am Poppenbütteler Bahnhof →Ortsamt, Polizei, →Arbeitsamt, →Gesundheitsamt und →Post, später das →Alstertal-Einkaufszentrum.

Poppenbüttel auf einer Ansichtskarte (um 1970)

Poppenbütteler Graben kleines Fließgewässer nördlich des Kupferteichweges, früher evtl. Grenzgraben. Der Quelltümpel ist als Naturdenkmal geschützt.

Poppenbütteler Hof Der Gutsbetrieb entstand aus dem Landsitz von Pastor →Führer. Führer hatte vier Hufen erworben und vereinigt. 1855 verkaufte der spätere Eigentümer Holtzermann seinen Besitz an Amalie Löbbecke aus Braunschweig. Frau Löbbeck war eine geborene Henneberg und verpachtete

Poppenbütteler Weg mit der Apotheke (um 1960)

- **Poppenbütteler Kupferteich**

Poppenbütteler Hof am Marktplatz, Nordseite (1880)

Reifes Getreide am Ohlendiek (um 1990)

Poppenbütteler Kupferteich, Blick von Osten (1956)

den Hof ein Jahr später an ihren Neffen Albert Cäsar →Henneberg aus Hamburg. Die Tante und die Eltern Albert Hennebergs zogen in das alte →Domherrenhaus. Zum landwirtschaftlichen Betrieb gehörten anfangs 15 Arbeitspferde, 83 Rinder, acht Schweine, 175 Schafe und „diverses Federvieh". 1857 übernahm ein Vetter Alberts, Bruno →Henneberg, zumindest einen Teil der Pacht und vergrößerte den Besitz durch Ankauf mehrerer Landstellen. Vor 1874, das genaue Datum ist nicht bekannt, wurde das herrschaftliche Gutshaus gebaut. 1877 kaufte Bruno Henneberg den Hof →Treudelberg und nutzte ihn als Vorwerk. Nach dem Kauf von Treudelberg war der Hof mit rund 500 Hektar der größte landwirtschaftliche Betrieb im →Alstertal. Die Ackerflur zog sich bis an die Hummelsbütteler Grenze hin. Als Dauerweide für das Vieh diente der →Rehmbrook. Dort, auf der Seite zum Eichenredder südlich der Weidenkoppel, befindet sich noch heute der Rest eines Tümpels, der als Tränke benutzt wurde. Weiden für Fohlen und Milchvieh waren auch die Redderkoppel und die „Armenhauskoppel" am Glashütter Weg (→Harksheider Straße). Die Sandkuhlenkoppel nutzte Henneberg als Ackerfläche. Den →Schäperdresch ließ er mit Fichten aufforsten. Reste davon sind noch vorhanden. Der fruchtbarste Acker war die Billingskoppel (→„Achter Billing"). Hier baute Henneberg Weizen an, später auch Mais. – Das Gutshaus wurde 1979 abgerissen. Der Name „Poppenbütteler Hof" lebt heute nur noch in der Bezeichnung eines Poppenbütteler Hotels weiter.

Poppenbütteler Kupferteich

Stau der →Mellingbek zum Betrieb einer der →Poppenbütteler Mühlen, nachweislich seit dem 17. Jahrhundert. Da in der Mühle zeitweilig Kupfer bearbeitet wurde („Kupferhammer"), wurde der Mühlenteich nach diesem Metall benannt.

Poppenbütteler Markt Seit 1840 findet in →Poppenbüttel regelmäßig am Mittwoch (später am Wochenende) nach Mariä Geburt (8. September) ein Jahrmarkt statt. Standort war über hundert Jahre der nach dem Markt benannte Dorfplatz. Zunächst fungierte der Markt als Kram-, Vieh- und Pferdemarkt. Später diente er nur noch der Unterhaltung, vor allem der Kinder, mit Karussellen, Schiffsschaukeln u. a. Seit Jahrzehnten gibt es zusätzlich auch zu Pfingsten einen solchen Vergnügungsmarkt. Im 19. Jahrhundert war der Poppenbütteler Markt ein Anziehungspunkt für die Bevölkerung der umliegenden Dörfer und sogar für die Hamburger. Die Dorfbewohner kamen zu Fuß, die Hamburger mit Pferdewagen. Insgesamt waren es Tausende von Menschen. Es herrschte Getümmel, das Bier floss in Strömen, in allen Wirtshäusern wurde getanzt. Hamburger Prostituierte suchten ihren Verdienst. Erst spätabends war Schluss. Die Wagen der Städter fuhren zurück, beleuchtet von bunten Papierlaternen. Der Poppenbütteler Lehrer und Autor Ludwig →Frahm warnte in seiner Erzählung „Minschen bi Hamburg rüm" (1919): „Wer nich en goden Schubs verdreegen kann un to grote Höhnerogen hett, mutt sik nich to Markt begeven."

Poppenbütteler Mühlen Schon im 14. Jahrhundert gab es eine Mühle in →Poppenbüttel. Sehr wahrscheinlich war es eine Wassermühle, denn Windmühlen wurden erst später gebaut. Wo sie lag, ist unbekannt. Sie dürfte keine Alstermühle gewesen sein, denn an der →Alster gab es – abgesehen von der Fuhlsbütteler – keine Mühlen, mit Rücksicht auf die Wasserversorgung der Stadt und den Schifffahrtweg. In Frage kommen also Standorte an der →Mellingbek oder der →Minsbek. Einiges spricht dafür, dass am Ende des Kupferteichweges, wo sich →Twelenbek und →Mellingbek vereinigen und das Gelände auf der Westseite noch heute sumpfig und oft überschwemmt ist, einst eine Mühle stand. Sie wurde wohl bereits im 14. Jahrhundert zu Gunsten der leistungsfähigeren →Rodenbeker Mühle aufgegeben. Erst für die Mitte des 17. Jahrhunderts ist wieder die Existenz einer Mühle in Poppenbüttel belegt. Von 1649 bis 1652 zahlte der Unternehmer von Porten dem Domkapitel Pacht für die Nutzung einer Mühle an der Mellingbek. Auch in diesem Fall ist der Standort nicht sicher. Was produziert wurde, weiß man ebenfalls nicht. Der nächste Pächter stellte jedenfalls Schießpulver her. Um 1670 verarbeitete der Unternehmer Diederich Block dort Kupfer und errichtete noch eine weitere Mühle als Pulvermühle. Block geriet mit den Poppenbütteler Bauern und dem Domkapitel in Streit. Das Kapitel wies ihm bachabwärts einen anderen Standort an der Lemsahler Grenze an. Dort

Poppenbütteler Kupfermühle, Gemälde von Carl Martin Laeisz (1843)

baute Block eine weitere Kupfermühle und ließ die obere Mühle anscheinend verfallen. Die neue Mühle wurde 1686 von dänischen Truppen beschädigt und geplündert – mit Hilfe Poppenbütteler Einwohner. Block erhielt seinen Hausrat zurück und betrieb die Mühle bis zu seinem Tod 1692. Neue Pächter wechselten sich ab. 1717 wollte das Domkapitel die Mühle versteigern lassen. Erst 1732 fand sich mit Christoffer Möller wieder ein Besitzer. 1763 kaufte Hinrich Christian →Olde die obere Mühle, 1765 auch die untere. Er baute den Betrieb der unteren Mühle wieder auf. Spätestens 1771 stieg er in das Münzgeschäft ein und stellte für die neu errichtete dänische →Münze in Altona Kupfer-Rohlinge her. Das rohe Kupfer bezog er zunächst aus Mexiko und Peru, später aus England. Vorwiegend verarbeitete er aber fertige Kupferplatten aus dem Grabauer (Hohendammer) Kupferhammer. In der Mühle wurden die Platten unter starker Hitze durch eine breite Walze gezogen und so gedehnt, dass ein Schneidewerk – ähnlich wie eine Buchdrucker-Presse – runde Stücke ausstanzen konnte. Aus diesen Stücken prägten die Mühlenarbeiter dann Münzen. Außer den Münzen fabrizierte Olde auch Gebrauchsgegenstände aus Kupfer sowie Messingdraht für Stecknadeln. Nach dem Tod Oldes wurde der Betrieb von einem Bevollmächtigten weitergeführt. Den →Mühlenhof hatte der dänische König erworben. Wohl ab 1794 betrieb der hamburgische Münzmeister die Mühlenwerke. 1808 wurde der Münzbetrieb offenbar eingestellt. Danach wechselte das Anwesen mehrfach die Besitzer. Erst mit Alexander →Kähler, der den Mühlenhof 1849 kaufte, gab es Kontinuität. Kähler nahm die untere Mühle wieder in Betrieb. Sie diente zunächst als Sägemühle, dann als Ölpresse für Raps, Rübsen und Bucheckern. Die Rückstände, die beim Ölpressen anfielen, die sogenannten „Ölkuchen", verkaufte Kähler als Viehfutter. Als Transportweg nutzte er wie seine Vorbesitzer die →Alster. Der „Lösch- und Landeplatz" lag etwas unterhalb der Einmündung der →Mellingbek, wo der Fluss noch heute ein flaches Ufer aufweist. Kählers Nachfolger nutzten die Mühlen nicht mehr als Produktionsanlagen. – Auf der unteren Mühle brach 1922 Feuer aus. Das Feuer entwickelte sich zu einem Großbrand, weil das Gebälk noch Rückstände von der früheren Ölpresse enthielt. Da wegen des strengen Frostes der →Hofteich tief gefroren war, konnte die →Freiwillige Feuerwehr Poppenbüttel dort kein Löschwasser pumpen. Hilfe brachte erst die Hamburger Berufsfeuerwehr, aber die Mühle war bereits zerstört. – Die schon lange stillgelegte obere Mühle am Kupferteich wurde 1928 abgebrochen. Nur ein paar Nebengebäude blieben stehen.

Poppenbütteler Schleuse Die heutige Anlage geht auf das Jahr 1836 zurück. Ursprünglich besaß das Schleusenbecken eine unregelmäßige Form und diente als Viehtränke. An einer niedrigen Stelle konnte man diesen „Teich" mit Pferd und Wagen durchqueren. Das untere Schleusenwehr

Poppenbütteler Schleuse (vor 1918)

Poppenbütteler Schleuse, (Wilhelm Heuer, um 1850)

stand an der Stelle der heutigen →Bäkkerbrücke. Westlich des →Poppenbütteler Schleusenmeisterhauses verlief ein Nebenarm der →Alster zum Ausgleich des Wasserstandes. Er wurde ebenfalls von einem Schleusenwehr reguliert, das neben dem Hauptwehr stand. Den Verlauf des ehemaligen Nebenarms kann man auf dem tief gelegenen Parkplatz am →Marienhof noch erahnen.

Poppenbütteler Schleusenmeisterhaus Schon zur Zeit des zweiten Baus des →Alster-Trave-Kanals entstand in →Poppenbüttel ein Schleusenmeisterhaus. Das jetzige Gebäude wurde 1823 errichtet, mit etwas weiterem Abstand von der Alster als das ältere. Durch Um- und Anbauten ist die Bebauung mittlerweile verändert. Das Kerngebäude steht unter Denkmalschutz. Wie auch in den →Wohldorfer und →Mellingburger Schleusenmeisterhäusern wurde im Poppenbütteler nach Ende der →Alsterschifffahrt eine Gaststätte eingerichtet. Kurios: Passend zu seinem Gebäude hieß der Wirt in den zwanziger Jahren des vorigen Jahrhunderts „Schleu".

Poppenbütteler Schleusenmeisterhaus (1980)

Poppenbütteler Schule Schon vor der Einführung der Schulpflicht 1814 gab es in →Poppenbüttel eine Schule und einen Schulmeister. 1644 wurde erstmals eine „Beschulung" erwähnt. Rund vierzig Jahre später stand eine Schulkate am Dorfplatz. Das alte Schulgebäude am Schulbergredder im „Schulwald" (dort, wo heute die →Langhein-Kate steht) trug am Balken die Jahreszahl „1776". Bis 1813 war Hermann Ahrens Schulmeister in Poppenbüttel. Ihm folgte Momme Andresen, der bis 1852 seinen Dienst versah. In der ersten Hälfte des 19.

Post

"Neue" Poppenbütteler Schule (um 1900)

Ohlstedter Postboten vor dem Waldhaus Hülscher (um 1900)

Jahrhunderts besuchten rund hundert Kinder die Schule – alle in einer Klasse. 1896 wurde ein für die damalige Zeit großzügiger Neubau errichtet – das heute älteste Schulgebäude. Im Zweiten Weltkrieg diente die Schule als Lazarett. Noch viele Jahre später war das gemalte große Rote Kreuz auf dem Dach zu sehen.

Post Die hamburgischen →Walddörfer erhielten 1865 eine regelmäßige Postzustellung. Täglich wanderte ein Postbote von Ahrensburg bis Tangstedt-Wilstedt und legte dabei rund 40 Kilometer zurück. 1884 wurden im neuen →Waldhaus eine Post-Agentur und eine Telegrafenstelle eingerichtet. Der Wirt des Waldhauses ließ etwa zehn Jahre später auf seinem Grundstück ein gesondertes Postamt bauen, weil er mehr Platz in seinem Lokal benötigte. Damals trugen vier Postboten zweimal täglich (sonntags einmal) die Briefe aus. – In den preußischen Dörfer des →Alstertals entstanden nach dem Ersten Weltkrieg Poststellen, z. B. in →Sasel 1926, in →Poppenbüttel schon etwas früher. Das Saseler Posthaus am Dorfplatz wurde 1929 gebaut. Es beherbergte neben der eigentlichen Post auch das „Selbstanschlussamt", die Kreissparkasse Stormarn und Mietwohnungen. – Das zentrale Postamt am Poppenbütteler Bahnhof entstand 1974 und wurde 2002 abgerissen.

Preußen Von 1867 bis 1937 gehörte das →Alstertal zu Preußen, außer den hamburgischen Dörfern →Wohldorf und →Ohlstedt sowie dem hamburgisch gewordenen →Klein Borstel.

Prozesse wurden auch in früheren Jahrhunderten geführt. Da entsprechende Dokumente häufig überliefert sind, entsteht der – falsche – Eindruck besonderer Streitfreudigkeit. Rechtliche Auseinandersetzungen gab es z. B. um die Anlage von →Mühlen, um →Fischerei, Landbestellung und Schank-rechte, aber auch zwischen den Dorfbewohnern und ihren Obrigkeiten, außerdem in Eheangelegenheiten.

Puckaff Duvenstedter Ausbau im Westen des Dorfes bzw. alter Krug bei →Tangstedt („puckaf" = ausplündern).

Pumpwerk Saseler Damm Das alte Pumpwerk in einem kleinen roten Backsteingebäude stammte aus den fünfziger Jahren des vorigen Jahrhunderts. Vor einigen Jahren wurde die Anlage modernisiert. Ein moderner Neubau ersetzte das alte Gebäude. Unter der →Alster wurde in zwölf Meter Tiefe ein neues Speichersiel verlegt.

Quelle →Zur Quelle, Gasthof

Quellenhof historisches Gasthaus im →Rodenbeker Quellental. Der Quellenhof liegt am südlichen Eingang des Naturschutzgebietes →Rodenbeker Quellental direkt am ehemaligen Mühlenteich, malerisch von alten Bäumen umgeben Gebaut wurde das große Reetdachhaus ursprünglich als Bauernhof um das Jahr 1800. Hinrich Wagner kaufte diesen Hof und führte ihn als Bauer und Pferdehändler bis 1920. Danach übernahm sein

Rückseite des Rodenbeker Quellenhofes mit Kutsche (um 1930)

Sohn August Wagner den Hof und baute das Hauptgebäude zum Gasthaus um. Er betrieb das Lokal mit seiner Frau Bertha. 1972 übergab August Wagner das Gasthaus an seine Tochter Anita Frommé (geb. Wagner). Heute ist die Ausflugsgaststätte ein Familienbetrieb in dritter Generation.

Der „Rodenbeker Quellenhof" heute (2009)

Quellental, Gasthaus einst beliebtes →Ausflugslokal im →Rodenbeker Quellental am Mühlenteich. Der Feilenhauer Wecker errichtete 1894 das Gasthaus. Nach einem Wanderführer von 1910 war das „Quellental" einer „der schönsten Punkte in Hamburgs Umgebung. Das Hotel liegt inmitten eines schattigen Waldes an einem kleinen See, dessen Wasserfläche durch eine Anzahl kleiner bewaldeter Inseln unterbrochen ist. Die Buchen auf den Inseln und am Rande des Sees bilden mannigfaltige malerische Gruppen." Der Wirt hatte die Inseln künstlich aufschütten lassen. Dort lebten exotische Tiere, darunter Affen. Der Garten war mit Ruinen, Aquarien und Terrarien verziert. Das Gasthaus macht zumindest auf den hauseigenen Postkarten einen imposanten Eindruck. Angeblich war der Turm 42 Meter hoch. Oft besuchten mehrere tausend Ausflügler das Lokal. Sie vergnügten sich mit Rudern, Kegeln und Tanzen. Die Bergstedter und Lemsahler Vereine veranstalteten im Quellental regelmäßig Bälle und Feste. Spätestens nach dem Zweiten Weltkrieg ging es auch mit diesem Ausflugslokal bergab. 1958 diente das Gebäude als Unterkunft für Arbeiter der Schlieker-Werft. Bei der Zwangsversteigerung 1960 erwarb der Hamburger Fiskus das einstige Gasthaus. Bald danach kam der Abbruch. Heute gibt es keine Spuren mehr.

Postkarte des Gasthofes „Rodenbeker Quellental" (um 1910)

Blick über den Mühlenteich auf das Gasthaus (um 1910)

Botanische Besonderheit am „Quellenhof": die *Gunnera* wird seit 1961 alljährlich bis zu 2,5m hoch (2009)

Raamfeld (Lemsahl) nach einem Flurnamen („Raam" = Zusammentreffen, wahrscheinlich von zwei Wasserläufen).

Raapeweg (Hummelsbüttel) nach Prof. Dr. Leo Raape (1878-1964), Rechtsgelehrter.

Radekoppel (Lemsahl) Flurname („Rade" = gerodete Fläche).

Rammhörn (Sasel) Flurname von „Ram" = Rand oder von „Ramm" = Widder.

Randel, Gasthof Ausflugslokal an der Poppenbütteler Landstraße. Das Ursprungsgebäude („Restaurant zum hohen Buchsbaum") brannte 1899 ab. Danach errichtete der Wirt Randel einen großzügigen Neubau im historistischen Stil mit Aussichtstürmchen und Wetterhahn in einem weitläufigen Park („Waldhaus Randel"). Im Garten waren oft 1.500 Plätze besetzt. Randel bot auf der Speisekarte neben anderen Gerichten auch einen „Senatorentopf" an und unterstrich damit seinen Anspruch, ein Lokal für die „besseren Kreise" zu sein. Gebäude und Park sind noch fast in der ursprünglichen Gestalt vorhanden.

„Randel", Innenansicht (um 1930)

„Randel" (um 1930)

Rathäuser Die Gebäude der Gemeindeverwaltungen von →Wohldorf-Ohlstedt und →Sasel wurden als „Rathäuser" bezeichnet: →Ohlstedter Rathaus, →Saseler Rathaus.

Redder Weg zwischen zwei →Knicks zur Erschließung der Acker- und Weideflächen.

Reembroden (Hummelsbüttel) Flurname, wohl von →„Rehmen".

Reesbrook (Bergstedt) Flurname („Rees" = Riese).

Reformation 1524 gab König Friedrich I. von →Dänemark, der auch über die Herzogtümer Schleswig und →Holstein herrschte, seinen Untertanen die Glaubensfreiheit. Die neue Kirchenordnung für Schleswig und Holstein wurde 1542 als Staatsgesetz verkündet. Entworfen hatte sie Johannes Bugenhagen, Luthers Mitstreiter und „Reformator des Nordens".

Reform-Realgymnasium 1924 wollte die Gemeinde →Poppenbüttel eine höhere Schule bauen. Solche Einrichtungen gab es damals erst in Wandsbek, Altona, Bad Oldesloe und →Hamburg. Als Standort war eine Fläche an der Ecke Langenstücken/Saseler Damm vorgesehen, wo heute die katholische Kirche →St. Bernard steht. Der bekannte und später in der NS-Zeit verfolgte Architekt Karl Schneider lieferte den Entwurf. 1925/26 ließ die Gemeinde schon Erd- und Erschließungsarbeiten vornehmen, da stoppte das preußische Kultusministerium das Vorhaben. Aus Sicht der Behörde bestand kein Bedürfnis für eine höhere Lehranstalt.

Rehagen kleine Siedlung am Poppenbütteler Weg in →Hummelsbüttel mit einst mehreren Höfen. Ein historisches Bauernhaus ist noch vorhanden. Am Rehagen liegt eines der

Alte Scheune am Rehagen (um 1930)

bedeutendsten Pferdezentren Norddeutschlands. Der dortige Hof entstand nach dem Ersten Weltkrieg am Rande von →Müssen. 1960 begann der Reitbetrieb. Zuerst diente eine Wellblechscheune als „Reithalle". 1968 eröffnete Franz Peter Bockholt die „Reitschule Rehagen". Die Familie Bockholt stammt aus →Klein Borstel. Ihr gehörten ausgedehnte Ländereien, u. a. auf dem Gebiet des jetzigen Ohlsdorfer Friedhofs.

Sonnenaufgang am Rehagen (um 2000)

Rehdersweg (Poppenbüttel) nach einer in Poppenbüttel lange ansässigen Bauernfamilie, hieß bis 1950 „Tannenweg" nach den dortigen Fichtenschonungen.

Rehmbrook (Poppenbüttel) →Rehmen, „Brook" = Bruch, Waldsumpf. Vielleicht lagen die Ackerstücke dort an einem Bruch.

Rehmen = „Riemen", Bezeichnung für die früheren langen und schmalen Ackerstreifen auf der gemeinschaftlich bestellten Flur. Diese Form, deutlich länger als breit, war praktisch für die Bearbeitung. Der Pflug brauchte nicht so oft gewendet zu werden. Die Rehmen wurden durch noch schmalere Streifen Brachland mit Busch- und Baumbestand voneinander getrennt. Auf diesen Grenzstreifen konnten die Bauern das Ackerland durchqueren, ohne den Getreidewuchs zu stören.

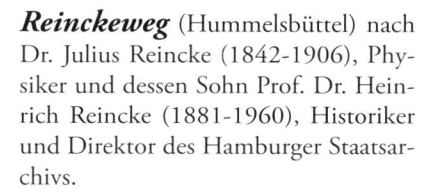

Reinckeweg (Hummelsbüttel) nach Dr. Julius Reincke (1842-1906), Physiker und dessen Sohn Prof. Dr. Heinrich Reincke (1881-1960), Historiker und Direktor des Hamburger Staatsarchivs.

Reinking, Dietrich Staatsrechtslehrer, Doktor der Rechte, Geheimer Rat und Kanzler des Erzbischofs Friedrich von Bremen, erhielt 1643 vom Erzbischof das Gut →Wellingsbüttel als Lehen. Er hatte dort seinen Wohnsitz, baute ein neues Haus, ließ Teiche anlegen und die zerstörte Mühle neu errichten.

Reiten war in früheren Jahrhunderten die selbstverständliche Fortbewegung für alle Männer, die sich Reitpferde leisten konnten. Reiten im Alltag hörte

Blick auf das Pferdezentrum Rehagen (um 1972)

Siegerehrung, Rehagener Turnier (2009)

Rethkoppel

"Ringreiten" in Hummelsbüttel. Aquarell von Ernst Eitner (um 1900)

spätestens auf, als die Landwirtschaft keine Pferde mehr einsetzte. Bald danach, vor ungefähr 50 Jahren, wurde der Reitsport als zunächst exklusives Hobby populär. Am Stadtrand, und damit auch im →Alstertal, entstanden Reitanlagen und Reitschulen (z. B. →Rehagen, →Treudelberg, →Bergstedt, →Duvenstedt).

Rethkoppel (Poppenbüttel), wahrscheinlich von „Reet" = Schilfrohr – der dortige Boden ist allerdings eher sandig

Reuter, Conrad Besitzer des →Saselhofs ab 1897. Reuter war Milchspezialist. Er gehörte dem Verein „Gesunde Milch" an und verfasste das Buch „Milchspeisen und Getränke" mit einer Auflage von 140.000 Exemplaren. 1903 gewann er auf der „Allgemeinen Ausstellung für hygienische Milchversorgung" den ersten Preis. Ab 1912 war Reuter für die Meierei C. Bolle AG in Berlin tätig. Später wurde er in Sachsen Landesdirektor für Milchwirtschaft und Molkereiwesen. 1933 bis 1944 war er Abteilungsleiter in der Reichsstelle für Milcherzeugung, Öle und Fette.

Ringreiten traditionelles ländliches Pferdeturnier, in Schleswig-Holstein seit ca. 1600, wurde zwischen der Frühjahrsbestellung und der Grasmahd ausgeübt, als in der Landwirtschaft weniger Arbeit anfiel, daher auch der Ausdruck 'Pingstenrieden´. Der kleine Ring war an einem „Galgen" aus Holz lose befestigt. Die Reiter, anfangs Bauern, später Knechte, mussten in vollem Galopp mit einem Metallstab („Picker") den Ring aufspießen. Den Turniertag beendete ein abendliches Tanzvergnügen mit Siegerehrung. Belegt ist das Ringreiten im Alstertal für *Hummelsbüttel. In *Wellingsbüttel wurde es durch die Gutsbesitzerin Behrens nach 1888 wiederbelebt.

Rodenbek a) Bach, der westlich des Wohldorfer Dammes in einem Waldtümpel entspringt, im Rodenbeker Teich (ehemaliger Mühlenteich) aufgestaut wird und kurz danach in die Alster mündet. b) („Rothenbek") einstige kleine Ansiedlung südlich des heutigen →Rodenbeker Quellentals mit Hof, Ziegelei und Mühle, Ausbau von →Bergstedt.

Rodenbeker Mühle frühere Wassermühle am Südrand des jetzigen →Rodenbeker Quellentals. Sie stand

Rodenbeker Mühle. Aquarell von C. Fr. Stange (um 1825)

an der Mündung der →Rodenbek in die →Alster, etwas westlich von der Stelle, an der sich heute die Gastwirtschaft →„Quellenhof" befindet. Der anscheinend erst kleinere Mühlenteich wurde später um die Gruben der →Rodenbeker Ziegelei erweitert. 1345 verkaufte der Ritter Heinrich von Wedel die Mühle an das Hamburger →Domkapitel. 1872 stellte die Rodenbeker Mühle den Betrieb ein. Danach war auf der Mühle eine Feilenhauerei in Betrieb.

Rodenbeker Quellental, Gasthof →Quellental, Gasthof

Rodenbeker Quellental, Naturschutzgebiet Das NSG weist eine sehr abwechslungsreiche Landschaft auf (eiszeitlich geformt durch Schmelzwasser-Flusssysteme an der Basis des Bredenbek-Gletschers), mit Hügeln, Steilhängen, tiefen Tälern, Erlensümpfen und Auwäldern. Die Quellen erscheinen an den Hängen als Rinnsale von Sickerwasser. Viele davon sind stark eisenhaltig und daher orangerot gefärbt. Wahrscheinlich knüpft daran der Name „Rodenbek" an. Das Quellental ist überwiegend mit Laubmischwäldern bestockt. Einige Buchen sind bis zu 300 Jahre alt. Unter den hohen Bäumen bildet sich im Frühjahr eine Krautvegetation mit großen Teppichen von Buschwindröschen. Außerdem wachsen dort z. B. das Gelbe Buschwindröschen, Schlüsselblumen und in seichten Gewässern die Wasserfeder. Im NSG wurden 38 Brutvogelarten gezählt. Als Besonderheit der Vogelwelt kommt die Wasseramsel vor, die einige Zeit tauchen kann und unter Wasser jagt.

Im NSG Rodenbeker Quellental (2008)

Rodenbeker Mühlenteich (2008)

Rodenbeker Ziegelei Im 15. und 16. Jahrhundert unterhielt →Hamburg bei der →Rodenbeker Mühle einen größeren Ziegeleibetrieb, der Formsteine für Pfeiler, Giebel und Kirchenfenster produzierte. Zum Abtransport auf der →Alster gab es in der Nähe einen Lösch- und Landeplatz.

Röbkestraße (Sasel) nach Julius Röbke (1948-1928), Gemeindevorsteher in Sasel, alter Bauernname, der schon im 17. Jahrhundert genannt wird.

Rögengrund (Bergstedt) von „Rögen" = kleine Anhöhe.

Rögenoort (Duvenstedt) Flurname („Rögen" = kleine Anhöhe, „Ort" = Spitze).

Rönkrei (Poppenbüttel) nach einer alten Flurbezeichnung („Rönk" = Graben oder Rinne, aber auch: Stumpf, „Rei" wohl von „Regen" = „Rehmen", also längliches Stück Ackerland).

Röötberg (Ohlstedt), nach dem dortigen Flurnamen (1779), Rööt = Ort zum Anrotten des Flachses.

Rolfinckstraße (Wellingsbüttel) nach Werner Rolfinck (gest. 1590), ab 1575 Direktor des Johanneums (bis 1950 „Eichenstraße).

Rootsoll (Lemsahl) Flurname („Root" = Rodung, „Soll" = Wasserloch ohne Zu- und Abfluss).

Rosinenkuhlen fünf kleine rundliche Tümpel (wie Rosinen im Kuchen!) in der morastigen Rosinenkoppel am →Högenbarg/Wildes Moor (→Hum-

Rosinenkuhlen (um 1960)

melsbüttel). Die Tümpel sind Gruben der ersten kleinen Ziegelei gegenüber (um 1878). Heute wird das Gelände privat genutzt, u.a. zur Haltung von Wassergeflügel.

Rügelsbarg (Bergstedt) vermutlich alte Gerichtsstätte (von „rügen" = anklagen).

Rüßwisch (Sasel) Flurname, Bedeutung unsicher.

Ruhwinkel (Sasel) Phantasiename, das Gelände wurde erst 1948/49 parzelliert.

Rummelpottlaufen Brauch für Kinder noch bis in das 20. Jahrhundert zu Weihnachten und Silvester. Die Dorfkinder verkleideten sich und schwärzten ihre Gesichter. Dann zogen sie mit dem Rummelpott von Haus zu Haus und baten um Geschenke. Der Rummelpott war ein Gefäß aus Steingut, über das eine Schweinsblase gespannt war. Wenn die Kinder einen Strohhalm durch die Haut stachen, konnten sie ein rummelndes Geräusch erzeugen. Dazu sangen sie: „Rummel, rummel roken, geev min´n Appelkoken…"

Ruscheweyhstraße (Hummelsbüttel) nach Prof. Dr. Herbert Ruscheweyh (1892-1965), Präsident der Hamburgischen Bürgerschaft.

Salia Der Saseler Männer-Gesangverein wurde 1922 gegründet. 1925 fand eine „Bannerweihe" statt. Drei Jahre später pflanzten die Mitglieder auf dem Dorfplatz eine Linde zum Gedenken an den Komponisten Franz Schubert, der hundert Jahre zuvor gestorben war. 1929 entstand auch der Frauenchor Sasel. 1968 schlossen sich die beiden Chöre zur „Chorgemeinschaft Salia" zusammen.

Auch heute aktiv: „Salia" (2008)

Salia Männergesangsverein (um 1922)

Sanderskoppel (Welingsbüttel) nach dem Besitzer des →Brandt-Sanderschen Gasthofs.

Sarenweg (Lemsahl-Mellingstedt/ Wohldorf-Ohlstedt) vom Flurnamen „In de Sooren" („Sooren" = trockenes Land) hieß bis 1947 „Duvenstedter Kirchenweg".

Sasel Der Ort wurde zum ersten Mal in einer Urkunde von 1296 erwähnt. Darin bestätigen die holsteinischen Grafen dem Kloster Frauenthal (Zisterzienserinnenkloster Harvestehude) den Kauf von Groß- und Kleinzehnten in 13 Dörfern, u. a. „Sasle". Was dieser Name bedeutet, ist unklar. Ob er sich von „Sachsen" und „loh" für Wald ableitet und gar auf den angeblich heiligen Wald →Steinwegel hindeutet, konnte nicht bewiesen werden. Wieviele Höfe („Hufen") in „Sasle" lagen, ist ebenfalls unbekannt. 1356 gelangte Sasel in den Besitz des Domkapitels. Über 200 Jahre lang war Sasel ein „Kapiteldorf". 1576 trat das Domkapitel 14 Dörfer, darunter Sasel, an den Holsteiner Herzog ab. Das Dorf musste nun für das Amt Trittau Dienste und Abgaben leisten. Die Bauern durften ihr Getreide nur in der Trittauer

Karte von Sasel (um 1875)

Sasel

Luftaufnahme vom Saseler Zentrum mit Rathaus (1929)

Mühle mahlen lassen. Erst als 1853/54 der Mühlenzwang aufgehoben wurde, konnten die Saseler Bauern ihr Korn zur nahe gelegenen →Alten Mühle bringen. 1582 bis 1773 gehörte Sasel zum Herrscherhaus Holstein-Gottorp, wurde aber von 1750 bis 1768 an Hamburg verpfändet. Ab 1773 war der dänische König der zuständige Herzog für Stormarn und damit auch für Sasel. In dieser Zeit siedelten sich im Dorf erstmals Handwerker an, ein Schmied, ein Zimmermeister und ein „Rademacher". Auch drei „Höker" lebten im Dorf. 1783 gab es rund 200 Einwohner, sechs Vollhufen, neun Viertelhufen, drei Achtelhufen, acht Katen und 31 Instenstellen. Die Einwohnerzahl Sasels wuchs nur langsam. 1867 lebten im Dorf 399 Menschen, 1880 waren es 442, 15 Jahre später 500 und 1920 700. Dann setzte das „wilde Bauen" ein, und am Rande Sasels entstand ein „Kistendorf", in dem Hamburger Arbeitslose notdürftig lebten. Schon 1925 war die Einwohnerzahl auf 1.883 gestiegen. Um die vielen Probleme des rasch wachsenden Dorfes zu bewältigen, richtete der Gemeinderat etliche Kommissionen ein. Neben der Finanz-, Revisions-, Bau-, Baupflege-, Gesundheits-, Bibliotheks-, Beleuchtungs-, Grundwertsteuer- und Wohnungsamtskommission gab es noch den Ortswohlfahrtsausschuss und die Kommission zur Obstbaumschädlingsbekämpfung. Um 1930 waren in der Verwaltung ein Beamter, vier Angestellte und zwei Hilfskräfte beschäftigt. Politisch dominierte die SPD. Bei der Wahl zur Gemeindevertretung 1929 brachte sie es auf 41 % der abgegebenen Stimmen. Die Bürgerliche Einheitsliste folgte mit 16,2 % weit abgeschlagen. 1931 zog erstmals eine Frau in die Gemeindevertretung ein. Der Nationalsozialismus beherrschte auch Sasel. In einer opulenten Festschrift ließ sich die örtliche Parteiführung feiern. Das alte Gutshaus des →Saselhofs wurde als Sitz der Verwaltung eingerichtet, der Park „Adolf-Hitler-Park" genannt. Der Zweite Weltkrieg führte kaum zu Zerstörungen. Aber die Bevölkerung wuchs noch einmal sprunghaft an. Viele „ausgebombte" Hamburger flüchteten in die Vororte (Sasel war 1938 eingemeindet worden). – Die Saseler waren kulturell schon früh aktiv: 1946 wurde die „Volksbühne Sasel" gegründet. Diese Laienbühne spielte vor allem niederdeutsche Stücke und ging damit auch auf Tournee. 1949 entstand der „Kulturkreis Sasel e.V." mit seinem Mitteilungsblatt

Kate am Saseler Markt, Ecke Stratenbarg (1941)

"Saseler Bote". Auch eine Außenstelle der Hamburger Volkshochschule bot bereits bald nach dem Krieg Kurse an.

Saselbek a) Bach: Das Flüsschen kommt aus dem Volksdorfer Allhorndiek, durchquert die dortigen Teichwiesen, fließt am Nordrand von →Sasel entlang, dann durch das Naturschutzgebiet →Hainesch-Iland, wird zum Mühlenteich aufgestaut und ergießt sich hinter der →Alten Mühle in die →Alster. b) Bezeichnung für das Gelände an der Saselbek östlich der Bergstedter Chaussee, in den zwanziger und dreißiger Jahren des vorigen

Saselbek zwischen Sasel und Bergstedt (1949)

Jahrhunderts zunächst Wochenendkolonie, dann mit Dauerwohnhäusern bebaut. Nach dem Ersten Weltkrieg entstanden die Siedlungen „Kriegskameradschaft" und „Saselhorst" als Siedlung der „Kriegsbeschädigten". Der renommierte Architekt Fritz Höger entwarf für die Saselbek-Siedler Wohnhäuser. 1924 kostete ein fertiges Haus in der Siedlung auf 2.500 qm Grund 11.000 Mark.

Saselbek, Gasthof Der Saseler Bauernvogt Claus Schilling beantragte 1737 den Bau einer „Krug Kathe" an der Grenze zwischen →Sasel und →Bergstedt, dort, wo die Landstraße die →Saselbek überquert. Der Krug florierte viele Jahrzehnte. Zuletzt betrieb Kurt Riedel eine „alkoholfreie" Gastwirtschaft. Ende des 19. Jahrhunderts wurde der Betrieb eingestellt. Die Räumlichkeiten dienten vorübergehend als Schule, weil 1902 das Saseler Schulhaus abgebrannt war. 1907 stand der alte Gasthof selbst in Flammen. Das brennende Reet des Daches soll bis zum Poppenbütteler Gasthof →Randel geflogen sein. Fünf Jahre später wurden das Gebäude und die Ländereien verkauft. Auf der Hauskoppel entstanden Wohnhäuser. Die Gemeinde Sasel legte auf der Koppel „Hörn" einen Sport- und Schießplatz an. Hugo Hack, der aus einer alten Gastwirtsfamilie stammte, kaufte das Gasthaus und eröffnete nach Umbau und Renovierung die Gastwirtschaft „Saselbeck". Nach dem Zweiten Weltkrieg übernahm der prominente Boxer Hein →ten Hoff das Lokal (heute China-Restaurant).

Gasthof „Saselbek" (vor 1918)

Hotel-Restaurant „Hein ten Hoff" (1950er Jahre)

Saselberg

Saselberg Gegend im Westen →Sasels an der →Alster, mit Quellen am Abhang. Um die Mitte des 19. Jahrhunderts legte der Hamburger Bürger Georg v. Holten hier einen herrschaftlichen Besitz an. Der Bergstedter Propst Dose beschrieb Saselberg: „Nach Süden öde, aber an der anderen Seite nach Poppenbüttel und der Alster hin mit dem Sturz von zwei Schleusen ... wahrhaft romantisch und überraschend, so daß es schwerfällt, von diesem schönen Punkte wieder weg zu finden..." Die Tochter Henriette v. Holten gab hier später Privatunterricht für „höhere Töchter", u. a. die Töchter des Poppenbütteler Gutsbesitzers →Henneberg. Sie spendete später die Rechenmaschine, die sie für den Unterricht benutzt hatte, der Saseler Schule. Henriette v. Holten war jahrelang das einzige weibliche Mitglied des Alstervereins. – Um 1908 erwarb der Hamburger Ingenieur Chr. Albert Schultz den gesamten Saselberg, baute sich ein Haus oberhalb des Alsterstaus und verkaufte nach und nach seinen Grundbesitz, z. B. an den Hamburger Notar Dr. Remé. Östlich des Saselbergweges legte Schultz einen Forst aus Blautannen und Kiefern an und nannte ihn „Hubertuspark". 1922 entstand der →Annenhof.

Saselberg/Annenhof (um 1930)

Saseler Badeanstalt Die Badeanstalt, ein Stau der →Saselbek, wurde 1935 mit einer aufwendigen Feier eingeweiht. Aufmärsche und Sportvorführungen fanden dabei statt, alles im Sinne der NS-Ideologie. Im Vergleich zu damaligen Fotos, die bombastische Dimensionen mit riesigen Hakenkreuz-Fahnen zeigen, wirkt das Badebecken auf dem Gelände einer Kindertagesstätte heute recht unscheinbar.

Einweihung der Saseler Badeanstalt (1935)

Saseler Loge (Sasel) Flurname („Loge" (mit deutschem „g" gesprochen) = lichter Wald).

Saseler Rathaus Das auffällige kleine Backstein-Gebäude am Saseler Markt wurde 1927 als Gemeindeverwaltung bezogen. Es gab darin einen Sitzungssaal mit hundert Plätzen. Die Nationalsozialisten lehnten den Verwaltungssitz aus der „Systemzeit" ab und nutzten lieber das Gutshaus des →Saselhofs. Das alte „Rathaus" diente als Heim der Hitlerjugend, Parteibüro und später auch als provisorischer Kirchsaal. 1942 trafen Brandbomben das Gebäude. Das Dach brannte aus. Nach dem Krieg wurde das „Rathaus" vielfältig genutzt. Zeitweise waren dort eine Polizeiwache, eine AOK-Geschäftsstelle, eine Haspa-Filiale und die Saseler Bücherhalle untergebracht.

Saseler Rathaus (2000)

1989 wurde das Gebäude restauriert und als Gaststätte in Betrieb genommen.

Saseler Schmiede Die älteste Dorfschmiede stand an der heutigen →Kunaustraße. Hans Schierven Knoph, der die Poppenbütteler →Münze leitete und den →Saselhof gründete, hatte 1796 die amtliche Erlaubnis zum Bau einer Schmiede erhalten. 1828 wurde eine neue Schmiede an der Ecke Saseler Chaussee/Stadtbahnstraße gebaut. Johann Altmeyer kaufte dort einen Bauplatz und errichtete Wohn- und Betriebsgebäude. An der Landstraße hatte der Schmied sein Auskommen. 1837 übernahm Heinrich Friedrich Näfken den Betrieb und heiratete die Witwe Altmeyers. Die Schmiede florierte besonders ab 1840, als die Landstraße zur befestigten Chaussee ausgebaut wurde und noch mehr Verkehr anzog. Aber schon wenige Jahre später zog die neue, kürzere, Chaussee über Wandsbek und Rahlstedt nach Lübeck den Verkehr von →Sasel ab. Näfken war nun auf Aufträge aus Sasel angewiesen, besonders vom Saselhof. 1876 folgte ihm sein Sohn Claus Hinrich, 1909 sein Enkel Hermann, der sich „Naefcke" schrieb.

Saseler Schule Spätestens 1731 gab es in Sasel eine Schule. Laut Bergstedter Kirchenbuch wurde in diesem Jahr der Lehrer Eggert Christen beerdigt. Im 18. Jahrhundert arbeiteten zwei Lehrer auch als Schneider. Von der Lehrtätigkeit konnte man damals nicht leben. Eine Flurkarte von 1783 weist das Schulhaus am heutigen Katerstieg aus. 1864 wurde die Saseler Schule neu gebaut, brannte aber kurz nach Fertigstellung ab. Die Haushälterin des Lehrers hatte das Feuer gelegt, aus Unzufriedenheit. Der erneute Neubau stand bis 1893 und fiel dann einer weiteren Brandstiftung zum Opfer. Kinder hatten mit Zündhölzern gespielt. Die Schule wurde an derselben Stelle wieder aufgebaut und bildete den Kern des späteren Gebäudes aus dem 20. Jahrhundert. 1922, 1927 und 1933 wurden Ausbauten vorgenommen.

Saseler Schule (1936)

Saseler Windmühle Die →Alte Mühle an der →Saselbek litt um 1870 unter Wassermangel. Denn der Volksdorfer Teich, aus dem sich die Saselbek speist, war trockengelegt worden. Der Müller Hermann Jacob Timmermann baute daher in →Sasel eine holländische Windmühle auf. Standort war eine Anhöhe auf der Koppel Ohe, im Dreieck zwischen dem heutigen Mellingburgredder und dem Saseler Mühlenweg, also nicht weit von der Alten Mühle. Die Windmühle brachte es auf eine Höhe von 14 Metern und eine Spannweite der Flügel von 23,5 Metern. Die neue Anlage rentierte sich aber nicht. Daher verkaufte Timmermann etwa zehn Jahre später an den Hoisbütteler Müller Burmester, dessen Mühle gerade abgebrannt war. Burmester ließ die Saseler Mühle abbrechen und in Hoisbüttel wieder aufbauen. Dort stand sie noch bis nach dem Ersten Weltkrieg.

Saseler Ziegelei Die Ziegelei an der Saseler Chaussee beim damaligen Gasthaus →Grüner Jäger war von etwa 1864 bis zum Ersten Weltkrieg in Betrieb. Alexander →Kähler, Eigentümer des →Gutes Hohenbuchen in →Poppenbüttel, hatte sie gegründet. Zuerst wurden die Backsteine per Hand produziert, dann maschinell. 1887 erhielt die Anlage eine Dampfmaschine und einen modernen Ringofen. Zur Ziegelei gehörten neben dem Fabrikgebäude zehn große Trockenschuppen mit bis zu 80 Metern Länge und ein 35 Meter hoher Schornstein am Ringofen. Pro Jahr stellten rund 30 Arbeiter („Ziegler") etwa drei Millionen Steine her. Die Arbeitszeit der Ziegler begann morgens um vier Uhr und endete um neun Uhr abends. Gearbeitet wurde an sechs Tagen in der Woche, in besonderen Fällen auch an Sonn- und Feiertagen. – Um 1900 war Oskar Jäger Eigentümer der Ziegelei. Die Produktion sank auf ein bis zwei Millionen Steine jährlich. 1914 wurde die Anlage stillgelegt. Die Tonvorräte waren erschöpft. Mit einer Sprengung wurden 1921 Ringofen und Schornstein vernichtet. Noch heute lassen sich die einstigen Tongruben erkennen: Am →Wegzoll liegen die Grundstücke auffallend tief.

Sasel-Haus Das „Zentrum für Kultur und Bildung" wurde 1979 gegründet. Sitz ist der alte Kuhstall des →Saselhofs.

Sasel-Haus (1990)

Saselheide Gegend am östlichen Rande Sasels. Ab 1893 betrieb dort Rulemann Grisson jr. eine große Baumschule. Er spezialisierte sich auf Obstbäume und Ziersträucher.

Saselhörn (Sasel) nach der Flurbezeichnung „In de Hörn" (= Spitze).

Saselhof Der Gutsbetrieb geht auf eine Landstelle zurück, die Hans Schierven →Knoph, der die Poppenbütteler →Münze leitete, 1792 von Claus Christen kaufte. Knophs Sohn Adolph erbte das Anwesen. Von ihm übernahm der Saseler Bauernsohn Frischen den Hof und erweiterte ihn um

Herrenhaus Saselhof (um 1920)

Saselhof, Torhaus (um 1920)

Saseler Park, Postkarte (1909)

zwei Kätnerstellen. 1871, evtl. schon 1862, kaufte Alfred Martens, Sohn eines Hamburger Holzhändlers, den Hof und erwarb weitere Ländereien hinzu. Er baute ein Wohnhaus zu einem repräsentativen Herrenhaus um und legte einen Park an. 1897 erwarb Conrad →Reuter den Saselhof. Er spezialisierte sich schon bald auf die Produktion von Milch. Dazu ließ er von 1898 einen Stall für 150 bis 170 Kühe nach neuesten Hygiene-Erkenntnissen errichten, das heutige →Sasel-Haus (zeitweilig auch als Schulraum genutzt). Das Gebäude enthielt unter dem Dachfirst ein Bassin für 11.000 Liter Wasser, das aus einem 35 Meter tiefen Brunnen gespeist wurde. Es diente als Speicher für die Tränken der Kühe und sollte bei Bränden die Wasserversorgung sichern. 1900 wurde das Torhaus gebaut, 1902 ein Backhaus und 1917 das herrschaftliche Wohnhaus (heute Kindergarten). Reuter beschäftigte um 1900 einen Verwalter, einen Hofvogt, acht Tagelöhnerfamilien, sechs Pferdeknechte, drei Ochsenknechte, einen Gärtner, einen herrschaftlichen Kutscher, einen Milchkutscher, einen Futtermeister und einen Speichervogt. 1912 verpachtete Reuter den Hof an den Landwirt Kindermann.

S-Bahn →Alstertalbahn

Schaarbargsweg (Duvenstedt) Flurname („Schaar" = abschüssiges Gelände am Rande eines Sumpfes).

Schäfer gab es in vielen Dörfern bis um 1900. Der letzte Saseler Schäfer namens Dunker war ab 1887 Hof-

Schafherde in Hummelsbüttel (um 1920)

Schäfer Dunker (um 1915)

schäfer auf dem →Saselhof. Später arbeitete er auf eigene Rechnung und besaß eine Herde von 80 bis 100 Tieren. Meistens trieb er seine Schafe in Richtung →Saselheide auf die Weide. Vor allem Hammel verkaufte Dunker in →Hamburg. Dagegen bot er die Wolle auf dem Lübecker Wollmarkt an. Später belieferte er die Bahrenfelder Wollkämmerei. Der Schäfer fungierte auch als Nachwächter mit Feuerhorn und Knarre („Rötermöhl") und weckte die Melkerinnen des Saselhofs. Er starb 1932.

Schäfersruh (Sasel) nach dem Ruhesitz des Schäfers Dunker, dessen Grundstück angrenzte.

Schäperdresch (Poppenbüttel), alte Flurbezeichnung. „Dresch" ist ein Stück Land, das nach mehrjähriger Bestellung „ruht" und als Weide genutzt wird. Vielleicht wurde es als Schafweide genutzt.

Schankrecht Wer Gäste bewirten wollte, benötigte auch in früheren Jahrhunderten eine amtliche Genehmigung. Allerdings beschränkte die Obrigkeit das Schankrecht sehr stark. Es war von alters her mit der Funktion des Bauernvogtes verknüpft. Auch Müller erhielten eine Schankkonzession. Im Alstertal durften außerdem die Schleusenmeister Bier ausschenken.

Schiefler, Gustav (1857-1935), Landgerichtsdirektor und Kunstsammler. Schiefler lebte mit seiner Frau Luise in einer Villa am →Treudelberg oberhalb der Alster. Er förderte u. a. Ernst-Ludwig Kirchner (1910 Besuch Kirchners bei Schiefler) und Erich Heckel und war passives Mitglied der Künstervereinigung „Brücke". Seine Grabstätte befindet sich auf dem →Bergstedter Friedhof (Denkmalschutz).

Schillingkoppel (Sasel) nach einer Bauernvogtfamilie.

Schlickböge (Wohldorf) nach dem Flurnamen „Schlipbägel".

Schleusen Die meisten Alsterschleusen waren lediglich Wehre. Nur die →Mellingburger Schleuse und die →Poppenbütteler Schleuse bildeten echte Doppelschleusen mit Schleusenbecken und Umlauf. Die Fuhlsbütteler Schleuse war eine Kammerschleuse. Ursprünglich gab es an der Alster in Stegen („Nettelnburg"), Heidkrug, Sandfeld, Rade, Wulksfelde, →Wohl-

Schütten, obere Schleuse (1990)

Poppenbütteler Schleusenkammer mit Lastkahn (um 1901)

dorf („Neuhaus"), Mellingburg, →Poppenbüttel und Fuhlsbüttel Schleusen. Die →Alte Alster wurde durch Schleusen bei der alten Burg Stegen und bei Bornhorst reguliert. Im 17. Jahrhundert verfiel die Stegener Schleuse und wurde nicht mehr erneuert. Auch die anderen Schleusen an der Alten Alster sind schon lange verfallen. Die einzige „echte" Schleuse ist jetzt die Mellingburger. Aber auch dort wird nur noch das untere Wehr benutzt. – Bis in das 19. Jahrhundert waren die Schleusen vollständig aus Holz gebaut. Sie mussten regelmäßig nach rund 30 Jahren erneuert werden. →Hamburg ließ die Geländerholme und Haltepfähle der Schleusen in den Landesfarben rot-weiß streichen und Wappen anbringen, um seine Hoheitsrechte zu demonstrieren. Die Schleusenmeisterhäuser trugen das hamburgische Wappen im Fenster. – Zur Einstellung des Wasserstandes besaßen die Schleusentore der echten Schleusen zwei Flügel, in denen hölzerne Schütten steckten, die je nach Bedarf mittels Seilwinde entfernt werden konnten. Bei der Talfahrt schlossen die →Schleusenmeister zuerst die unteren Schleusentore und stauten das Wasser im Schleusenteich. Dann öffneten sie die Schütten der oberen Tore. So floss immer mehr Wasser in das Schleusenbecken, bis Ober- und Unterwasser den gleichen Wasserstand erhielten. Dann wurden die oberen Tore aufgezogen, und die →Alsterschiffe konnten in den Schleusenteich fahren. Wenn die unteren Tore geöffnet waren, beflügelte der Wasserschwall die Fahrt der Schiffe.

Schleusenmeister waren hamburgische Bedienstete zur Bedienung der →Schleusen und Kontrolle der →Oberalsterschifffahrt. Das Amt existiert seit dem 16. Jahrhundert. Der ältere →Waldherr ernannte und vereidigte die Schleusenmeister. Die Männer mussten schwören, „jederzeit treu, wachsam und unverdrossen zu sein" und die Schleusen „Tag und Nacht aufs beste (zu) beobachten". Amts- und Wohnsitze waren die Schleusenmeisterhäuser. Als Entgelt für ihren Dienst erhielten die Schleusenmeister ein Salär sowie das Schank- und Fischereirecht. Sie durften also Bier und Branntwein ausschenken und in der →Alster fischen. Ihnen stand eine Halbhufe Ackerland zu. Außer-

Schleusenbuch des letzten Poppenbütteler Schleusenmeisters (1866/67)

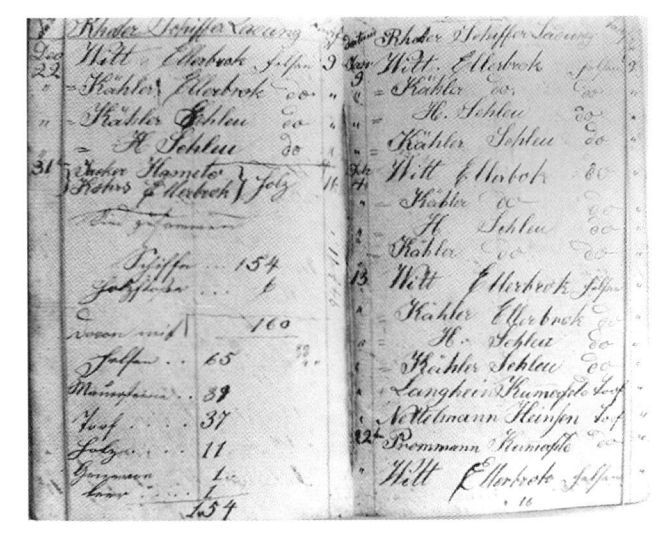

155

dem lebten sie von den Abgaben der →Alsterschiffe. Schiffe mit Holzfracht mussten ein oder zwei Kloben →Holz liefern, andere Schiffe hatten Geld zu bezahlen. Von diesen Einnahmen entrichteten die Schleusenmeister Miete an die Stadt, denn die Schleusenmeisterhäuser gehörten →Hamburg. Andere Verpflichtungen waren individuell ausgestaltet. So musste der Mellingburger Schleusenmeister dem Bergstedter Pfarrer Eier, Schinken und Speck liefern. Zusätzlich durfte der Pastor am Michaelistag im Schleusenhaus eine kostenlose Mahlzeit verspeisen. Der Küster dagegen erhielt nur ein Schwarzbrot... Im 19. Jahrhundert besaß der Mellingburger Schleusenmeister ein eigenes Schiff und holte damit Straßenabfälle aus Hamburg. Damit war um 1870 allerdings Schluss, denn das Schiff sank in der Binnenalster und konnte nicht mehr geborgen werden. – Vielfach „vererbte" sich das Amt des Schleusenmeisters innerhalb einer Familie. So begründete Heinrich Timmermann 1599 in →Wohldorf eine familiäre Folge. Der letzte Timmermann starb 1931. Nachkommen dieser Familie waren seit 1673 Schleusenmeister in Wohldorf und seit Anfang des 18. Jahrhunderts auf der →Alten Mühle in →Bergstedt als Müller tätig. In →Poppenbüttel führte die doppelte Unterstellung des Schleusenmeisters unter den Hamburger Rat einerseits und unter das Domkapitel andererseits – der Schleusenmeister war auch Landwirt im Dorf – zu diversen gerichtlichen Auseinandersetzungen. Auch dort wurde das Schleusenmeisteramt mehrfach in einer Familie „vererbt". Viel Aufsehen erregte 1802 der Selbstmord des ehemaligen Poppenbütteler Schleusenmeisters Joachim Schacht,

Familie Schloo (1898)

eines Trinkers, der mit seiner Frau im Streit lebte und mehrfach vom Domkapitel ermahnt worden war. – Nach Ende der Oberalsterschifffahrt um 1900 verlegten sich die Schleusenmeister auf die Land- und Gastwirtschaft.

Schleusenmeisterhäuser Von den historischen Schleusenmeisterhäusern sind folgende erhalten: das →Mellingburger Schleusenmeisterhaus, das →Poppenbütteler Schleusenmeisterhaus und das →Wohldorfer Schleusenmeisterhaus.

Schloo, Rudolph (1832-1910) Poppenbütteler Gemeindevorsteher. Schloo war gelernter Schlachter und eröffnete an der Ecke →Moorhof/Poppenbütteler Hauptstraße einen Landhandel. Er verkaufte u. a. Schinken, Kautabak und Petroleum. Sein Fasslager war der Vorläufer der späteren Tankstelle. 1898 wurde er zum Gemeindevorsteher gewählt und bekleidete dieses Amt bis zu seinem Tod. In seiner Amtszeit wurde die Poppenbütteler Infrastruktur modernisiert (Straßenbefestigung, Sielbau, Beleuchtung).

Schloss Hohenlinden →Lindenhof

Schluchtweg (Klein Borstel) nach dem tief gelegenen Zugang zur Schule Stübeheide.

Schmid, Norbert Der Polizist (Zivilfahnder) wurde 1971 von einem bis heute unbekannten Mitglied der Terrorgruppe „Rote Armee Fraktion" am →Heegbarg in der Nähe des →Alstertal-Einkaufszentrums ermordet. Die RAF hatte sich einen Schlupfwinkel in einer Wohnung im Hochhaus neben dem AEZ eingerichtet – gegenüber der früheren Polizeiwache. Zum Gedenken an Schmid wurde der zentrale Platz in der Großwohnsiedlung →Tegelsbarg nach ihm benannt.

Schmieden In allen Dörfern gab es einst Schmieden, vor allem zum Beschlagen der Wagenräder und der Pferdehufe. In →Hummelsbüttel standen sogar zwei Schmieden, die eine in der ehemaligen Schmiedestraße auf dem Gelände des heutigen Ortszentrums mit den Hochhäusern, die andere an der Hummelsbütteler Hauptstraße gegenüber der Einmündung des →Kirchenredders. Zum Gut →Wellingsbüttel gehörte eine Gutsschmiede. Sie befand sich am Wellingsbütteler Weg (später Tankstelle). Die Bergstedter Schmiede stand am →Woold, die Duvenstedter vor dem Gebäude Duvenstedter Damm 11. Das Haus der Duvenstedter Schmiede stammte aus dem 17. Jahrhundert und wurde 1912 abgerissen. →Saseler Schmiede, →Wohldorfer Schmiede

Gebäude der Duvenstedter Schmiede, aufgestellt im Museumsdorf Volksdorf (um 1990)

Schönsberg (Sasel) = „Scheedensbarg", also Anhöhe an der Grenze gegen Bergstedt.

Schregenhof (Hummelsbüttel), Bezeichnung für eine alte, wüst gewordene Bauernstelle.

Schubert-Linde Linde im Saseler Ortszentrum, vom Männerchor →Salia 1928 zum Gedenken an den hundertsten Todestag Franz Schuberts gepflanzt.

Pflanzung der Schubert-Linde in Sasel (1928)

Schünenkoppel (Wohldorf) Flurname = Scheunenkoppel.

Schulen Mehrere Alstertaler Dörfer unterhielten schon im 17. Jahrhundert Schulen. Dies ist für →Poppenbüttel und →Lemsahl belegt. Die Schulen waren einfache, kleine Fachwerkhäuser, die sich kaum von den übrigen Dorfkaten unterschieden. Dort unterrichteten Lehrer die Dorfkinder. Aber erst im 19. Jahrhundert wurde das Schulwesen ernsthaft gestaltet. Die „Allgemeine Schulordnung" für →Holstein (und damit für alle Dörfer des Alstertals außer Wohldorf und Ohlstedt) vom 1814 sah eine allgemeine Schulpflicht vor und einen Unterricht unter staatlicher Aufsicht. Das Holsteinische Oberkonsistorium legte im „Regulativ für die sämtlichen Schulen der Propstei Stormarn" erstmals die Rahmenbedingungen für die Schulen fest. Jedes Dorf sollte ein Schulhaus

Grundsteinlegung für das Gymnasium Müssenredder in Poppenbüttel (1968)

bauen oder vorhandene sofort instand setzen und dem Schulmeister einen „Kohlgarten", Roggen für das tägliche Brot und Torf als Feuerung zur Verfügung stellen. Sechs Stunden täglich hatten die Lehrer zu unterrichten und den Unterricht „nicht als Nebensache, sondern als ihr eigentliches Berufsgeschäft anzusehen." Die Kinder waren gehalten, täglich die Schule zu besuchen. Schulfächer waren Lesen, Schreiben, Rechnen, christliche Religion und Gesang der Kirchenmelodien.

Schulteßdamm (Wellingsbüttel) nach Prof. Dr. Friedrich Schulteß (1851-1919), Direktor des Johanneums.

Schweizerhaus kleines Haus im Chalet-Stil am Rande des →Wohldorfer Waldes in der Nähe des ehemaligen Mausoleums. Der Gutsbesitzer →Koopmann hatte das pittoreske Gebäude für seinen Gärtner bauen lassen. Später war das Haus ein beliebtes Ausflugsziel. Abbildungen schmückten manche Postkarte.

Schweizerhaus in Duvenstedt, dahinter Mausoleum (vor 1918)

Sedelmannsbusch (Hummelsbüttel) Flurname (evtl. von „Segen", „Seden" = niedrige Stelle im Ackerland, die im Winter unter Wasser steht), hieß bis 1950 „Holunderweg".

Segerfeld (Lemsahl-Mellingstedt) Flurname, wohl von „Segen" = niedrige, oft feuchte Stelle im Acker.

Selbstverwaltung Als das →Alstertal 1867 preußisch geworden war (bis auf die hamburgischen →Walddörfer), erhielten die Dörfer das Recht auf kommunale Selbstverwaltung mit Gemeindevertretungen und Gemeindevorstehern. Aktiv und passiv wahlberechtigt waren allerdings nur Männer mit Grundbesitz. Mit der Eingemeindung nach →Hamburg 1937/38 endete die Selbstverwaltung.

Sennhütte →Zur Sennhütte, Gasthaus.

Sickerkoppel (Sasel) dort versickerte übergelaufenes Wasser aus dem Dorfteich.

Siedlung Eichenredder Die Siedlung im Nordwesten von →Poppenbüttel zwischen den heutigen Straßen →Gretchenkoppel, Sumpfmeisenweg, Lindenkoppel und →Eichenredder entstand ab 1935. Träger war die „Arbeitsgemeinschaft Heimgarten und Siedlung e.G.m.b.H." Die Siedler, die aus Hamburg zuziehen wollten, konnten zwischen drei Haustypen mit Wohnflächen zwischen 50 und 71 Quadratmetern wählen. Für die Selbstversorgung waren die Grundstücke rund 1.200 Quadratmeter groß. Die ersten Häuser wurden 1936 bezogen, 1938 waren 180 Siedlungshäuser fertiggestellt. Damals lebten rund 700 Menschen in der Siedlung. Der Viehbestand umfasste 1939 809 Kaninchen, 1.907 Hühner, 62 Gänse, 89 Enten, 38 Schweine, 20 Schafe und zwei Tauben.

Siedlung Sasel Bedingt durch den Ersten Weltkrieg konnte die →ATAG auch in →Sasel nur wenige Grundstücke verkaufen. Der Eigentümer des Saselhofs, Conrad →Reuter, versuchte daher auf eigene Faust für sein Siedlungsland zu werben. 1917 veröffentlichte er einen Prospekt über das „Acker- und Weidegut →Saselhof bei Hamburg". Zwei Jahre später boten die Makler →Wentzel und Hirsekorn die Ländereien zum Kauf an. Für 212 ha Land wurden 1,32 Millionen Mark verlangt, ursprünglich sogar 2,5 Millionen. Ebenfalls 1919 sollten der →Pfeilshof und der →Perlberg-Wald verkauft werden. In diesem Jahr erwarb der Eigenheim-Siedlungssparverein Hamburg mit dem Vorsitzenden Julius →Gilcher das Restgut Sasel. Daraus entstand 1920 der Siedlungsverein Sasel e.V. Die Saseler Gemeindevertretung sah diese Entwicklung anfänglich kritisch, weil sie große Veränderungen für das Dorf befürchtete, ließ aber 1920/21 den Waldweg als Fußweg ausbauen, um den Weg von Sasel zur Volksdorfer Bahn zu erleichtern. Zuerst standen für die Siedlung Sasel 574 Parzellen auf sechs Koppeln für die Bebauung bereit (an den heutigen Straßen Gilcherweg, →Dwerblöcken, Konrad-Reuter-Straße, Hohe Reihe/→Steinwegel, →Kahden und Waldweg). Die Grundstücke waren 1.800 bis 3.000 qm groß, reichten also aus, um Kleinvieh halten und Gemüse anbauen zu können. Daneben gab es noch 19 „Erwerbssiedlungsstellen" von je 15.000 qm Größe. Dort sollten kleine bäuerliche Wirtschaften betrieben werden. Gilcher strebte an, mit Materialien aus der Gegend zu bauen, u. a. mit Lehmziegeln. Doch der Saseler Lehm erwies sich als ungeeignet. Bauholz sollte der Kauf eines Fichtenwäldchens am →Treudelberg bieten. Dort gab es aber weniger Fichten als vom Verkäufer zugesagt. Der Siedlungsverein prozessierte, verlor aber. So begann der Siedlungsbau mit großen Schwierigkeiten. Das größte Problem für

Plan der Siedlung Sasel (um 1920)

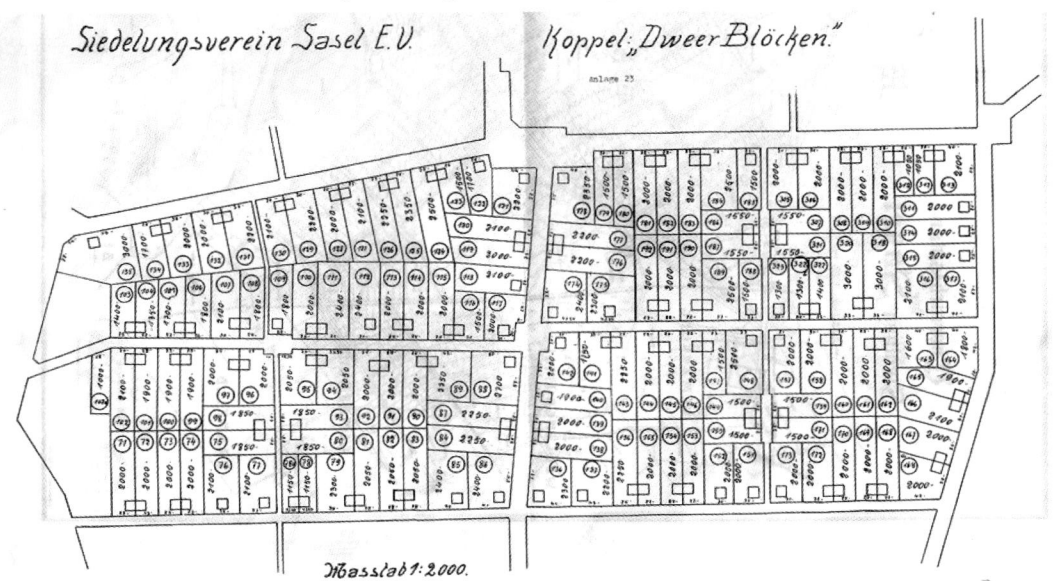

Siedlungsverein Sasel

Glücklich im neuen Heim: Perlberg-Siedler (nach 1925)

die meisten Siedler war allerdings die Finanzierung des Kaufpreises. War das geschafft, begann ein Leben mit viel Verzicht. Bevor die Häuser bezugsfertig waren, lebten die Familien zumindest im Sommer in kleinen, meist selbst gebauten Holzbuden. Strom, Wasserleitung, Siel oder Müllabfuhr gab es nicht. Petroleumlampen spendeten Licht, bis 1922 Elektrizitätsleitungen verlegt wurden. Wasser musste aus eigenen Brunnen oder aus Brunnen der benachbarten Bauern geholt werden, Eimer für Eimer. Später wurden handbetriebene Schwengelpumpen installiert. Dieses Wasser konnte nur getrunken werden, wenn es gefiltert war. Erst 1950 wurden alle Saseler an die öffentliche Wasserversorgung angeschlossen. Lebensmittel hielten die Siedlerfrauen in Erdkuhlen frisch. Torfklosetts waren allgemein üblich und lieferten Dünger für die Gärten. Die Siedler – die Männer arbeiteten meistens in Hamburg – hatten beschwerliche Wege zurückzulegen. Befestigte Wege gab es außer dem Waldweg nicht. Auf Handkarren wurden mühsam Baumaterial und Hausrat herangeschafft. Obstbäume und Saatkartoffeln bezogen die Siedler gemeinsam über ihren Verein.

Siedlungsverein Sasel Der Verein ging auf den Eigenheim-Siedlungssparverein Hamburg zurück und wurde 1920 gegründet. Vorsitzender war Julius →Gilcher. Nach internen Auseinandersetzungen beschloss eine Mitgliederversammlung 1924 die Auflösung des Vereins. Streitig war vor allem die Frage, ob die Häuser in gemeinschaftlichem Eigentum bleiben oder persönliches Eigentum werden sollten. Zusammenkünfte verliefen chaotisch, im Siedlungsbüro wurde eingebrochen. Als Folge der Auflösung lagen einige Bauprojekte jahrelang still.

Siedlungsverein Kriegskameradschaft Der Verein von Siedlern, die in →Saselbek nach dem Ersten Weltkrieg bauen wollten, erlebte kriminelle Machenschaften. Vorstandsmitglieder veruntreuten Mitgliedsgelder und machten damit Geschäfte auf eigene Rechnung. Sie gründeten eine Wach- und Schließgesellschaft und kauften eine Hafenbarkasse.

Siekkamp (Sasel) Flurname („Siek" = Bodensenke, feuchtes Land).

1921/22 erbautes Haus in der Siedlung „Op de Elg" (2007)

Sievertsche Tongrube Das Natur-denkmal und Geotop am Poppenbütteler Weg in →Hummelsbüttel entstand aus der Tonkuhle der Ziegelei Wettern und Sievert. 1986 wurde das Gelände zum Naturdenkmal erklärt. Geologisch ist die Grube bedeutsam, weil dort „marine und limnische" Ablagerungen aus der Holstein-Warmzeit erhalten sind.

Silberschmelze 1775 erteilte die Königliche Westindisch-Guinesische Renten- und General-Zoll-Kammer zu Kopenhagen Hinrich Christian →Olde, dem Besitzer des Poppenbütteler →Mühlenhofs, die Konzession zum Betrieb einer Silberschmelze. Um die Schmelze mit Holz befeuern zu können, pachtete Olde vom St. Georgs-Hospital das Gut Berne mit offenbar größerem Baumbestand. Ab 1775 produzierte er Silbermünzen. Sein Betrieb war eine Art „Filiale" der neu errichteten dänischen Münze in Altona, spätestens 1786, als Olde dem dänischen König die Silberschmelze nebst Kupfermühle verkaufte und im Gegenzug die Altonaer Münze pachtete. Der Münzbetrieb fand wohl nur noch in →Poppenbüttel statt. Dort wurden Albertustaler geprägt, die besonders in Osteuropa als beliebtes Zahlungsmittel dienten. Das →Domkapitel war mit dem neuen Betrieb auf seinem Grund und Boden nicht einverstanden und drohte mit Repressionen. Vorsichtshalber schützte daher ein dänisches Kommando aus einem Unteroffizier und acht Mann die Münzerei. 1787 bis 1789 lief die Produktion auf Hochtouren. Olde lieferte der Altonaer Bank große Mengen an Albertustalern und nahm auch Umprägungen aus anderen Münzen, Piastern und Portementern, vor. Aber die Münzerei blieb letztlich unwirtschaftlich. Nach dem Tod Oldes 1789 lag die Silberraffinerie brach. Das flache Gebäude am Hofteich war noch bis weit in das 19. Jahrhundert erhalten. Dort richtete Alexander →Kähler eine Seifensiederei und eine Küperei ein. Die Holztonnen, die in der Küperei hergestellt wurden, dienten zur Aufbewahrung und zum Transport der Seife. Kähler ließ die Seife mit einem eigenen Fuhrwerk in ganz Schleswig-Holstein bis nach Flensburg an Krämer verkaufen.

Die Sievertsche Tongrube mit Resten des Ziegeleibetriebes (um 1970)

Simon-Petrus-Kirche 1952 beschloss der Kirchenkreis →Stormarn, in →Poppenbüttel einen „Pfarrbezirk Nord" zu gründen. Kurz darauf wurde an der →Harksheider Straße ein Pastorat mit Gemeindehaus gebaut. Als um 1960 auf dem Gelände nördlich des

Simon-Petrus-Kirche (um 1965)

Gemeindehauses eine Großwohnsiedlung geplant wurde (nicht realisiert), wollte die Kirchenleitung für die neuen Bewohner eine Kirche bauen. Die achteckige Simon-Petrus-Kirche mit 42 Meter hohem Turm wurde 1964 eingeweiht.

Sodenkamp (Klein Borstel) nach dem dortigen Flurnamen (Sode = dünne Erd- oder Torfscholle).

Spann Flurbezeichnung „De Spann" in →Duvenstedt in der Gegend des Mesterbrooksweges. Dort weideten die Bauern ihre Pferde. Sie spannten zwischen den Vorderbeinen Leinen und sparten so den Hirten.

Speckmannstraße (Wellingsbüttel) nach Diedrich Speckmann (1872-1938), niederdeutscher Schriftsteller, hieß bis 1950 „Johann Hinrich Fehrs-Straße").

Specksaalredder (Duvenstedt) Flurname („Specke" = mit Buschwerk befestigte Wege, „Saal" = Suhle, Niederung).

Spionage-Abwehr Während des Zweiten Weltkriegs war →Wohldorf ein Standort der deutschen Spionageabwehr. Im Sommer 1939 erwarb der Reichsfiskus den →Neuen Kupferhof für die Wehrmacht. Gleich danach wurde auf dem Gelände die „Funkbetriebsstelle Wohldorf" installiert, mit dem Decknamen „Domäne". Die Einrichtung war die Leitstelle der Spionageabwehr für den Überseefunk und gehörte zur Abwehrstelle X Hamburg, Oberkommando Amt Ausland/Abwehr. Im Park der früheren Villa wurden Kurzwellensende- und Empfangseinrichtungen mit hohen Antennen errichtet. Weil der gemeinsame Betrieb von Sende- und Empfangsanlagen Störungen verursachte, baute die Abwehrstelle rund zwei Kilometer entfernt in der →Diestelstraße eine neue Sendestation (Deckname „Vorwerk") mit zehn Sendeantennen. Diese Station wurde vom Neuen Kupferhof aus ferngesteuert. Während der Kriegsjahre arbeiteten bis zu 120 Beschäftigte in der Funkbetriebsstelle rund um die Uhr in mehreren Schichten. Rund 22 bis 25 Empfangsplätze waren dauernd besetzt. Die Militärangehörigen nahmen Meldungen deutscher Spione im Ausland entgegen und entschlüsselten die Texte. Als Unterkünfte dienten Wohnbaracken, die an der Auffahrt zur Villa aufgestellt waren. Das noch vorhandene Fachwerkhaus östlich gegenüber des Neuen Kupferhofs nutzte die Dienststelle als Funkwerkstatt. Zeitweilig befand sich in der Villa außerdem eine Funk- und Nachrichtenschule der Luftwaffe. – Vom Sender Wohldorf aus sprach der Hamburger Staatssekretär Ahrens während der Luftangriffe über Rundfunk zur Bevölkerung, um Ruhe zu verbreiten. Technisch diente dazu eine Konstruktion aus einem über 20 Meter hohen

Spionageabteilung im Neuen Kupferhof (1942)

Sendemast mit Fesselballons. Von den Luftangriffen auf Hamburg war Wohldorf als Vorort kaum betroffen. Die Funkbetriebsstelle bildete aber ein potentielles Angriffsziel. Für die Mitarbeiter waren daher Röhrenbunker gebaut worden. Dokumentiert ist mindestens ein Bombenabwurf, der aber sein Ziel verfehlte. Die Bombe schlug am südlichen Ende des jetzigen Mühlenredders ein. – Am 10. April 1945, als sich auch für die Funkbetriebsstelle abzeichnete, dass der Krieg verloren war, stellte die Einheit ihre Arbeit ein. Unter Leitung des Hamburger Geheimdienstchefs Wichmann zogen die Mitarbeiter vom Neuen Kupferhof in den Gasthof →Randel in →Poppenbüttel um. Dorthin wurde auch eine tragbare Funkstation transportiert. Die alte Dienststelle war offenbar verwaist. Angeblich fanden dort am 26. April Sprengungen statt. Am 3. Mai, als Hamburg den Briten kampflos übergeben wurde, zahlte Wichmann seine Mitarbeiter aus und vernichtete in den Herden der Randelschen Küche große Aktenbestände. Sieben Tage später verhaftete ihn die Besatzungsmacht, und zwar in Wohldorf, wohin er inzwischen zurückgekehrt war.

Sportvereine entstanden in den zwanziger Jahren des vorigen Jahrhunderts. Einer der ersten war der Saseler. 1924 gründeten einige Saseler Siedler den Freien Turn- und Sportverein. Vorsitzender war bis 1933 Heinrich Wolgast. Der Verein stand in der Tradition der Arbeitersportvereine. Geturnt wurde im Saal einer Gaststätte, Leichtathletik betrieb man auf einem Platz an der Ecke Saseler Kamp/Berner Weg. Schon 1925 riefen andere Saseler den Sportverein Sasel (SVS) ins Leben, auf Anregung des im selben Jahr gegründeten Grundeigentümervereins. Dieser Verein war eher bürgerlich ausgerichtet. Die Mitglieder trafen sich im Lokal Saseler Park und benutzten einen Platz am Alsterredder, ab 1930 auch das Sportgelände →Alte Mühle. – Ebenfalls 1924 wurde der „Sportverein Wohldorf/Ohlstedt 1924" gegründet. Ohlstedter Einwohner legten auf dem Ohlstedter Platz einen Sportplatz an. Nach dem Zweiten Weltkrieg schlossen sich die Sportler der →Walddörfer dem „Turn- und Sportverein Duwo von 1908" an. – Der Hummelsbütteler Sportverein H.S.V. wurde 1929 ins Leben gerufen. 1930 fand das Fußball-Eröffnungsspiel auf eigenem Platz mit einer Überraschung statt: Der Ball wurde aus einem Sportflugzeug auf das Spielfeld geworfen. – 1930 entstand der Sport Club Poppenbüttel. 14 Personen kamen damals zur Gründungsversammlung.

Spritzenhäuser Historische Gebäude zur Unterbringung der alten Feuerspritzen sind noch in →Bergstedt (am Markt) und in →Poppenbüttel (am →Marienhof) vorhanden.

Bergstedter Spritzenhaus (um 2003)

Die Häuschen dienten auch Landstreichern zur Unterkunft und wurden als (vorübergehende) Gefängniszellen benutzt.

Stadelmannweg (Sasel) nach Johannes Stadelmann (1861-1949), Mitbegründer des →Siedlungsvereins Sasel.

Stakenkamp (Ohlstedt) nach dem Flurnamen „Staacken Kamp" (1779), „Staken" = Stange, evtl. auch Baumstumpf, Bedeutung unklar.

St. Bernard (einzige) katholische Kirche im →Alstertal, am →Langen stücken in →Poppenbüttel. 1947 wirkte in Poppenbüttel der erste katholische Seelsorger. Die Kirche wurde 1955 gebaut.

Innenraum der St. Bernard-Kirche (um 1980)

-stedt Im Alstertal gibt es vier Dörfer, deren Namen auf „-stedt" enden: Duvenstedt, Ohlstedt, Bergstedt und Mellingstedt. Diese Ortschaften sind wie die Dörfer mit der Endung →„-büttel" älter als Orte mit der Endsilbe „-dorf" und sollen schon im frühen Mittelalter entstanden sein.

Steenbalken (Hummelsbüttel) Flurname („Stehen" = Stein, „Balken" = langgestrecktes Flurstück).

Steenrögen (Duvenstedt) von einem Flurnamen („Rögen" = kleine Anhöhe).

Steinwegel einstiges Waldgebiet (ursprünglich –„wedel" = Wald) am östlichen Rande von →Sasel. Dass hier ein geheimnisvoller Stein lag, ließ sich bisher nicht bestätigen.

Stellmannkamp (Wellingsbüttel) benannt nach einem früheren Besitzer des Geländes.

Sternwarte Eine private, aber durchaus professionelle Sternwarte hatte Eduard →Lippert im Turm seines herrschaftlichen Hauses auf →Hohenbuchen um 1900 eingerichtet. Das Dach ließ sich für die nächtlichen Beobachtungen aufklappen. Dort schaute der frühere Diamantenhändler mit einem „Steinheilschen Kometensucher", einem kleineren Fernrohr, in den Himmel. Beraten wurde er von der Hamburger Sternwarte. Zum Dank schenkte er ihr 1903 ein größeres photographisches Fernrohr. Die Sternwarte revanchierte sich damit, dass sie den ersten kleinen Planeten, den sie mit dem neuen Fernrohr, dem „Lippert-Astrograph", entdeckte, „Lipperta" nannte.

Lipperts private Sternwarte im Turm des Herrenhauses Hohenbuchen (um 1900)

Sthamerstraße (Ohlstedt) Dr. Eduard Sthamer (1803-1877), Senator, 1844-1847 und 1853-1860 Landherr der Geestlande.

Stiegstück (Hummelsbüttel) Ackerstück, über das ein Stieg führte.

Stockmacher In →Sasel lebten um 1900 zwei Handwerker, die Spazierstöcke herstellten. Sie wurden auch „Stockbieger" genannt. Der Handwerker Stender produzierte Stöcke mit sämtlichen dazugehörenden Arbeitsgängen. Die Holzstücke bezog er aus Siebenbürgen, aber auch aus den Saseler Knicks. Dazu bevorzugte er dünne Äste von Eichen oder Apfeldorn. Im Sommer trocknete er das Holz auf dem Werkstattboden. Waren die Stücke „reif", legte Stender sie in kochendes Wasser, um die Borke abziehen zu können. Danach bog er die Stöcke unter Hitze in die gewünschte Form und befestigte den Griff mit einem Band in der richtigen Krümmung. Nach dem Erkalten schliff Stender die Oberfläche glatt, setzte eine Eisenspitze ein und lackierte die Spazierstöcke mit einem speziellen Lack. – Der Stockmacher Sievers verrichtete nur Zuarbeit für eine Stockfabrik in Barmbek. Er beschränkte sich darauf, die Holzstücke gerade zu biegen und verdiente seinen Lebensunterhalt auch mit dem Verzieren von Rohrstühlen.

Stofferkamp (Poppenbüttel), wohl von „Stoppen" = „Stubben" = Baumstumpf, also gerodetes Land mit Baumresten.

Stormarn Das gleichnamige Gebiet zwischen Elbe und Sachsenwald geht auf den mittelalterlichen sächsischen Gau Stormarn zurück. Ursprünglich war →Hamburg der Mittelpunkt. Der Name leitet sich vom Stammesnamen „Sturmarii" ab. Die Dörfer des Alstertals, bis auf die hamburgischen →Walddörfer →Wohldorf-Ohlstedt, gehörten von 1867 bis 1937 zum preußischen Kreis Stormarn. Der Wedeler Pastor und Dichter Johann Rist schrieb 1640 Verse mit dem Titel „Schleswig-Holsteins Lob". Darin heißt es: „Stormarn kommt zuletzt, ein Ländlein auserkoren."

Stormarnplatz (Poppenbüttel) hieß in der NS-Zeit „Adolf-Hitler-Platz".

Straßen Befestigte Straßen entstanden im →Alstertal erst gegen Ende des 19. Jahrhunderts. Der Gutsbesitzer →Kähler von →Hohenbuchen, dem die →Saseler Ziegelei gehörte, ließ den Weg vom Poppenbütteler Marktplatz bis zur Saseler Chaussee auf eigene Kosten befestigen. Um 1900 wurde die Poppenbütteler Hauptstraße von Hohenbuchen bis zur →Bäckerbrücke gepflastert. Eine Befestigung mit Feldsteinen (Katzenköpfen) erhielten auch der →Ohlendieck, der →Moorhof und der Glashütter Weg (bis zum

Das frühere Wappen des Kreises Stormarn (um 1980)

Bauarbeiten an der Glashütter Landstraße (um 1920)

→Azetylenwerk). – 1888 veranlasste die Gemeinde Sasel, den Weg von der Schmiede bis zur Poppenbütteler Grenze (Saseler Damm/Stadtbahnstraße) mit Steinen auszubauen. Gepflastert wurden dann als erste Straßen die heutige Stadtbahnstraße vom Dorfplatz bis zur Chaussee, ein Teil des Stratenbargs und die →Kunaustraße (ehemals Schulstraße). 1898 wurde die Chaussee von der Poppenbütteler Grenze bis an die Segeberger Chaussee auf Anregung des Wulksfelder Gutsbesitzers →Wessely angelegt. Anschließend ließ die Gemeinde →Lemsahl-Mellingstedt auch die Lemsahler Dorfstraße pflastern. 1902 wurde die Landstraße von der Poppenbütteler Grenze bis →Klein Borstel in →Wellingsbüttel befestigt, und zwar teilweise in neuer Linienführung. Der neue Wellingsbütteler Weg erhielt einen Schotterbelag, dazu Bordsteine für einen Fußweg. Die Steine für den Schotter stammten teilweise aus dem Hügelgrab am →Knasterberg. Die meisten Steine hatten aber Jungen schon jahrelang gesammelt (Lesesteine von den Äckern). Sie lagen auf dem Gutshof in großen Haufen, denn die Gemeindevertretung hatte bereits 1899 den Straßenbau beschlossen. – Der Wohldorfer Schleusenredder wurde 1910/11 gepflastert und mit einem Fußweg versehen. – In →Hummelsbüttel gab es erst im 20. Jahrhundert das erste Straßenpflaster. Zuerst wurde in den →Müssen gepflastert, weil die morastigen Wege oft unpassierbar waren. Der Ziegeleibesitzer Adolf Wilhelm Steinhage ließ zwischen 1904 und 1909 in der Hummelsbütteler Hauptstraße Eisenschienen verlegen, um seine Ziegel besser transportieren zu können und das neue Straßenpflaster zu schonen. Die Schienen waren rund 20 cm breit und hatten an den Seiten Aufkantungen von 1 cm Höhe. In den zwanziger Jahren legte die →ATAG Straßen an, um ihr Siedlungsgelände besser erschließen zu können. Allein in Wellingsbüttel waren es 12 Kilometer.

Mühlenredder im Wohldorfer Wald: Kleinpflaster (2000)

Straßenbeleuchtung wurde es überwiegend erst nach dem Ersten Weltkrieg eingeführt, beispielsweise 1928 in →Wellingsbüttel.

Straßennamen Amtlich festgelegte Straßennamen wurden im →Alstertal erst im vorigen Jahrhundert eingeführt, so in den →Walddörfern ab 1903. Die →ATAG vergab in ihrem Siedlungsgebiet Namen, die an historische Flurbezeichnungen anknüpften. Als die preußischen Dörfer des Alstertals 1938 an →Hamburg angeschlossen wurden, mussten viele Straßennamen verändert werden (in →Wellingsbüttel 36 von 64, z.B. „Schwarzbuchenweg" statt „Saartreue"). Es gibt heute – wie anderswo auch – vor allem folgende Kategorien von Straßennamen: 1. Phantasienamen, z. B. nach Blumen oder Vögeln („Freesienweg" in →Sasel, „Heidelerchenweg" in →Poppenbüttel), 2. Flurnamen, nach alten Bezeichnungen der Äcker, Wiesen, Wälder und Gewässer (z. B. →„Madacker" in →Lemsahl), 3. Namen nach Orten, von denen die Straßen kommen oder in die sie führen („Poppenbütteler Chaussee" in →Duvenstedt), 4. Namen nach markanten Gebäuden („Herrenhausallee" in →Wohldorf), 5. Namen nach verdienten Persönlichkeiten („Friedrich-Kirsten-Straße" in Wellingsbüttel"). Wie problematisch Namen nach Persönlichkeiten sein können, zeigte sich 2008 mit dem Streit um die Benennung eines Weges in Duvenstedt nach dem dortigen früheren Lehrer und Ortshistoriker Johann →Körner. Die Bezirksversammlung Wandsbek lehnte den Vorschlag der Vereinigung Duvenstedt e.V. wegen der nationalsozialistischen Vergangenheit Körners ab.

Strenge, Auf der Strenge nach „Strang" = langes schmales Feldstück.

Strengesweg (Poppenbüttel) nach Matthias Strenge (1893-1943), Geschäftsführer der Allgemeinen Deutschen Schiffszimmerer-Genossenschaft. Der Weg hieß bis 1951 „Scharnhorstraße".

Strohdächer Die Stroh- (niederdeutsch „Schoov") oder später Reethalme wurden mit Weidenzweigen („holten Schäck") auf den Dachsparren befestigt und mit einem hölzernen Klopfer bearbeitet, damit das Dach schön ebenmäßig geriet. Das Dachdecken war ein sommerliches Saisongeschäft. In →Sasel lebte bis 1939 der Strohdachdecker David Wagner. Im Winter half Wagner beim Dreschen oder bei Erdarbeiten. Er handelte auch mit „Fudderfisch und Stint" und trug für die Bäckerei Reinhardt in →Poppenbüttel Brote aus.

Ausbesserung eines Strohdaches in Sasel (um 1920)

Struckholt (Klein Borstel) 1903 nach dem dortigen Ortsnamen benannt (mit langem „u" gesprochen).

Struz, Lambert Knappe, Besitzer von Ländereien in →Stormarn, verkaufte 1336 seine Pachteinnahmen aus →Poppenbüttel an das Hamburger →Domkapitel. Er lebte offenbar in Bünningstedt und gehörte zum niederen Adel. Sein Vater war der Ritter Rave de Hummersbotle, der vermutlich auf einer befestigten Anlage bei →Hummelsbüttel wohnte. Die Struze waren auch Grundherren mehrerer Dörfer im →Alstertal (→Wellingsbüttel, →Poppenbüttel, →Ohlstedt).

Strutzhang (Poppenbüttel) →Struz

Stubbenweg (Sasel) nach den Baumstümpfen des gerodeten →Perlbergwaldes.

Stübeheide (Klein Borstel) von „stuve" = Stubben (Baumstumpf).

Stüffel (Bergstedt) Flurname von „Stuffel = niedriges Gebüsch.

Sühnekreuze wurden in der Neuzeit als Mahnmale dort errichtet, wo Mordtaten geschehen waren, so in →Sasel 1687. Ein neu geworbener Soldat hatte auf der Saseler Flur einen dänischen Korporal mit einem Stein erschlagen. Das Hamburger →Domkapitel, das damals noch Abgaben vom Herzogtum Holstein-Gottorp für seinen früheren Besitz in Sasel erhielt, veranlasste, dass Einwohner des Kapitelsdorfs →Poppenbüttel an der Stelle der Mordtat ein Holzkreuz aufstellten. Auf der Vorderseite des Kreuzes stand die Inschrift „Jurisdictio R. Capituli Hamburgensis", auf der Rückseite: „Ao. 1687 ist Jacob Ludewig mit einem Stein die Hirnschale eingeschlagen und also ermordet worden den 9. April des Abend." Im August desselben Jahres wurde das Kreuz von unbekannten Tätern umgehauen. Das Kapitel ließ es neu aufstellen.

Susebektal, von der Alten Landstraße aus gesehen. Gemälde von Ernst Eitner (um 1920)

Susebek rechter Nebenbach der →Alster, entspringt im Bereich des →Ohlkuhlenmoores in →Hummelsbüttel, durchquert die Hummelsbütteler Feldmark und den Stadtteil, wird zu Vorflutern aufgestaut (früher auch zum großen →Karpfenteich) und mündet im Teetzpark in die Alster. Der Oberlauf wurde vor wenigen Jahren durch die Anlage von Mäandern und Bau eines Rückhaltebeckens renaturiert. Mittlerweile gibt es im Bach wieder verschiedene Fischarten.

Suurbleek (Poppenbüttel) neuere Flurbezeichnung, bedeutet „saure freie, eingefriedigte Fläche", hieß bis 1947 „Koppelstieg".

Swienhagen sumpfiges, tief gelegenes Gelände in →Poppenbüttel zwischen →Alster und dem steilen →Strutzhang. Vor 150 Jahren ließ Bruno →Henneberg dort einen Damm ziehen und den Swienhagen eindeichen. So entstand ein flacher Teich mit Abfluss zur Alster und winzigen Inseln. Möglicherweise war der Swienhagen in früheren Zeiten Weideland für die Dorfschweine mit Gelegenheit zum Suhlen.

Szablewski, Andryz polnischer Zwangsarbeiter, 1942 in →Hohenbuchen ohne Gerichtsurteil hingerichtet. Der junge Mann hatte angeblich unerlaubte intime Beziehungen zu einer Poppenbüttelerin unterhalten. Die Frau war bis 1945 im Frauen-Konzentrationslager Ravensbrück inhaftiert. Nach dem Krieg, 1946, wurden die Schuldigen, der Gutsverwalter, ein Polizist und ein Gestapo-Mann, zum Tode verurteilt. Weitere sechs Angeklagte erhielten Haftstrafen bis zu 15 Jahren. An Szablewski erinnert ein Grabstein auf dem Ohlsdorfer Friedhof im Gräberfeld „Grabstätten der Opfer von Krieg und Gewaltherrschaft". Seit 2003 steht auch im Hohenbuchen-Park eine Gedenktafel, durch eine private Initiative realisiert.

Tabakfabriken Bis in das 20. Jahrhundert wurde in ländlichen Gebieten in Heimarbeit oder kleinen Manufakturen Tabak verarbeitet. Arbeiter entrippten die Tabakblätter und rollten sie zu Zigarren. Auch in Schleswig-Holstein wurde zeitweise Tabak angebaut. Der Höhepunkt der Tabakverarbeitung lag um 1900. Auf einer historischen Karte aus dieser Zeit ist am →Duvenstedter Triftweg eine „Tabacksfabrik" eingezeichnet. Auch an der Straße →Lohe (Nr. 62) in →Duvenstedt lebte und arbeitete ein Zigarrenmacher mit Gehilfen (→Lohe 62) um 1870. Seine Tagesproduktion soll 500 Zigarren betragen haben. Der Badeplatz der Arbeiter in der →Alster hieß im Volksmund noch lange „Zigarrenmakerkuul". In →Poppenbüttel am →Rönkrei gingen Zigarrenmacher ihrer Tätigkeit nach, ebenso in →Hummelsbüttel, →Sasel (Friedrich Gülzow) und →Bergstedt (um 1855 Zigarrenmacher Hillmer).

Tangstedt benannt nach dem Eigennamen „Thanco". Der Hof gehörte zunächst zum Gut →Tremsbüttel. Das ehemalige Herrenhaus wurde um 1650 erbaut. Es war einer der bedeutenderen Holsteiner Herrensitze. Tangstedt erhielt 1693 den Rang eines selbständigen Kanzleigutes und war damit der landesherrlichen Kanzlei unmittelbar unterstellt. 1876 wurden die Kanzleigüter aufgelöst. Das Herrenhaus Tangstedt brannte 1946 ab, das historische Torhaus wurde später abgebrochen. Tangstedt ist für das →Alstertal von Bedeutung, weil die Bauern von →Duvenstedt und →Lemsahl-Mellingstedt dort lange Zeit dienstpflichtig waren.

Tannenbaum Duvenstedter Ausbau an der Chaussee nach →Poppenbüttel. Dort stand ein Gasthof.

Tannenhof Gegend im südlichen →Lemsahl mit kleinem Siedlungsgebiet und Hügelgräbern, wohl nach einer früheren Landstelle benannt, dort gab es die Gaststätte „Tannenhof".

Taufengel Diese besondere Form der Taufvorrichtung besitzt auch die →Bergstedter Kirche. Bei Bedarf können die hölzernen Engel von der Decke herabgelassen werden und halten dann das Taufbecken in ihren ausgestreckten Händen. Den Anlass zur Anfertigung von Taufengeln – ab dem 18. Jahrhundert – gab vordergründig der Platzmangel in den Kirchen. Wegen des Bevölkerungswachstums wurden mehr Kirchenstühle benötigt. Der Raum für eine herkömmliche Stand-Taufe konnte durch Taufengel eingespart werden. Ausschlaggebend war aber wohl eine besondere Frömmigkeit, zu der die Schutzengelvorstellung gehörte. Im Zeitalter der Aufklärung wurden die Taufengel aus den Kirchen verbannt. – Der Bergstedter Taufengel ist ca. eineinhalb Meter lang und stammt aus dem Jahr 1766.

Teekoppel (Bergstedt) von „Ting", also einer Versammlungsstätte.

Tegelsbarg von „Tegel" = Ziegel, nach den dortigen Ziegeleien.

Herrenhaus des Gutes Tangstedt (um 1930)

Taufengel der Bergstedter Kirche (2004)

Tegelsbarg

Blick von Südwesten auf die Siedlung Tegelsbarg (um 1990)

Tegelsbarg Großwohnsiedlung im östlichen →Hummelsbüttel, entstanden nach 1970. Der Bau war in der Bevölkerung stark umstritten. Die Bürgerinitiative INGA setzte eine Bebauung in kleineren Dimensionen durch. In der Siedlung leben rund 7.000 Menschen.

Begehung – hier entsteht die Großsiedlung Tegelsbarg (1973), in der Mitte mit rotem Schal der spätere Bürgermeister Voscherau

ten Hoff, Hein (1920-2003) Profiboxer, Europameister im Schwergewicht, Freimaurer, übernahm in der Zeit nach dem Zweiten Weltkrieg das alte Gasthaus zur →Saselbek und machte es über das Alstertal hinaus bekannt. Er wohnte in der →Sthamerstraße.

Tennigkeit-Weg (Poppenbüttel) nach Käthe Tennigkeit (1903-1944) und Richard Tennigkeit (1900-1944) aus Sasel, die Widerstand gegen das NS-Regime leisteten

Terrain Gesellschaft Wohldorf/ Ohlstedt GmbH Ähnlich wie im südlichen Alstertal die →ATAG wollte die Gesellschaft um 1905 Flächen in →Wohldorf-Ohlstedt aufsiedeln. Gebaut wurden aber nur die Straßen →Haselknick und →Diestelstraße. Danach musste die Gesellschaft wegen Zahlungsunfähigkeit aufgelöst werden. Nachfolgegesellschaften waren die „Terrain Gesellschaft Wohldorferhöh",

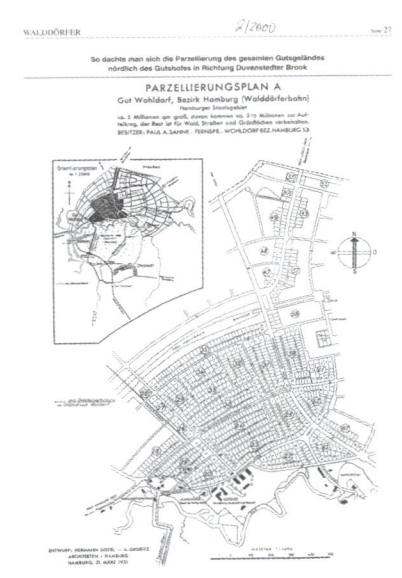

Ansiedlungsplan Der Terrain-Gesellschaft Wohldorf / Ohlstedt (1931)

"Treuhandgesellschaft am Wohldorfer Walde", "Treuhandgesellschaft Wohldorf am Bredenbeck" und die „Landerwerbsgesellschaft Wohldorf am Bredenbeck". Trotz dieser Namen lag fast das gesamte Gelände nicht in →Wohldorf, sondern in →Ohlstedt. Die Gesellschaften warben intensiv, konnten aber nur sehr wenige Grundstücke verkaufen, alle an der Diestelstraße. Der Erste Weltkrieg stoppte jede weitere Bautätigkeit.

Theater →Amateur-Theater Duvenstedt, →Henneberg-Bühne

Timmermanns Gasthof Der Gasthof am heutigen Poppenbütteler Weg war ursprünglich ein Kolonialwarengeschäft und gehörte um 1900 zu den beliebten Ausflugslokalen im Alstertal (mit Kegelbahn). Er hieß zeitweilig „Zu den drei Linden". Im Zweiten Weltkrieg diente der Gasthof als Erholungsheim für genesene Soldaten. 1971 wurde er an eine Brauerei verpachtet. 1984 brannte er ab. Jetzt steht dort ein Hotel.

Timmermoor (Bergstedt) Flurname („timmer" = spitze).

Timms Hege (Ohlstedt) nach dem Flurnamen „Die große Hege" (1779). Das Waldstück neben der Straße gehörte der Hufnerfamilie Timm. Von 1903 bis 1950 hießen diese Straße und die anschließende →Alte Dorfstraße „De Chapeaurougestraße" nach der Hamburger Kaufmannsfamilie (ein Angehöriger war Landherr).

Todtenredder (Duvenstedt/Wohldorf) Weg, der sich in den Alsterwiesen totläuft.

Toepfer, Alfred Carl (1894-1993) Hamburger Getreidegroßhändler, ab 1912 Mitglied im „Wandervogel – Deutscher Bund". Reich geworden, lebte er ab 1926 in →Wohldorf-Ohlstedt. Sein Wohnhaus Diestelstraße 18 aus Backstein wirkt burgähnlich. 1931 gründete er die Stiftung F.V.S. Diese Stiftung pachtete Ende der sechziger Jahre des vorigen Jahrhunderts das →Waldherrenhaus (bis 1994/95). Toepfer trat als Mäzen hervor und war ab 1954 Vorsitzender des Vereins Naturschutzpark Lüneburger Heide

Torf Hochmoorflächen, auf denen man Torf stechen konnte, gab es nicht nur im →Wittmoor und im →Duvenstedter Brook. Die Dorfbewohner durften in früheren Zeiten auch auf kleineren Flächen wie z.B. am →Poppenbütteler Graben Torf stechen, mussten dafür aber meistens Abgaben leisten. Torf diente vor allem als Brennstoff. Mit Torf wurde geheizt und gekocht. Die Bedeutung des Torfes wuchs in dem Maße, wie das Alstertal durch zuviel Holzeinschlag immer kahler wurde. Torf war ein wichtiges Frachtgut der →Oberalsterschifffahrt. Die Moore in der Oberalstergegend (Borsteler Moor, Kayhuder

„Timmermanns Gasthof" (Postkarte um 1900)

Torffabrik

Moor, Glasmoor, Tangstedter Moor, Wilstedter Moor, Naher Moor und Jersbeker Moor) boten reichlich Torf. Dort wurde der Rohstoff per Hand gestochen, in Soden getrocknet und per Wagen oder Handkarren nach Heidkrug transportiert. Am Krug lagerte er bis zur Verschiffung in luftigen Torfschuppen. (Der letzte dieser Schuppen stand in der Nähe des Gasthauses „Alter Heidkrug" noch in den 1930er Jahren.) Die Besitzer der Güter Jersbek und Stegen unterhielten eigene Torfschiffe. Um 1850 wurden bei Heidkrug ca. vier Millionen Soden Torf pro Jahr verladen.

Torffabrik Duvenstedter Brook Im →Duvenstedter Brook wurde →Torf zeitweise auch maschinell abgebaut und verarbeitet. Auf dem „Stubbenblick" im Ostbrook, heute eine besonders feuchte Gegend, errichtete ein Unternehmer 1875 eine Fabrik mit einer „Claytonschen Presstorfmaschine". Zu den Anlagen gehörten Schlaf- und Essräume für die Arbeiter, Pferdestall und Remise sowie diverse Schuppen. Ca. 600 m Schienen wurden durch den Brook verlegt, teilweise in Richtung Bargteheide zur Bahnstation, teilweise in Richtung →Wohldorf. Die dortige Weberei auf dem Gelände der →Wohldorfer Kupfermühle war die Hauptabnehmerin des Torfes, der auf 12.000 Trockenleistenbrettern zu Ziegeln getrocknet wurde. Täglich erhielt die Weberei drei Fuhren mit 2.000 Presssoden. Die Qualität der maschinell erzeugten Torfsoden war aber nicht so gut, d. h. so heizkräftig, wie handgestochene Soden. Nicht einmal die Maschine der Torffabrik ließ sich damit befeuern! Sie benötigte Steinkohle, die von der Bahnstation Bargteheide herangebracht werden musste. Wegen der hohen Energiekosten erwies sich der Torfbetrieb als nicht rentabel. Die Eigentümer wechselten mehrfach. Am Ende stand die Zwangsversteigerung. Von der Anlage sind heute keine Spuren mehr vorhanden.

Torfhuder Stieg (Wohldorf) nach „Hude" = Verladeplatz an der Alster.

Torhäuser schirmten den Hof vieler Gutsbetriebe ab. Das Gut →Hohen-

Torfterrassen mit aufgeschichteten Soden (Wittmoor, um 1970)

buchen, der →Poppenbütteler Hof, das Gut →Wellingsbüttel und der →Saselhof hatten Torhäuser. Erhalten ist nur das →Wellingsbütteler Torhaus. In →Poppenbüttel steht auf dem alten Gutsgelände ein modernes Torhaus.

Tornberg (Klein Borstel) nach dem dortigen Flurnamen (1791 „Dornberg").

Tracht Eine spezifische Tracht hat sich im →Alstertal nicht entwickelt. Man trug die Bekleidung, wie sie in Holstein üblich war. Im 18. Jahrhundert war ein Bauer in den Walddörfern mit Kniehosen, Schnallenschuhen und einem dunklen Dreispitz-Hut bekleidet. Die Knöpfe an den Westen zeigten den jeweiligen Wohlstand an. Es gab sogar Westen mit 30 silbernen Knöpfen. Frauen demonstrierten ebenfalls mit Knöpfen, aber auch Spitzen und Schmuck ihren Status. Die Ehefrau des Wohldorfer →Schleusenmeisters besaß um 1775 als Halsschmuck zwölf Reihen Granatketten und zwei Reihen Perlenketten, dazu goldene Ohrringe.

Tremsbüttel Zum adligen Gut Tremsbüttel gehörten im Mittelalter u. a. die Dörfer →Duvenstedt, →Lemsahl und →Mellingstedt. 1475 verkaufte der dänische König Christian I. Tremsbüttel mit allen zugehörigen Dörfern an den Herzog von Sachsen-Lauenburg. So wurden die drei Dörfer im →Alstertal lauenburgisch und blieben es fast hundert Jahre lang.

Treideln Ziehen von Schiffen vom Ufer aus, mit Pferde- oder Menschenkraft, vor der Erfindung von Dampf- oder Motorschiffen an allen Flüssen, auch bei der →Alsterschifffahrt

Treudelberg a) Anhöhe am Westufer der →Alster gegenüber dem ehemaligen Hof Treudelberg, benannt nach dem →Treideln. Ab Abhang entspringt eine Quelle, die den Hof mit Wasser versorgte. 1900 ließ der →Alsterverein die Quelle mit Mauerwerk einfassen. Fast hundert Jahre später (1998) wurde die mittlerweile verfallene Einfassung entfernt. b) Hof auf dieser Anhöhe. Der Hof entstand 1801 anlässlich der →Verkoppelung von →Mellingstedt auf der früheren Gemeindeweide. Er wurde zunächst als Schäferhof genutzt, mit einem großen Schafstall für 300 Tiere. 1860 baute Ferdinand L.M. Braun das noch vorhandene

Modernes Torhaus in Poppenbüttel (2004), erbaut von Otto Henneberg-Poppenbüttel

Blick vom Treudelberg auf die Alsterschleife (um 1950)

Trillup

Hof Treudelberg (um 1960)

Trilluper Ziegel

Gutshaus und pflanzte die Lindenallee. Mehrfach wechselte der Hof die Besitzer, bis ihn 1877 Bruno →Henneberg kaufte. Der Eigentümer des →Poppenbütteler Hofs nutzte Treudelberg als Vorwerk. 1909 verkaufte Hennebergs Sohn Eduard den Hof an Heinrich Dreckmann, einen Landwirt aus Barmbek. Sein Sohn Hans bewirtschaftete den Hof. 1910 errichtete er u. a. das eine von den beiden noch vorhandenen Arbeiterwohnhäusern. 1913 entstand das zweite. Jahrzehntelang betrieb die Familie Dreckmann Landwirtschaft, nach dem Zweiten Weltkrieg vor allem Kartoffelanbau. Als sich der Ackerbau und die Milchwirtschaft nicht mehr lohnten, sattelte Claus-Peter Dreckmann auf Pferdehaltung um. 1968 wurde aus der alten Hennebergschen Scheune von 1897 eine Reithalle. 1974 baute Dreckmann eine größere Halle. Rund 100 Pferde gehörten zum Hof. Das Akkerland bewirtschaftete Dreckmanns Bruder von Rohlfshagen aus. Zuletzt wurden auf den sandigen Feldern Erdbeeren angebaut. Ab 1990 entwickelte sich Treudelberg zu einer Golfanlage mit einem Hotel. Der Golfplatz zieht sich vom Hotelgelände bis zum Kupferteich, Ödenweg und Eichelhäherkamp hin. Der Erweiterungsbau des Hotels wurde gerade in Betrieb genommen. Gegenwärtig wird der Golfplatz über den Kupferteich hinaus auf der Poppenbütteler Seite großzügig erweitert, um internationalen Maßstäben zu genügen.

Trillup große Hofstelle (Vollhufe) am Rande von →Lemsahl, in der Nähe von →Rodenbek. Das Heim für Behinderte am →Sarenweg 20 ist das ehemalige Landhaus, das um 1882 auf dem Hof entstand. Woher der Name kommt, ist unklar. Vielleicht handelt es sich um einen Zuruf der Alsterschiffer.

Trilluper Ziegelei entstand auf dem Gelände des Trilluper Hofes am →Sarenweg wohl 1854. Daneben gab es ein Werksgelände am Olenreem. Mit den gelben Ziegeln (mit Stempel „Trillup") wurden u. a. das →Mausoleum in →Wohldorf und die →Alte Mühle gebaut. Die Ziegelei war bis um 1880 in Betrieb. Am Diekbarg sind noch Spuren der Lehmgruben erkennbar.

Trittau Das Dorf Sasel war zeitweilig gegenüber Trittau dienstpflichtig.

Tröndelstieg (Hummelsbüttel) Flurname („tröndel" = rund, rundliche Wiese durch Krümmung der Alster).

Twelenbek Der Bach aus dem →Wittmoor fließt am Ende des Poppenbütteler Kupferteichweges in die →Mellingbek.

-twiete schmaler Weg, auch zwischen Mauern.

Uhlenbüttler Kamp (Hummelsbüttel) „Uhlenbüttel" nannte Hermann →Claudius seinen Wohnort →Hummelsbüttel in seinen Werken.

Untertaneneid Gegenüber der jeweiligen Obrigkeit mussten die Dorfbewohner Wohlverhalten geloben. Ende des 18. Jahrhunderts lautete der Eid in den Walddörfern: „Ich lobe und schwere zu Gott dem Allmächtigen, daß ich E. Hochedlen und Hochweisen Rath der Stadt →Hamburg getreu, hold, und unterthänig seyn, auch denen jederzeitign Wald- und Land-Herren in allen Vorfällen, so wie es einem verpflichteten Unterthanen gebühret, gehorsamen, meiner Herren und des Landes Beste in alle Wege suchen, und allen Schaden, aufs beste ich immer kann und mag, abwenden will; besonders darauf genau sehen, damit in denen Gränzen des Dorffes, darinnen ich wohne, zwischen denen Benachbahrten keine Irrungen entstehen, auch keine Wiesen oder Aecker an denen Benachbahrten verhäuren oder eingeben will, ehe es nicht dem Dorff- und Wald-Voigt angezeiget, und übrigens mich in allem so betragen will, als es einem getreuen und gehorsamen Unterthanen gebühret. So wahr mir Gott helfe und sein heiliges Wort!"

Up de Worth (Wellingsbüttel) Flurname („Worth" = Wurt, hochgelegenes Gehöft).

Untertaneneid (1794)

V

Vaterunserberg Das Hügelgrab liegt am Ende der Straße „Am Bronzehügel" im Nordwesten von →Poppenbüttel. Auf der kleinen Grasfläche lässt sich der Hügel deutlich erkennen, wenn mittlerweile auch verdeckt von aufkommendem Baumbewuchs und ab-

Hügelgrab „Vaterunserberg" vor der Bebauung (um 1950)

Fundstücke vom Südufer des Mühlenteiches (Saselbek)

gerodelt von den Kindern der Umgebung. Es ist die höchste Stelle Poppenbüttels mit 39,3 Meter über Normalnull (trigonometrischer Punkt). 1962 haben Archäologen dort gegraben und wurden fündig, obwohl das eigentliche Grab längst zerstört war. In der Erde lagen ein gut erhaltenes Bronzeschwert von 72 cm Länge, ein bronzenes Rasiermesser mit Pferdekopf-Griff und ein menschlicher Backenzahn. Die Funde wurden auf die Zeit um 1.100 v. Chr. datiert. Das Rasiermesser besitzt für den Hamburger Raum großen Wert, weil es auf frühe Handelsbeziehungen zwischen dem dänischen und dem Stormarner Gebiet hinweist. – Woher der Name des Hügels stammt, der schon im 18. Jahrhundert verwendet wurde, ist unklar. Möglicherweise sollte man ein Vaterunser beten, wenn man sich einer heidnischen Grabstätte näherte.

Vereine Die Hochzeit der Vereine war die Kaiserzeit. Damals dominierten die Freiwilligen Feuerwehren, Kriegervereine und Gesangvereine das Dorfleben. Mitgliedschaft und Aktivität in Vereinen waren selbstverständlich; die Vereinsfeste bestimmten neben den kirchlichen Festen den Jahreslauf.

Verkoppelung Aufteilung der ursprünglichen gemeinsamen Ackerflur eines Dorfes an die einzelnen Bauern als Eigentum. In →Holstein wurde diese Agrarreform ab 1771 durchgeführt, getragen vom Gedanken, dass Bauern für ihr eigenes Land mehr leisten würden. Aber auch die genauere Festlegung der bäuerlichen Abgaben spielte eine Rolle. Landmesser vermaßen die Dorfländereien, danach wurden die neu gebildeten Acker- und Weidestücke zugeteilt und verkoppelt, d. h. durch Gräben und Erdwälle abgegrenzt. Die Wälle bepflanzte man mit Bäumen und Sträuchern. Auf diese Weise sind die →Knicks geschaffen worden. Die Gemeinweide und die Nutzungsrechte am Wald wurden aufgehoben. Damals entstand in den Dörfern das Wegenetz, das in der Grundstruktur noch heute erkennbar ist. – Für die hamburgischen Walddörfer wurde auf Initiative der Kämmereibürger („Vorschlag zu Verbesserung der Walddörfer") 1782 eine ähnliche Reform durchgeführt, „um die Einnahmen aus den Walddörfern merklich zu erhöhen."

Verwaltungsseminar Kupferhof Der →Neue Kupferhof wurde 1949 Standort eines Fortbildungszen-

Verwaltungsseminar (1999)

Viehhaltung

Milchvieh auf dem Hof Gerckens in Hummelsbüttel (1938)

trums für die Hamburger Verwaltung. Generationen von Behördenmitarbeitern erwarben hier neues Wissen, anfangs unter spartanischen Bedingungen. In den fünfziger Jahren dauerten die Lehrgänge noch bis zu drei Wochen – teilweise inklusive Exkursionen, u. a. nach Berlin –, zu Beginn des 21. Jahrhunderts oft nur drei Tage. Mit mehrfachen Umbauten erweiterte das Personalamt das Fassungsvermögen des historischen Gebäudes, vor allem durch Errichtung eines getrennten Bettenhauses im Westen des Parks. 1991 wurden durch Aufstockung des Bettenhauses vier neue Lehrsäle, darunter ein spezieller IT-Schulungsraum, geschaffen und damit die Fortbildungskapazität um 35 % erweitert. Ende 2007 stellte das Verwaltungsseminar seinen Betrieb ein.

Viehhaltung In den Dörfern des →Alstertals dominierte bis zur Mitte des 20. Jahrhunderts die Landwirtschaft als Erwerbszweig. Entsprechend hielten die Gutsbetriebe, Bauernhöfe und Nebenerwerbsstellen Nutztiere zur Produktion von Fleisch, Milch, Eiern und Wolle, aber auch Bienen zur Bestäubung der Obstbäume. Ein Beispiel: Um 1900 lebten in →Sasel rund 500 Menschen. Neben dem →Saselhof gab es fünf kleinere bäuerliche Betriebe und 14 Nebenerwerbslandwirte. Nach der Viehzählung von 1900 umfasste der Viehbestand 507 Schweine, 368 Rinder, 81 Pferde, 63 Schafe, 59 Ziegen und 61 Bienenstöcke. Geflügel wurde offenbar nicht gezählt.

Vicelinkirche In →Sasel wurden vor 1935 Gottesdienste in der Schule und im Gemeindehaus („Rathaus") gefeiert. 1935 erhielt das Dorf den Rang eines Seelsorgebezirks der Gemeinde →Bergstedt. Zwei Jahre später wurde ein eigener Kirchsaal in einem alten Bauernhaus am Dorfplatz eingeweiht, das zuvor als Gaststätte („Alte Diele") genutzt worden war. 150 Menschen fanden dort Platz. 1947 wurde Sasel selbständiger Seelsorgebezirk. Zwei Jahre später brannte die „Alte Diele"

Vicelinkirche (um 2000)

ab. Die Gottesdienste fanden in der Schule statt. 1962 wurde die Vicelin-Kirche am Saseler Markt gebaut. Der Kindergarten und das Jugendzentrum entstanden 1970.

Villa Lichtwarck in Duvenstedt (1950)

Villa Lichtwark Gebäude mit Schmuckgiebel an der Ecke →Specksaalredder/Duvenstedter Damm auf hochgelegenem Grundstück. In diesem ehemaligen Sommerhaus lebte und arbeitete der Maler und Lithograph Paul →Lichtwark (1872-1948).

Villa Otto Die Villa des Sanitätsrats Dr. Otto (Schwiegervater von Eduard →Henneberg) steht am Poppenbütteler Weg in Höhe des Durchgangs zur Dorfkoppel. Sie dient jetzt als Kindertagesstätte. Ursprünglich war das weiß gestrichene Gebäude backsteinsichtig.

Dr. Ottos Villa im Poppenbütteler Ortskern (um 2000)

Vörstekoppel (Poppenbüttel) = vorderste Koppel.

Vogelschutz Schon lange vor der allgemeinen Verbreitung des Naturschutzgedankens betätigte sich die →ATAG auf diesem Gebiet. Sie vergab ein ornithologisches Gutachten für ihr gesamtes Gelände und legte im Hoheneichen-Gebiet ein Vogelschutzgehege an.

Vogelstellen Noch bis um 1880 stellte die Landbevölkerung auch in den →Walddörfern den Vögeln während der Zugzeit mit Netzen, Leimruten und anderen Fanggeräten nach. Gefangen wurden hauptsächlich verschiedene Drosselarten. Einige gefangene Vögel aß man selbst, die meisten wurden aber an Hamburger Geschäfte verkauft.

Vor dem Berge (Klein Borstel) →Tornberg

Vorgeschichte Zeugen der Vorzeit sind die Grabhügel aus der Stein- und Bronzezeit auf der →Lemsahler Heide, in →Poppenbüttel (→Kreienhoop, →Vaterunserberg) und →Wellingsbüttel (u. a. →Knasterberg), und in Sasel (Schönsberg, →Wöhlberge), außerdem viele Fundstücke: Flintbeile, Schaber, Bohrer und andere Werkzeuge, aber auch Schmuckstücke und ein Schwert (im Vaterunserberg). Auch vorgeschichtliche Feuerstellen konnten nachgewiesen werden (Müssenkoppel an der Furtbek im →Hainesch). Besonders ergiebige Fundstellen waren die →Mellingburger Schleife und die Abhänge des Poppenbütteler →Kupferteiches.

Saseler Urne in Steinpackung mit Beigaben

Vorortbahn →Alstertalbahn

Wagener, Gasthof an der Ecke Poppenbütteler Weg/Saseler Damm in →Poppenbüttel. Wagener (später Harstall) gehörte zu den beliebten →Ausflugslokalen. Vor über dreißig Jahren musste das schon leer stehende Gebäude einer großen Wohnanlage weichen.

Gasthof „Wagener" in Poppenbüttel (1912)

Wagenerstieg (Poppenbüttel) nach einer örtlichen Bauernfamilie.

Wald Im Mittelalter bedeckte ein ausgedehnter Wald das gesamte →Alstertal, mit Ausnahme der durch Überschwemmungen baumfrei gehaltenen Alsterwiesen. Die Dörfer lagen damals mitten im Wald. Allerdings war dieser Wald kein geschlossener Hochwald wie heute z. B. der →Wohldorfer Wald, sondern eine lichte Waldheide, vorwiegend mit Eichenbestand und lockerer Strauch- und Krautschicht. Das Holz und nicht der landwirtschaftliche Ertrag machte einst den wirtschaftlichen Wert der Dörfer aus. Die Eigentümer der bäuerlichen Pachtstellen behielten sich die Nutzung des Hartholzes vor, also von Eichen und Buchen, gestatteten aber den Bauern, gegen Entgelt ihr Vieh auf die Waldweide zu treiben.

Waldfriedhof →Wohldorf-Ohlstedter Friedhof.

Walddörfer Bis 1603 galt für die Walddörfer das hamburgische Landrecht. In jenem Jahr trat das Stadtrecht in Kraft. Die Landbewohner hatten nun – formal – das gleiche Recht wie die Stadtbürger. Allerdings waren die Bauern der Walddörfer weiterhin Untertanen, mussten Abgaben und Hand- und Spanndienste leisten. Sie

Waldgebiet im Duvenstedter Brook (um 1990)

Walddörferbahn

Karte der Walddörfer (1895)

Werbung der „Waldeslust" (um 1900)

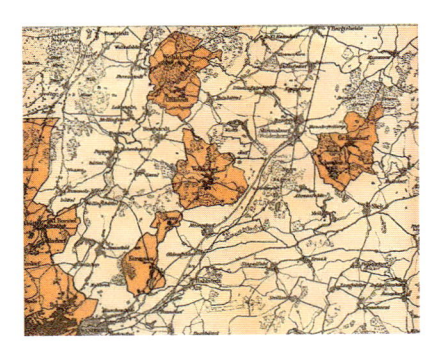

durften ihre Erzeugnisse ausschließlich in →Hamburg verkaufen. 1777 wurden die Hufner von den Hofdiensten befreit, aber erst 1830 endete die Herrschaft der →Waldherren. Mit anderen Ortschaften der Geestlande wurden die Walddörfer zum Verwaltungsbezirk „Landherrnschaft der Geestlande" zusammengefasst. Die Bauern durften nun zwei Deputierte wählen, die dem – nach wie vor ernannten – Bauernvogt „assistieren" sollten. Dies war der Anfang einer gewissen Selbstverwaltung. Außerdem bekamen die Bauern das Recht, den „Landbürgereid" abzulegen, dessen Inhalt dem Eid der Hamburger Stadtbürger weitgehend glich. 1849 erhielten die Bewohner der Walddörfer die volle staatsbürgerliche Freiheit. Die persönlichen Leistungen und Abgaben wurden aufgehoben. Die neue Hamburger Verfassung von 1860 gestattete den Landgemeinden, einen Gemeindevorstand frei zu wählen. Aktiv und passiv wahlberechtigt waren aber nur die Grundbesitzer und sonstigen Vermögenden.

Walddörferbahn 1912 legte der Hamburger Senat konkrete Planungen für eine Bahn in die →Walddörfer vor, um diese Orte an den Stadtverkehr anzuschließen. Zur Finanzierung sollte u. a. eine „Bahnrente" dienen, die bei jedem Grundstücksverkauf in den Walddörfern zu entrichten war. Durch den Ersten Weltkrieg verzögerte sich der Bau der Bahnstrecke. Behelfsmäßig wurde noch während des Krieges die Verbindung zwischen Barmbek und Volksdorf hergestellt. Als Fahrzeuge dienten Lokomotiven, die als Beutegut aus Belgien stammten. Der Verkehr nach →Ohlstedt wurde am 1. Februar 1925 aufgenommen.

Waldeslust, Gasthof Das ehemalige Ausfluglokal („Hotel und Pensionat") von Hermann Schwarz stand im Zentrum von Ohlstedt. Es bot u. a. „amerik. Billard" an.

Der Ohlstedter Gasthof Waldeslust (1904)

Waldingstraße (Wellingsbüttel) nach Walding, der vielleicht im Mittelalter der Gründer von „Waldingesbutle" war.

Waldhaus Hütscher 1773 baute die Witwe des →Waldvogtes Fobrian am jetzigen Alsterblick/Bredenbekstraße einen Kramladen mit Gastwirtschaft. 1884 errichtete der Gastwirt Hütscher einen Neubau. Er bot „grosse geräumige Lokalitäten sowie prachtvoll. Garten". Das elegante Ausfluglokal hatte einen guten Ruf und war entsprechend besucht. Nach Hütschers Tod hieß das Lokal „Waldhaus

Hütschers Waldhaus, Postkarte (um 1900)

Wohldorf". Als der Restaurationsbetrieb aufgelöst worden war, diente das Gebäude als Lazarett, Station der berittenen Schutzpolizei und jetzt noch als Freiluftschule.

Waldherren Bezeichnung für die Mitglieder des Hamburger Rats, die für die Herrschaftsausübung in den →Walddörfern zuständig waren. Die Waldherren überwachten die Eintreibung von Steuern und Abgaben, legten den Umfang der bäuerlichen Hand- und Spanndienste fest, schlossen Pacht- und Kaufverträge ab, ernannten die Bauernvögte, regelten Eheangelegenheiten und untersuchten Kriminalfälle. Sie beaufsichtigten die Schiffahrt auf der oberen →Alster. Die Schleusenmeister, auch aus den holsteinischen Dörfern, schworen vor den Waldherren ihren Diensteid. – Mehrmals im Jahr fuhr der jeweilige Waldherr nach Wohldorf in das →Waldherrenhaus und hielt dort Sitzungen ab. Unter seinem Vorsitz tagte das „Forst- und Waldgericht" in Strafsachen. Bis in das 18. Jahrhundert wurden die Strafen gleich an Ort und Stelle vollstreckt. Zum Verbüßen von Haftstrafen diente ein vergittertes Verlies im Keller des Waldherrenhauses. Andere Verurteilte wurden mit einem „Halseisen" außen an der Wand angekettet oder in einem „spanischen Mantel", d. h. unter einem umgestülpten Fass, schimpflich durch →Wohldorf getrieben. – Das Amt der Waldherren endete im 19. Jahrhundert, als die Walddörfer mit anderen Ortschaften im Verwaltungsbezirk „Landherrnschaft der Geestlande" zusammengefasst wurden. Senator Abendroth trat seine Funktion als Chef der Walddörfer an den neuen Landherrn der Geestlande ab.

Waldhaus Hütscher, Alte Wache und Post (1956)

Waldherrenhaus Das kleine Fachwerkhaus mit quadratischem Grundriss auf der Insel an der Herrenhausallee stammt aus dem frühen 18. Jahrhundert. Ursprünglich stand hier wahrscheinlich die alte →Wohldorfer Burg der Schauenburger Grafen, die Holstein seit 1111 beherrschten. Diese landesherrliche Burg dürfte im 13. Jahrhundert erbaut worden sein. Rund zweihundert Jahre später (1461) richtete →Hamburg in →Wohldorf einen Verwaltungssitz ein, um die 1440 gewonnenen →Walddörfer land- und forstwirtschaftlich nutzen zu können. Zu verwalten war vor allem der umfangreiche Wald- und Wildbestand. Ihn bedrohten Holzdiebe, widerrechtlich weidendes Vieh, aber auch Wilderer und wilde Angler. So war die Fischwaid im Graben rund um das Waldherrenhaus der Hamburger Obrigkeit vorbehalten. Die →Waldherren suchten das Waldherrenhaus nur für ihre Dienstgeschäfte auf. Für die ständige Aufsicht und Ausführung der Ratsbefehle war der →Waldvogt zuständig. – Das jetzige Gebäude wurde 1712/14 mit Eichenbalken aus den Walddörfern errichtet. Die heutige Hintertür war der ursprüngliche Haupteingang, die Front lag nach Osten – mit Blick auf das Vorwerk, den späteren →Wohldorfer Hof. Den Eingang zierte eine Sonnenuhr. Mehrfach wurde die Innenaufteilung verändert. Zuerst befand sich im ersten Stock ein Saal, in dem der Waldherr Gericht hielt. – Zu Beginn des 19. Jahrhunderts ließ die französische Besatzung Hamburgs die Inneneinrichtung fortschaffen und verpachtete 1811 das Gebäude. 1820 richtete →Hamburg das Waldhaus wieder ein. – Nach dem Ende der Waldherrschaft 1830 verlor das Waldherrenhaus seine amtliche Funktion und wurde zur Sommerfrische für Mitglieder von Senat und Bürgerschaft. Die Kämmerei, also der Verwaltungsausschuss, der für die Staatsfinanzen zuständig war, führte zweimal jährlich mit großem Aufwand in Wohldorf Inspektionen durch. Insgesamt 16 Herren (Kämmereibürger und Mitarbeiter) fuhren mit vier Vierspännern (gemischt Füchse, Braune, Rappen, Schimmel) mit schneeweißem Ledergeschirr von der City nach Norden. Die Übernachtungsbedingungen waren sehr einfach. Bis 1838 gab es für die Gäste, die doch aus den bedeutendsten Hamburger Familien stammten, nur zweischläfrige Betten. Der Abort befand sich in einem hölzernen Gelass über dem Teich. Man konnte ihn nur über eine glitschige Stiege erreichen und war auf seinem Weg den Blicken der anderen Gäste ausgesetzt. Erst 1902 wurde eine Klosettanlage eingebaut. – Das Gebäude wurde nach dem Zweiten Weltkrieg von Privatpersonen genutzt und 1969 von der Stiftung F.v.S. (Alfred →Toepfer) gepachtet. Bis in die achtziger Jahre fanden hier auch öffentliche Veranstal-

Wohldorfer Waldherrenhaus (2006)

tungen statt. Seit 1998 gehört das ehemalige Waldherrenhaus zum →Wohldorfer Hof.

Waldherrenschaft hamburgischer Herrschaftsbereich der →Walddörfer. 1437 wurde die „Waldherrnschaft Hans- und Woltorp" gegründet, benannt also nach Klein Hansdorf und →Wohldorf. Ab 1449 berief der Hamburger Rat zwei seiner Mitglieder zu „Waldherren". Die Waldherren als Obrigkeit für die Walddörfer sprachen Recht (höhere und niedere Gerichtsbarkeit, „Wald- und Forstgericht"), regelten die Hand- und Spanndienste, ernannten die Bauernvögte, nahmen Eide ab und beurkundeten Verträge. Ab 1597 ist in den Aufzeichnungen der Hamburger Kämmerei vom „Amt Wohldorf" die Rede.

Waldvogt Bediensteter des Hamburger Rates in den Walddörfern, von den „Reitenden Dienern" gestellt, Aufseher über die Waldnutzung in →Wohldorf. Er nahm gerichtliche, polizeiliche, forstliche und jagdliche Aufgaben wahr. Der Waldvogt sollte auf die Holzungen, Wiesen, Weiden und deren Grenzen „trowliche Achtung und Upsicht" halten, damit sie „geheget und unbeschedigt ock unverringert blyven mögen". Neben seinem Sold stand dem Bediensteten die Hälfte des Holzes zu, das durch Windbruch gefallen war. Die bedeutendsten Einnahmen bezog der Waldvogt aber aus den Strafgeldern für Holzdiebstähle. Davon floss ein Drittel in seine Tasche. 1479 bis 1481 amtierte Waldvogt Bertold in →Wohldorf. Ihm folgte bis 1484 Waldvogt Heinrich. Unterstützt wurde der Waldvogt von einem Jäger (1483-1517 ein Mann namens Ludekinus) und von Waldreitern (ehemaligen Ratsdienern).

Waldvogtei Der Hamburger →Waldvogt hatte in Mittelalter und Neuzeit seinen Dienstsitz gegenüber dem →Waldhaus an der →Drosselbek. 1884 ging der Hof in Privatbesitz über und wurde um die Wende zum 20. Jahrhundert unter dem Namen →„Alter Forsthof" Ausflugslokal und Hotel. Wohngebäude und Gärtnerei sind erhalten. Die Anlage wurde längere Zeit als Ponyreitschule genutzt.

Walter-Koppel-Weg (Poppenbüttel) nach dem Widerstandskämpfer Walter Koppel (1906-1982).

Wandern war zu Beginn des 20. Jahrhunderts kein Zeitvertreib für Avantgardisten mehr, sondern für breite Bevölkerungsschichten modern geworden, soweit sie nicht die neuen Verkehrsmittel Pferdeomnibus und Kleinbahn benutzten. Die Wanderziele der Hamburger lagen meistens nur einen Tagesausflug weit entfernt. Denn als einziger allgemein arbeitsfreier Tag kam hauptsächlich der Sonntag für eine Tour in Frage. Besonders be-

Ausflügler im Alstertal (Postkarte um 1900)

Wappen

liebt war das →Alstertal wegen seiner schönen Flusslandschaft und der vielen →Ausflugslokale in den Dörfern. Zeitgenössische Wanderführer priesen entsprechende Ausflüge an. Dabei erforderten einige Vorschläge eine gute Kondition, wie beispielsweise die Tour von →Wohldorf (Endstation der →Kleinbahn Altrahlstedt-Volksdorf-Wohldorf) bis zum Alten Heidkrug in Kayhude und zurück. Es ist aber zu bedenken, dass man damals auf Richtwegen sowie querfeldein wandern konnte, und die Menschen ohnehin im Alltag viel weitere Strecken zu Fuß zurücklegten als heute.

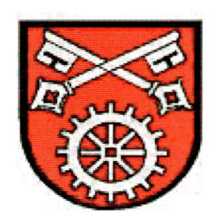

Wappen In den dreißiger Jahren des vorigen Jahrhunderts bemühten sich mehrere preußische Landgemeinden im →Alstertal um ein Wappen. Entsprechende Abbildungen sind überliefert, oft blieb es aber wohl bei Entwürfen. So beschloss der Poppenbütteler Gemeinderat 1936, die Einführung des schon gezeichneten Wappens (mit Eichenzweig und Madonnenlilie) zurückzustellen. 1937 gestattete der Reichsminister des Inneren der Gemeinde →Wellingsbüttel, ein Wappen zu führen. Das Wappen zeigt ein Rad und zwei Schlüssel vor rotem Hintergrund. Die Schlüssel sollen an die lange Zugehörigkeit des Ortes zum Erzbistum Bremen erinnern, das Rad an das Siegel der Familie →Struz-Hummersbüttel.

Wasserkamp (Klein Borstel) nach dem dortigen Flurnamen.

Weberei →Wohldorfer Kupfermühle

Wegzoll (Sasel) An der Poppenbütteler Grenze musste Wegegeld bezahlt werden.

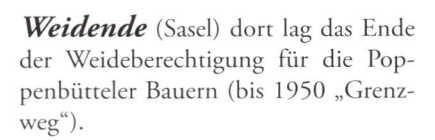

Weidende (Sasel) dort lag das Ende der Weideberechtigung für die Poppenbütteler Bauern (bis 1950 „Grenzweg").

Wellingsbüttel hieß ursprünglich „Wellingesbutle" oder auch „Waldingesbutli", also „Anwesen des Walding". Erstmals wird dieser Ort in einer Urkunde von 1296 erwähnt, in der die Schauenburger Grafen die Abgaben (den „Zehnten") aus Wellingsbüttel an das Kloster Frauental (Harvestehude) verkauften. In dem Dorf entstand schon früh eine Gutsherrschaft – eine Ausnahme im →Alstertal. Mehrfach wechselten die Besitzer. So gehörte das Gut ab Anfang des 15. Jahrhunderts dem Erzbischof von Hamburg-Bremen, danach Hamburger Bürgern und Domherren. Bis 1627 war es im Besitz der Familie Rantzau. Nach dem Ende des Dreißigjährigen Krieges wurde es wie das Gebiet des Hamburger Doms schwedisch. 1652 erhielt es durch die schwedische Königin einen staatsrechtlichen Sonderstatus: Wellingsbüttel unterstand keinem Landesfürsten. 1673 erwarb Theobald Edler von →Kurtzrock das Gut. Im Besitz der Familie von Kurtzrock blieb Gut Wellingsbüttel bis 1807. Dann wurde der dänische König Christian VII. Eigentümer. Sein Sohn und Thronfolger Friedrich VI. belehnte 1810 den

Wellingsbütteler Wappen

Karte von Wellingsbüttel (1975)

Wellingsbüttel, Postkarte (um 1900)

Herzog von →Holstein-Beck mit dem Gut. Damals wurden Dorf und Gut getrennt. Das Dorf mit 28 Haushalten blieb königliches Eigentum und wurde der Herrschaft Pinneberg unterstellt – wie →Poppenbüttel. Ab 1811 war der Amtmann von Reinbek für die Aufsicht über das Dorf zuständig. In einem Konkursverfahren erwarb der Hamburger Kaufmann Hercules Edgar Roß 1818 das Gut. Roß vergrößerte seinen Besitz und forstete den Rabenhorst (früher „Steenkampsheide") auf. Er führte das →Mergeln der Äcker ein. 1846 kaufte Johann Christian →Jauch das Gut. Er war ebenfalls Kaufmann in Hamburg und als Holzhändler nach dem Hamburger Brand reich geworden. Jauch erwarb wie Roß Land dazu, u. a. das Gelände des Gasthofes →Grüner Jäger. Nach dem Tode Jauchs verkauften die Erben das Gut an die Witwe des Hamburger Bankiers Wilhelm Behrens. Die neue Gutsbesitzerin ließ das Herrenhaus erweitern und einen modernen Stall, einen Taubenturm sowie einen Wasserturm errichten. Das Pumpwerk im Wasserturm fungierte als Elektrizitätswerk und versorgte die Gutsgebäude mit elektrischem Licht. 1891 starb Frau Behrens. Kurze Zeit war Geheimrat Domeyer Eigentümer des Gutes. 1892 erwarb Otto Jonathan →Hübbe Gut Wellingsbüttel. Er baute den Gutsbetrieb weiter aus und beschäftigte rund 50 Menschen. 1911 übernahm sein Adoptivsohn Jochen Hübbe das Gut und leitete es bis 1914, als die Ländereien in das Terrain der →ATAG aufgenommen worden waren. Friedrich →Kirsten kaufte das Gutshaus mit Park und der →Grevenau. – Zum Dorf Wellingsbüttel gehörten nur kleine Landstellen. Entsprechend arm war die Bevölkerung. 1928 wurden Dorf und Gut zu einer Gemeinde zusammengelegt.

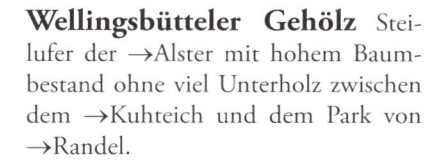

Räucherkate in Wellingsbüttel. Zeichnung von Sthamer (1945)

Wellingsbütteler Gehölz Steilufer der →Alster mit hohem Baumbestand ohne viel Unterholz zwischen dem →Kuhteich und dem Park von →Randel.

Wellingsbütteler Herrenhaus Theobald Joseph von →Kurtzrock ließ um 1750 auf seinem Gut ein neues Herrenhaus errichten. Der Architekt ist unbekannt. Im Stil ähnelt das Gebäude ostholsteinischen Herrenhäusern. Im Erdgeschoss befand sich eine

Das Wellingsbütteler Herrenhaus (2009)

Kapelle für katholische Gottesdienste. 1888 wurde das Herrenhaus vom Architekten Martin Haller umgebaut (Aufbau eines Stockwerks).

Wellingsbütteler Mühlen In →Wellingsbüttel standen eine Wasser- und eine Windmühle. Die Wassermühle war die ältere Anlage. Schon zu Beginn des 17. Jahrhunderts ist sie nachgewiesen, wurde aber im Dreißigjährigen Krieg zerstört. Nach dem Neubau diente sie als Zwangsmühle für das Getreide der Wellingsbütteler. Sie lag in der Nähe des Langwisch. Der Mühlbach führte vom jetzigen Wellingsbütteler Weg über den ehemaligen Park des Gasthauses →Friedenseiche und durch den →Kuhteich. Neben dem →Alsterwanderweg ist der langgestreckte Mühlenteich noch zu erkennen. 1824 wurde die Wassermühle stillgelegt und 1847 abgebrochen. Das Wohnhaus des Müllers brannte 1917 ab. – Die Windmühle wurde anscheinend nach 1769 auf dem →Eggerskamp bei der kleinen Siedlung →„Grüner Jäger" gebaut. Da niemand verpflichtet war, dort mahlen zu lassen, blieb der wirtschaftliche Erfolg aus. Mehrfach wechselten die Besitzer. 1797 brannte die Windmühle ab. Der Unternehmer Stoltzenberg errichtete an der heutigen Bantschowstraße eine neue Windmühle (Haus Nr. 28 ist ein ehemaliges Mühlengebäude). Auch diese Anlage brachte zunächst kaum Ertrag. Erst als die konkurrierende Wassermühle den Betrieb eingestellt hatte, lief das Geschäft mit der Windmühle besser. 1866 brannte die Windmühle ab, wurde aber wieder aufgebaut und funktionierte einige Zeit erfolgreich. Zu Beginn des 20. Jahrhunderts lohnte sich die Mühle nicht mehr. 1918 wurde sie abgerissen.

Wellingsbütteler Windmühle (Postkarte, um 1900)

Wellingsbütteler Schule Für 1784 gibt es erste Nachrichten von einem Schulmeister in →Wellingsbüttel. Damals gingen die Kinder nur im Winter zur Schule; im Sommer arbeiteten sie in der Landwirtschaft. Der Lehrer lebte vom Schulgeld, das die Eltern wochenweise zahlen mussten, in ärmlichen Verhältnissen. Land gehörte anfänglich noch nicht zur Schulstelle. Wo das damalige Schulhaus lag, ist nicht bekannt. Das erste nachgewiesene Schulgebäude wurde 1827 auf dem Gelände der abgerissenen →Kattunfabrik gebaut und war bis 1895 in Betrieb. 1895 wurde ein neues Schulgebäude an der →Rolfinckstraße gebaut. Es enthielt einen Vorplatz, zwei Klassenzimmer, die Dienstwohnung des ersten Lehrers und eine kleine Wohnung für den zweiten Lehrer. Dazu gab es Nebengebäude, Ställe für Schwein, Ziege und Hühner sowie Aborte. Da die Zahl der Schulkinder stark anstieg, wurde 1915 im rückwärtigen Garten ein neues Schulhaus mit zwei Klassenräumen gebaut. Die Schule an der Straße Strenge nahm 1934 den Betrieb auf. Sie hieß zunächst „Hans-Schemm-Schule" nach dem Leiter des NS-Lehrerbundes. Im Zweiten Weltkrieg diente die Schule als Lazarett und ziviles Krankenhaus. Vorarbeiten für eine Reformschule nach dem Jena-Plan von Peter Petersen begannen schon in der Nachkriegszeit. 1954 wurde der Neubau, die Peter-Petersen-Schule, am Pfeilshof bezogen.

Wellingsbütteler Torhaus 1757 schuf der Baumeister Georg Greggenhofer das Torhaus für den Gutsherrn Theobald Joseph von →Kurtzrock. Greggenhofer baute in Schleswig-Holstein mehrere Torhäuser und andere Gebäude. Das Wellingsbütteler Torhaus beherbergte im rechten Seitenflügel den Pferdestall, im linken Arbeiterwohnungen und oben über der Durchfahrt den Heuboden.

Wellingsbütteler Torhaus (2009)

Wellingsbütteler Wagenfabrik Der Schmied Friedrich Peemöller entwickelte die Gutsschmiede 1888 zu einer Wagenfabrik mit Dampfsäge. Er stellte Kohlen-, Kutsch-, Jagd- und Möbelwagen für Pferdegespanne her und baute zuletzt noch Anhänger für Lastkraftwagen.

Wellingsbütteler Ziegeleien 1865 gründete Alexander →Kähler, der Eigentümer des Gutes →Hohenbuchen, am nördlichen Rand von →Wellingsbüttel (→Grüner Jäger) eine Ziegelei. Ringofen und Trockenschuppen lagen schon auf Saseler Gebiet. Der Betrieb lief bis 1921, dann waren die Tonvorkommen erschöpft. Auf den Grundstücken an der Straße Wegzoll sind die ehemaligen Tongruben noch zu erkennen. – Die zweite Wellingsbütteler Ziegelei (Besitzer Kark) lag am Rande zu Bramfeld, teilweise schon jenseits der Grenze. Spuren kann man am Ende des Schulteßstieges sehen.

"Welt der Zufriedenheit" (um 1900)

Welt der Zufriedenheit So hieß ein Gasthaus und Café (Inhaber E. Abel), das am heutigen Gnadenbergweg in →Hummelsbüttel stand.

Wentzel, Johann Vincent (gest. 1919) Hamburger Immobilienmakler, Mitglied der Hamburger Bürgerschaft, Initiator der →ATAG, wohnte selbst am Rabenhorst (→Wellingsbüttel) im späteren Verwaltungsgebäude der ATAG. Das Nebengebäude war sein Jägerhaus. An ihn erinnern zwei Denkmäler: ein Findling vor dem →Alstertal-Einkaufszentrum mit seinem Namen und ein Denkmal aus drei Findlingen am Rabenhorst mit der Inschrift „Dein schönstes Denkmal ist dein Werk."

Wesselbleek (Hummelsbüttel) Flurname („Wessel" = Wiese, die ihren Besitzer in festgelegten Abständen wechselt, „Bleek" = freies, ebenes Land).

Wessely, Hermann Adam (1845-1922), Hamburger Keramikfabrikant, Bürgerschaftsabgeordneter und Freimaurer. 1892 kaufte Wessely das Gut Wulksfelde. Von dort ließ er Holz und Torf für die Brennöfen seiner Fabrik am Falkenried über Alster und Isebekkanal transportieren. 1898 verkaufte Wessely Wulksfelde und erwarb einen neuen Sommersitz in →Hummelsbüttel an der Alten Landstraße 62. Dort gab es ein großes Gelände mit Bootshafen, Badehütte und Karpfenteich. 1918/19 verkaufte Wessely auch diesen Besitz. Er war befreundet mit den Künstlern Richard Kuöhl, Hermann →Perl, Hermann →Claudius und dem Architekten Fritz →Höger. Die Schmuckelemente an den Gebäuden Högers und Fritz Schumachers, auch die Plastiken Richard Kuöhls, wurden in Wesselys Fabrik gebrannt. Wessely stellte auch Badezimmereinrichtungen, Kachelöfen und Großküchen her, u. a. für das Universitätskrankenhaus Eppendorf und die Ozeanriesen der Kaiserzeit.

Westerfelde (Ohlstedt) nach dem dortigen Flurnamen „Westerfeld" (1779), westlich von Ohlstedt gelegenes Feld.

Westhusenstraße (Wellingsbüttel) nach Peter Westhusen (1613-1660), Rektor des Johanneums von 1651 bis 1660.

Wibbeltweg (Wellingsbüttel) nach dem niederdeutschen Schriftsteller Augustin Wibbelt (1862-1947).

Wiesen gab es ursprünglich nur im Überschwemmungsland der Alster und ihrer Nebenflüsse. Dort wurden Pferde und Milchkühe geweidet, die sich nicht auf die sonst übliche Waldweide treiben ließen. Pferde benötigen als Steppentiere offenes Grasland. Milchkühe mussten in der Nähe des Dorfes gemolken werden. Auf den Wiesen gewannen die Bauern das für die winterliche Stallfütterung notwen-

Orchideenwiese, Wohldorfer Wald (um 1990)

dige Heu. Dort wuchsen allerdings von Natur aus eher weniger wertvolle Sauergräser und Binsen. Eingesäte und gedüngte Weiden mit einer speziellen Zusammensetzung der Gräser sind überwiegend erst im 20. Jahrhundert entstanden.

Wildehovetweg (Sasel) nach Carsten Wildehovet, Saseler Bauer im 16. Jahrhundert, hieß bis 1950 „Roggenkamp".

Wilhelm-Bauche-Weg (Poppenbüttel) nach dem Alstertaler Widerstandskämpfer Wilhelm Bauche (1899-1959).

Wilhelm-Siefke-Weg (Poppenbüttel) Siefke (1888-1970) war Begründer des →Alstertal-Museums.

Wilhelm-Stein-Weg (Hummelsbüttel) nach Dr.-Ing. h.c. Wilhelm Stein (1870-1964), Vorstandsvorsitzender der Hamburger Hochbahn AG.

Windeck (Wohldorf) Bezeichnung für den Landsitz des Hamburger Kaufmanns Wahlstab.

-wisch = Wiese

Wittmoor Die Osthälfte des Moores gehört zu →Lemsahl-Mellingstedt. Das „weiße Moor" ist eine Wasserscheide. Die →Mellingbek entwässert das Moor nach Süden, der →Wittmoorgraben nach Nordosten. Lange war das Moor Privatbesitz des Gutes →Tangstedt. Es diente der Torfgewinnung und wurde noch bis in das vorige Jahrhundert abgetorft. Die Lauensteinsche Presstorffabrik an der Segeberger Chaussee verarbeitete den Torf. Auf Loren einer Feldbahn mit ausgedehntem Gleissystem gelangten die Soden zur Fabrik. Die Schienen sind längst abgebaut, aber der Bahndamm zum Betriebsgelände ist noch vorhanden und dient auf der Ostseite als Wanderweg. An der Stelle des Torf-Fabrikgebäudes befindet sich heute ein Baumarkt. Die alten Torfstiche sind noch sichtbar. – 1933 wurde im Wittmoor ein Konzentrationslager eingerichtet. Von April bis Oktober 1933 mussten bis zu 140 politische Gefangene Torf stechen und das Moor trocken legen. An diese Zeit erinnern seit 1986 ein Gedenkstein am →Bilenbarg und seit 1987 eine Gedenkanlage mit Informationstafeln am Norderstedter Weg Am Wittmoor. – Das Wittmoor ist Naturschutzgebiet (1987 unter Schutz gestellt). Vor allem Birken kennzeichnen die Vegetation. An feuchten Stellen findet man Sonnentau, Moosbeere und Rosmarinheide. Im Sommer erscheinen die offenen Moorflächen wie beschneit von den Samenständen des Wollgrases. Mehrere Libellenarten jagen im Moor. Bergeidechsen, Ringelnattern und Kreuzottern leben auf eher trockenen Flächen. Auf den Wiesen am Rande des Moores lassen sich im Frühjahr Bekassinen und Kiebitze beobachten. Habicht und Turmfalke besuchen das

Wittmoor: Blick vom Knüppeldamm nach Norden (1990)

Areal. In der Zugzeit kommen auch Waldschnepfe, Bruch- und Waldwasserläufer ins Wittmoor.

Wittmoorgraben Bach aus dem →Wittmoor in Richtung →Duvenstedt.

Wittreem (Sasel) Flurname von „Wid" oder „Widn" = Wald.

Wöhlberge Die Hügel an der →Saselbek sind eine Endmoräne aus der letzten →Eiszeit. Frühe Menschen der Bronze- und Eisenzeit legten hier Hügelgräber an. Ursprünglich gab es auf den Wöhlbergen zwölf solche Grabstätten. Sie wurden allmählich, u. a. durch Boden-Erosion, abgetragen und lassen sich nur noch teilweise erkennen. Auch zwischen den Grabhügeln bestattete man steinbewehrte Aschenurnen. Die Anlage bildet das einzige erhaltene, geschlossene Hügelgräberfeld Hamburgs nördlich der Elbe und besitzt große archäologische Bedeutung. Forscher entdeckten Gegenstände aus der Bronzezeit und vorrömischen Eisenzeit (ca. 1.500 v. Chr.).

Wölckenstraße (Sasel) nach Peter Wölcken, Saseler Bauer aus dem 17. Jahrhundert, hieß bis 1950 „Pfeilshoferweg".

Wölprie nach dem dortigen Flurnamen (auch „Wölpen Ree", 1783),, „wölp" = wälzen, rollen, „Rie" = kleiner Wasserlauf mit schnell fließendem Wasser. Ein Teil der Straße hieß von 1938 bis 1945 „Hermann-Prentzel-Straße".

Wohldorf Vom Dorf Wohldorf (Woltorp) gibt es erst seit der Mitte des 15. Jahrhunderts Nachrichten. 1440 ging Wohldorf zusammen mit Schmalenbeck, Volksdorf, Lottbek, halb Hoisbüttel und zwei weiteren, untergegangenen, Dörfern in den Besitz

Älteste überlieferte Karte von Wohldorf (1725/31)

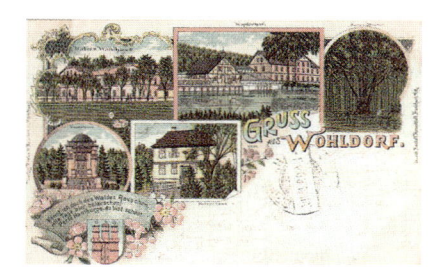

Wohldorf, Ansichtskarte (um 1900)

→Hamburgs über. Holsteinische Ritter hatten diese Ländereien verpfändet und konnten die Pfänder nicht einlösen. Das alte Dorf Wohldorf dürfte am heutigen Wohldorfer Kupferteich gelegen haben.

Wohldorfer Burg Die Burg bauten die Holsteiner Grafen Gerhard II. und Adolf VI. wahrscheinlich Ende des 13. Jahrhunderts. 1347 versuchten die holsteinischen Grafen und die Städte →Hamburg und Lübeck, die Wohldorfer Burg zu zerstören. Das Ergebnis ist nicht bekannt. Neunzig Jahre später verpfändete Brunecke von Alveslo u. a. →Wohldorf an Hamburg. Der neue Hamburger Stützpunkt in Wohldorf brannte 1487 nieder. Das erste →Waldherrenhaus entstand 1489. Von 1712 bis 1714 errichtete der Zimmermeister Hans-Georg Günther das jetzt noch bestehende →Waldherrenhaus. Der Zugang lag nach Osten. Im Balken über der Tür steht noch heute eine lateinische Inschrift, die übersetzt lautet: „Als Herr Johann von Som und Herr Walter Beckhof die Waldherrschaft inne hatten, ist dies Haus errichtet. Im Jahre 1712."

Wohldorfer Hof Seit dem Mittelalter gehörte zum hamburgischen Besitz in →Wohldorf ein Gutshof, den die Stadt zunächst verpachtete. Die Pächter wechselten oft. Auf dem Hof mussten die Wohldorfer Untertanen Hand- und Spanndienste leisten. Mitte des 19. Jahrhunderts erwarb J. D. →Koopmann den Hof. Er betrieb eine große Exportschlachterei an der Hamburger Elbstraße und eine Spritfabrik. Täglich wurden dort bis zu 1.500 Schweine geschlachtet und nach England exportiert. Neben dem Wohldorfer Hof besaß Koopmann ein großes Haus in Hamburg und sechs größere Landwirtschaften. Nach dem Tod Koopmanns erbte sein Sohn J. D. Koopmann den Wohldorfer Hof. Er errichtete 1882 eine repräsentative Villa im

Burg Wohldorf im Mittelalter (Zeichnung nach Wilhelm Füßlein, um 1954)

Gutspark und für seinen verstorbenen Vater ein →Mausoleum. Später geriet er in wirtschaftliche Schwierigkeiten. Der Geschäftspartner des Vaters in England, ein Mann namens Dermy, erwarb ca. 1902/1903 den Hof. Als Dermy kinderlos gestorben war, kaufte 1905 der Milliardär Alfred →Beit („Diamanten-Beit") den Gutsbetrieb. Er wollte dort Traberpferde züchten. Sein Tod vereitelte die Ausführung. In den zwanziger Jahren des vorigen Jahrhunderts sollte das Gut – wie viele Güter in den preußischen Nachbargemeinden – für siedlungswillige Städter

Wohldorfer Kornmühle

Die Wohldorfer Kornmühle. Stich von W. Heuer (um 1850)

parzelliert werden. Der Plan scheiterte an der Weltwirtschaftskrise. Beits Neffe Paul Sanne erbte die Anlage. In den Jahren 1907 bis 1914 spezialisierte sich Gut Wohldorf – wie alle benachbarten Gutsbetriebe – auf die Produktion von Milch für die Großstadt. Sanne war bis 1934 Eigentümer, musste dann aber wegen Geldschwierigkeiten aufgeben. Dabei spielte offenbar auch seine „nicht-arische" Herkunft eine Rolle. 1937 starb Sanne. In den dreißiger Jahren übernahm der Hamburger Staat den Hof. 1933 pachtete der „Gemeinnützige Verein für Melioration und Umschulung e.V. Hamburg" das Gut und richtete ein Arbeitsdienstlager ein. Arbeitsdienstmänner führten in versumpften Wiesen Kultivierungsarbeiten durch. 1939 wurde das Gut an die Stadt Hamburg verkauft. Hamburg verpachtete den Wohldorfer Hof an den „Gaubauernführer" Duncker. Während des Zweiten Weltkrieges versuchte Duncker, im →Duvenstedter Brook einen weiteren landwirtschaftlichen Betrieb aufzubauen. In der Nachkriegszeit diente das Gutshaus als Notunterkunft für Flüchtlinge. 1964 pachtete die Firma Alfred C. →Toepfer das Gut. Zwei Jahre später wurde das herrschaftliche Wohnhaus abgerissen.

An die einstige Gutsanlage erinnern nur noch Betriebsgebäude und das Melkerhaus gegenüber an der Herrenhausallee.

Wohldorfer Kornmühle Die Mühle an der →Aue geht auf die Jahre 1471-1475 zurück und war Zwangsmühle für alle →Walddörfer, d. h. alle Bauern mussten hier – trotz weiter Wege – ihr Getreide mahlen lassen. Der Müller kassierte von den „Zwangsgästen" eine Mahlgebühr. Er durfte außerdem als einziger Wohldorfer in der Aue fischen, und zwar auf der Strecke vom →Kupferhof bis zur →Alster. Allerdings war er verpflichtet, den Waldherren oder Kämmereibürgern „ein gutes Gericht" Fische zu liefern, wenn sich diese im →Waldherrenhaus aufhielten. Die mittelalterliche Mühle wurde mehrfach umgebaut. In der ersten Hälfte des 19. Jahrhunderts betrieb der damalige Müller neben der Kornmühle zusätzlich eine Ölmühle. Das jetzige Backsteingebäude stammt von 1863. Damals erhielt die Müllerfamilie auch ein neues Wohnhaus gegenüber an der Herrenhausallee. Dort richtete der Müller einen Schankbetrieb ein und durfte ihn 1897 zu einer Gaststätte erweitern. 1983 wurde die Kornmühle, schon lange von einer Turbine und nicht mehr von einem Mühlrad angetrieben, stillgelegt (Denkmalschutz).

Wohldorfer Kupfermühle Das stattliche Fachwerkhaus Herrenhausallee 64 mit kleinem Turm ist die ehemalige Kupfermühle. Hier wird die →Aue zu einem Teich („Kupferteich") gestaut und stürzt rauschend unterhalb der Mühle in eine malerische Schlucht. Die Frontwand des Gebäudes befindet sich noch fast im Originalzustand des ausgehenden 17. Jahrhunderts, die Innenausstattung enthält Reste aus dem 17. und 18. Jahrhundert (Denkmalschutz). Seit 1622 gab es an dieser Stelle Gewerbebetriebe, die die Wasserkraft nutzten – zunächst eine Messingdrahtmühle und danach eine Walkmühle zur Herstellung verdichteter Wollstoffe. 1687 erwarb der Hamburger Münzmeister Hermann Lüders die Anlage und verarbeitete Kupfer. Er ließ neue Betriebsgebäude errichten und für sich gegenüber der Mühle ein herrschaftliches Wohnhaus bauen (→Alter Kupferhof). Während des gesamten 18. Jahrhunderts und bis in die zwanziger Jahre des 19. Jahrhunderts wurden in →Wohldorf aus Kupfer verschiedene Produkte hergestellt. Allerdings gab es Zeiten des Stillstands. So waren 1715 Schmiede und Schmelzmühle verfallen, der Hammer arbeitete aber noch. 1828 pachteten der Hamburger Kaufmann John Miles Sloman und sein Bruder Robert, ein Reeder, die Mühle. John Miles Sloman produzierte zunächst noch Kupferplatten, richtete dann aber eine Weberei ein. Mit modernen Maschinen stellte er aus Woll-Lumpen groben Stoff („Shoddy") her und exportierte ihn nach England. 1842 beendete er den Weberei-Betrieb, wahrscheinlich, weil veränderte Zollgesetze die Ausfuhr unrentabel machten. Zurück blieben 1.500 Zentner Wollabfälle, die allmählich verrotteten und die Luft verpesteten. Erst 1845 verkaufte Sloman diese eklige Masse nach Kent – als Dünger für die dortigen Hopfenfelder. – Der nächste Unternehmer auf der Kupfermühle war der Hamburger Carl Ludwig Cramer. Er stellte in der Weberei einen kräftigen, farbig gestreiften Inlettstoff her, sogenannten „Stouts". Jeden Tag transportierten Pferdewagen den Stoff nach Hamburg und Bargteheide zu den Bahnhöfen. Am Duvenstedter Triftweg unterhielt Cramer eine Verkaufsstelle. Offenbar lief das Geschäft gut, denn 1847 erwarb Cramer für die Fabrik eine kleine Dampfmaschine und errichtete 1854 neben der alten Kupfermühle ein neues Fabrikgebäude mit hohem Schornstein. Hier standen 1855 über 50 mechanische Webstühle, zwanzig Jahre später 80. Um 1875 waren in der Weberei rund 120 Arbeiter tätig. Sie lebten u. a. in den Wohnunterkünften, die der Volksmund →„Langer Jammer" und „Kurzer Jammer" nannte – ein Hinweis auf deren „Wohnqualität". 1899 musste Cramer Konkurs anmelden. Später

Wohldorfer Kupfermühle (um 1990)

Wohldorfer Kupfermühle: „Kurzer Jammer" (um 1950)

Wohldorfer Mühlen

diente das Mühlengebäude als Wohnhaus. Im Zweiten Weltkrieg war es Unterkunft für 60 russische Kriegsgefangene, die in →Wohldorf arbeiten mussten. Der „Kurze Jammer" ist noch erhalten (am Waldrand, Kupferredder 60, gegenüber dem ehemaligen →Verwaltungsseminar Kupferhof). Auch der Straßenname „Weberstieg" zwischen Herrenhausallee und Duvenstedter Triftweg erinnert an die frühindustrielle Epoche Wohldorfs.

Wohldorfer Mühlen An der Aue (= Abschnitt der →Ammersbek in →Wohldorf) lagen die →Wohldorfer Kupfermühle an der Herrenhausallee und die →Wohldorfer Kornmühle am Mühlenredder. Neben der Kornmühle wurde zeitweilig noch eine Ölmühle betrieben.

Wohldorfer Schleuse Das Wehr am Duvenstedter Damm entstand im 15. Jahrhundert. Nach dem Neubau des →Wohldorfer Schleusenmeisterhauses hieß die Anlage auch „Neuhauser" Schleuse. Beim Bau des →Alster-Trave-Kanals wurde der Schleusendamm durch Hochwasser zerstört und musste erneuert werden. Nahe der Schleuse, an den „Sahren", gab es einen Landeplatz für die →Alsterschiffe. Hier wurde das Holz aus dem →Wohldorfer Wald geladen.

Wohldorfer Schleusenmeisterhaus Das erste Schleusenmeisterhaus wurde 1450 gebaut, ein weiteres, das Neue Haus, 1529 beim zweiten Bau des →Alster-Trave-Kanals. Auf dieses Gebäude geht die jetzige Anlage zurück. Früher befand sich beim Schleusenmeisterhaus ein Bauhof, in dem man Geräte und Baustoffe für die Reparatur der Alsterschleusen lagerte.

Wohldorfer Schmiede Der Schmied Peter Heinrich Dreckmann aus Tangstedt baute die Anlage am →Duvenstedter Triftweg um 1832. Der vordere offene Teil mit einem Dach auf großen Säulen diente zum Beschlagen der Pferde. Hinten befand sich das Wohnhaus. Zwanzig Jahre später verkaufte Dreckmanns Witwe das Grundstück an Cord Hinrich Bock. Bock errichtete neben der Schmiede eine Gastwirtschaft (→Bock's Gasthof). Noch bis etwa 1940 wurde die Schmiede genutzt; dann lag sie brach. Das Gebäude stürzte 1990 ein. 1976/77 war die Schmiede aber schon als Rekonstruktion im Museumsdorf Volksdorf aufgebaut worden.

Wohldorfer Schule Um 1820 betrieb der ehemalige Wulksfelder Gutsschreiber in dem späteren Forsthaus am →Bollberg eine Schule. Die erste „richtige" Schule ist das Gebäude aus rotem Backstein am Kupferredder/→Melhopweg. Der Bau stammt von 1853/54. 1927 wurde zusätzlich eine Baracke aufgestellt, weil die Zahl der Kinder rasch anwuchs. Vier Jahre später war die neue Schule

Wohldorfer Kupfermühle (1998)

Wohldorfer Schleuse (um 1990)

weiter südlich fertiggestellt (Schule Am Walde, Architekt Fritz Schumacher). Die historische Schule wurde aufgegeben.

Wohldorfer Wald →Wohldorf und der Wohldorfer Wald gehören zu den hamburgischen Walddörfern, die die Stadt schon im Mittelalter (1437) erworben hat und die bis 1937 eine Exklave in →Holstein bzw. →Preußen bildeten. Der Waldbestand besaß große wirtschaftliche Bedeutung. Von Wohldorf aus wurde das Holz auf der →Alster nach Hamburg auf Flößen oder Schiffen transportiert. Im Auftrag der →Waldherren kontrollierte der →Waldvogt den Holzeinschlag. Die Wohldorfer Untertanen durften nur das Weichholz nutzen (gegen Entgelt, ab 1752 umsonst). Das Schlagen von Eichen und Buchen war der Herrschaft vorbehalten. Spätestens seit Beginn des 18. Jahrhunderts, als der Wald übernutzt worden war, bemühte sich der Hamburger Rat um Aufforstungen. So musste nach dem „Waldreglement" von 1701 jeder Bauer bei seiner Heirat zwölf Eichen pflanzen. Zur Nachzucht des wertvollen Hartholzes wurden eingehegte „Eckerkoppeln" und ein „Baumgarten" angelegt, später auch „Zuschläge", in denen die Waldweide nicht mehr gestattet war. Um die Mitte des 18. Jahrhunderts erprobten Forstleute erstmals die Aussaat von Fichtensamen in der sogenannten „Tannenkoppel". Das war der Anfang der eigentlich standortfremden Nadelwaldbestände. – Zu Beginn des 19. Jahrhunderts wurden die traditionellen bäuerlichen Waldnutzungsrechte aufgehoben. Der Hamburger Rat wollte nun mit der Nutzung des Wohldorfer Waldes möglichst hohe Erträge erzielen. Mehrfach erwog er sogar, die Waldungen vollständig abzuholzen oder zur Besiedlung verkaufen. 1858 allerdings wurde der hamburgische Forstbetrieb auf eine moderne wissenschaftliche Grundlage gestellt (Forsteinrichtungswerk). Ein Teil des Wohldorfer Waldes sollte von der Holznutzung ausgenommen werden und der Erholung dienen. Das Konzept des Erholungswaldes setzte sich in den folgenden Jahrzehnten immer stärker durch. Entsprechend wurde der Einschlag reduziert. Erst der nationalsozialistische „Senat" ließ wieder mehr Bäume fällen, um die angestrebte wirtschaftliche Autarkie Deutschlands zu erreichen. Nach Kriegsbeginn nahm die Abholzung noch zu. Der größte Raubbau am Wald wurde in der Nachkriegszeit getrieben, als die Besatzungmacht und die Einheimischen Brennholz benötigten. Erst um 1950 begann die Aufforstung. Der östliche Teil des 364 ha großen Wohldorfer Waldes (jenseits des Kupferredders) ist heute Naturschutzgebiet, der westliche Landschaftsschutzgebiet. Es gibt in der hügeligen Landschaft vielfältige Lebensräume: moorähnliche Feuchtgebiete, Fließgewässer, Auwälder, Erlen- und Weidenbruchwälder sowie

Im Wohldorfer Wald (um 2000)

Pferdekoppeln am Wohldorfer Wald (um 2000)

den typischen Buchenhochwald mit teilweise bis zu 200 Jahre alten Bäumen. Speziell im Frühjahr vor dem Laubaustrieb bietet der Wald botanische Sehenswürdigkeiten (Buschwindröschen, Scharbockskraut, Milzkraut, Bingelkraut). Ende Mai blühen auf einigen Wiesen bedeutende Bestände des streng geschützten Knabenkrautes. An Besonderheiten der Tierwelt sind vor allem Uhu, Hohltaube, Kolkrabe, Zwergschnäpper, Schellente (brütet in Bäumen) und Schwarzspecht zu nennen. An der Ammersbek wurden 2007 Spuren des seltenen Fischotters entdeckt. In den Gewässern leben u. a. Bachneunauge, Kammmolch und Dicke Flussmuschel.

Wohldorf-Ohlstedt Die Grenze zwischen den beiden Dörfern verlief von der →Alster am Haselknick über die Bredenbekstraße, →Timms Hege und am Ostrand des →Wohldorfer Waldes entlang. 1872 wurden beide Dörfer zu einer Gemeinde vereinigt.

Wohldorf-Ohlstedter Friedhof 1932 richtete die Gemeinde →Wohldorf-Ohlstedt den Friedhof am Rande des Wohldorfer Waldes ein (→Ole Boomgarden). Der Eigentümer des →Wohldorfer Hofes, Paul Sanne, unterstützte die Gemeinde. Er schenkte ihr neun Hektar von seinem Land. Die Kapelle wurde 1937 gebaut. Bis dahin nutzte man das →Mausoleum. Seit 1938 gehört der Friedhof →Hamburg.

Wohldorf-Ohlstedter Hof Ausflugslokal der Kaiserzeit im →Melhopweg.

Wohldorf-Ohlstedter Schule diente 1945/46 als Lazarett. In dieser Zeit mussten die Kinder aus →Wohldorf-Ohlstedt die →Duvenstedter Schule besuchen. 1950 wurde auch das →Waldhaus als Schule genutzt.

Wohlfeld, Walter Maler, 1917 in →Hummelsbüttel geboren, lebte und wirkte in Wuppertal, wo er 2002 starb.

Wohnungsnot Ende der zwanziger Jahre des vorigen Jahrhunderts zogen viele minderbemittelte Hamburger in die Dörfer des →Alstertals. Sie nutzten dort Wochenendgrundstücke und bauten sich illegal mit einfachsten Mitteln notdürftige Behausungen. Die Behörden sprachen von „wildem Bauen" und von „Kistendörfern". Besonders stark betroffen war →Sasel. Diese preußische Gemeinde war finanziell weit überfordert, denn sie musste den zugezogenen Menschen Sozialleistungen gewähren und die Infrastruktur ausbauen. Wohnungsnot herrschte auch nach dem Zweiten Weltkrieg (Wohnungszwangsverwaltung).

Woold (Bergstedt) = wilder Wald.

Wullenbusch (Ohlstedt) nach dem dortigen Flurnamen (1779), „Wullenbusch" = Wollgras.

Zeitungen Lokale Blätter waren der Stormarner „Landbote", das Kreisblatt und in den zwanziger Jahren des vorigen Jahrhunderts die Bramfeld-Poppenbütteler Zeitung.

Bramfeld-Poppenbütteler Zeitung vom 11.03.1931

Ziegeleien gab es in mehreren Dörfern des Alstertals (→Hummelsbütteler Ziegeleien, →Rodenbeker Ziegelei, →Wellingsbütteler Ziegeleien, →Trilluper Ziegelei).

Zigeunerpfahl Grenzzeichen bzw. Schild zur Abwehr von Zigeunern im 18. Jahrhundert, nicht nur im →Alstertal. „Zigeuner" nannte man damals das „fahrende Volk" („Vaganten", noch keine Sinti und Roma). Hamburger Rat und →Domkapitel wollten diese Nichtsesshaften aus den →Kapiteldörfern vertreiben. Als 1743 eine Zigeunergruppe nach →Poppenbüttel gekommen war und eine andere angegriffen hatte (mit drei Todesopfern), wurde ein Pfahl an der Grenze zu →Hummelsbüttel aufgestellt „zur Warnung und Abhaltung derer Zigeuner". Der Pfahl, wohl mit einer Inschrift versehen, stand dort bis 1770 und wurde dann wegen Fäulnis durch einen neuen ersetzt.

Zigarrenfabriken →Tabakfabriken

Zirkus Seit wann Zirkusse im →Alstertal gastieren, ist unbekannt. Kleine Zirkusunternehmen gaben auf jeden Fall in den letzten vier bis fünf Jahrzehnten Vorstellungen. Sie nutzten dazu die Markt- bzw. Dorfplätze oder große Weiden, so den Bergstedter und Poppenbütteler Marktplatz, den Hummelsbütteler Festplatz, Flächen am Rande von →Hohenbuchen oder eine ungenutzte Koppel an der →Harksheider Straße in →Poppenbüttel (jetzt bebaut). Als Elefantenweide diente um 1970 sogar die →Lemsahler Heide. Mit zunehmender Bebauung sind Plätze für Aufführungen und Wiesen für die Tiere rar geworden.

Der Hamburger Zirkus „Charless" gastiert in Bergstedt (um 2000)

Zoll Die Dörfer im →Alstertal gehörten bis 1938 zu verschiedenen Landesherren: →Wohldorf und →Ohlstedt zu →Hamburg, die übrigen zu Schleswig-Holstein, also ab 1640 zum →dänischen Gesamtstaat und ab 1867 zu →Preu-

Zum alten Zoll

ßen. Daher wurden an der Landesgrenze – markiert durch Holzpfähle und später Grenzsteine – Zölle erhoben. 1837 richtete →Dänemark Zollhäuser an der Grenze nach Hamburg ein. Zollhäuser lagen beispielsweise in →Hummelsbüttel am →Gnadenberg (1840 als Nebenstelle der Ochsenzoller Zollstation, besetzt mit drei Zöllnern) und an der Brücke über die →Mellingbek. Auch von Waren aus Wohldorf und Ohlstedt sollte Zoll erhoben werden. Sogar für den Hafer, mit dem die hamburgischen Dragoner, die in den Walddörfern stationiert waren, ihre Pferde füttern wollten, verlangten die Dänen Einfuhrzoll. Hamburg und Dänemark stritten sich um diese Bestimmungen; einige Unternehmen waren durch den Zoll bald ruiniert, so die Weberei auf der →Wohldorfer Kupfermühle. 1840 kam es zu einem Vergleich. Die hamburgischen Exklaven wurden an das Zollgebiet des Herzogtums →Holstein und Fürstentums Lübeck angeschlossen. – In der preußischen Zeit gab es u. a. eine Zollstation in Barmbek. Die Zollgrenze zwischen Preußen und Hamburg fiel 1881 (Anschluss Hamburgs an das Zollgebiet des Deutschen Reiches).

Der „Bäcker" noch ganz ländlich (um 1955)

Zum alten Zoll einstiger Gasthof mit großem Kaffeegarten in →Hummelsbüttel an der Grenze zu Fuhlsbüttel, direkt neben dem dänischen Zollhaus. Um 1900 gehörte der Gasthof dem ersten Hummelsbütteler Feuerwehrhauptmann Joh. Hinrich Berott. In dem eleganten Saal feierten die örtlichen Vereine viele Feste. 1965 brannte der Gasthof bis auf die Veranda und den Stall völlig aus. Das Gebäude wurde inklusive Saal in anderer Form wieder errichtet und dient den Zeugen Jehovas als Versammlungsstätte.

Kaffeegarten des Gasthofes „Zum alten Zoll" (um 1900)

Zum Bäcker, Gasthof Das Gebäude schräg gegenüber dem →Waldherrenhaus an der Wohldorfer Herrenhausallee beherbergt heute eine Bäckerei und eine Gaststätte. Wahrscheinlich wurde es zusammen mit dem Waldherrenhaus im 18. Jahrhundert als sogenannter „Herrenstall" errichtet. Später kam die „Herrenscheune" als Anbau hinzu. Das Waldherrenhaus auf seiner kleinen Insel verfügte weder über Stallungen noch über Wohnraum für Bedienstete. Eimerweise musste das Wasser vom Brunnen beim Herrenstall hinüber getragen werden – noch bis 1924. Ende des 18. Jahrhunderts wurde beim Herrenstall ein →Eiskeller angelegt. Damals begann auch der Backbetrieb. 1798 wurde ein Ausschank eröffnet.

Hundert Jahre später bot Bäcker Heims den Hamburger Ausflüglern eine Übernachtungsmöglichkeit in der Herrenscheune und auf seinem Dachboden an. Pferde, Fahrzeuge und Heu für die Senatoren und Bürgerschaftsmitglieder, die das Waldherrenhaus als Sommerfrische nutzten, waren nun im →Waldhaus Hütscher untergebracht. Den prominenten Bewohnern des Waldherrenhauses lieferte Heims das „Bürgermeisterbrot", ein riesiges Milchbrot aus weißem Weizenmehl.

Zur Alsterschlucht, Gasthof

Großzügiges Ausflugslokal an der Lemsahler Landstraße hoch über dem Tal der →Mellingburger Schleife. Richard Jungclaus, der Wirt des alten Gasthauses →Ole Luus schräg gegenüber, baute das Lokal 1897. Es galt als exklusiv. Jungclaus warb mit seinem großen, schattigen Park, der sich terrassiert bis zur →Alster hinab zog. Als der →Ausflugsverkehr abgeebbt und das Lokal geschlossen war, diente das Gebäude als Erholungsheim der Firma Wempe, danach als Heim der Sozialbehörde. Der ehemalige Park in der Schlucht ist heute düster, matschig und vollkommen zugewachsen. Nur einige standortfremde Gehölze wie Blutbuchen, Lebensbäume und Eiben weisen darauf hin, dass sich hier vor hundert Jahren ein kunstvoll angelegter Park befand.

Zur Friedenseiche, Gasthof

geht auf den kleinen Kayenkrug zurück, der Ende des 17. Jahrhunderts an der späteren Einmündung der →Rolfinckstraße in den Wellingsbütteler Weg stand. Durch das Grundstück fließt ein Bach, der vom →Pfeilhof stammt und den →Kuhteich sowie den Mühlenteich mit Wasser versorgt. 1867 kaufte Peter Johann Hayn den alten Krug. Nach dem deutsch-französischen Krieg pflanzte er als Gemeindevorsteher vor seinem Hof die →Friedenseiche, die heute noch steht. Nach ihr nannte er seine Gastwirtschaft. Zu Beginn des 20. Jahrhunderts, als der →Ausflugsverkehr blühte, baute der Sohn Otto Hayn den Betrieb um. Das Gebäude erhielt eine Veranda und eine Doppelkegelbahn. Auf der ehemaligen Weide hinter dem Haus legte der gelernte Gärtner einen Park mit fein ziselierten Spazierwegen, Rondellen, Rasenflächen und Teichen an. Nachdem 1947 das Haus abgebrannt war, erhielt es ein flaches Dach. Vor einigen Jahren wurde das Gebäude abgerissen. Der historische Garten liegt brach.

Gasthof „Zur Alsterschlucht" mit Park zur Alster (um 1900)

Die „Friedenseiche", noch mit Satteldach (vor 1947)

Zur Linde, Gasthof zur traditionsreiches Lokal in →Wellingsbüttel an der scharfen Biegung des Wellingsbütteler Weges, noch vorhanden (rustikales Restaurant). Die „Linde" am Rand zum →Wellingsbütteler Gehölz war älter als der nahe gelegene Gasthof „Alsterhöhe". Der Wassermüller Johann Joachim Schultz hatte das Gelände 1817 erworben. Mindestens seit 1850 war der Gasthof in Betrieb, zuerst als einfaches Bauernhaus. 1931/32 wurde die „Linde" zeitgemäß umgebaut und um 1980 erneut grundlegend modernisiert.

Gasthof „Zur Linde" (um 1902)

Gasthof „Zur Schleuse" vor dem Brand (1900)

Zur Schleuse, Gasthof Der Gasthof (auch „Hotel zur Schleuse") entstand 1876. Damals richtete der Wohldorfer →Schleusenmeister ein Sommerlogierhaus ein. Große Nachfrage setzte erst nach 1907 ein, als die →Kleinbahn Altrahlstedt-Volksdorf-Wohldorf eröffnet worden war. So konnte der Wirt Timmermann 1911 das ehemalige Schleusenmeisterhaus großzügig umbauen. Es erhielt mit Säulenportal und Verzierungen ein herrschaftliches Aussehen. Im Gasthof verkehrten illustre Gäste, u. a. Bürgermeister Mönckeberg und Bankier Max Warburg. 1923 brannte das Gebäude durch Blitzschlag ab und wurde neu gebaut. Der Saal bot nun Platz für 600 Menschen, der Garten für 1.400. 1967 wurde die Gaststätte geschlossen. Die Kirchengemeinde kaufte das Gebäude und nutzte es als Kindergarten. 1982 wurde der Gasthof zu Eigentumswohnungen umgebaut (Denkmalschutz).

Anzeige, Hotel „Zur Schleuse" (um 1900)

Zur Sennhütte, Gasthaus („Hänschen") hoch gelegenes Ausflugslokal in →Duvenstedt, →Im Ellernbusch. Vor hundert Jahren, als das →Alstertal überwiegend entwaldet war, konnten die Gäste weit über die Chaussee und das →Wittmoor bis zur Tangstedter Heide blicken. Im Garten standen sogenannte „Lufthütten", in denen man sparsam bekleidet ungeniert Luft und Sonne genießen konnte. Das Hauptgebäude ist, leicht verändert, noch erhalten und beherbergt heute ein griechisches Restaurant.

Zur Quelle, Gasthof ehemalige Gaststätte in →Mellingstedt, gegenüber dem Hof →Treudelberg. Es warb als „Café und Frühstückslokal", soll aber nicht viel Gäste gehabt haben, weil es beim häufigen Westwind im „Schweinedunst" von Treudelberg lag.

Gasthof „Zur Quelle" in den späten 30er Jahren

Literaturverzeichnis

Abkürzungen:
JAV = Jahrbuch des Alstervereins
Walddörfer = Unsere Heimat – Die Walddörfer

Apel, Gustav: Geschichte des Dorfes Poppenbüttel, in: JAV 1937/38, S. 63 ff.

150 Ausflüge in Hamburgs Umgebung und in die Lüneburger Heide (Richters Reiseführer), 16. Aufl. Hamburg 1910.

Bajohr, Frank: Hamburgs „Führer". Zur Person und Tätigkeit des Hamburger NSDAP-Gauleiters Karl Kaufmann (1900-1969), in: Hamburg im Dritten Reich. Sieben Beiträge, Hamburg 1998, S. 119-148.

Behr, Karin von und Urs Kluyver: Die Walddörfer. Volksdorf, Bergstedt, Wohldorf-Ohlstedt, Hamburg 1996.

Cambeis, Sabina: Widerstand bleibt lebendig. Straßenbenennung nach Widerstandskämpfern in Hamburg-Poppenbüttel, Hamburg 1986.

Chronik der Familie Mewes und Lebenserinnerungen aufgezeichnet von Georg Mewes, geboren 16. Oktober 1879 zu Brunn a/Dosse, Krs. Neu-Ruppin, gestorben 14. August 1957 zu Wohldorf-Ohlstedt, in: Walddörfer 2/1999, S. 26-28; 5/1999, S. 70-71; 6/1999, S. 86-87.

Clausen, Otto: Flurnamen Schleswig-Holsteins, 2. Aufl. Rendsburg 1988.

Dreckmann, Hans: Das Leben auf einem Gutshof in Alstertal vor 60 Jahren, in: Walddörfer 4/1966, S. 53 ff. u. 5/1966, S. 71 ff.

Duvenstedt stellt sich vor, Hamburg 1988.

Eine Straße in Duvenstedt. Der alte Specksaalredder, in: Walddörfer 5/2004, S. 65-67.

Entstehung und Untergang des schönen idyllisch gelegenen Mausoleums in Wohldorf (Zeit 1883 bis 1942), in: Walddörfer 1/2000, S. 11-12.

Fiege, Hartwig: Geschichte Wellingsbüttels. Vom holsteinischen Dorf und Gut zum hamburgischen Stadtteil, Neumünster 1982.

Flesner, Hannes: Schenk ein, mach Striche. Über das Leben an der oberen Alster, Hamburg 1981.

Hamburg und der Kolonialismus. Kolonialspuren und Gedenkkultur im Selbstverständnis der Handelsstadt, 2. Aufl. Hamburg 2007 (http://www.gal-fraktion.de/cms/files/dokbin/195/195949.hamburg_und_kolonialismus.pdf)

Hardt, Susanne: Wohnhaus Otto Ameis, Schleusenredder Nr. 21, in: Walddörfer 5/2004, S. 70-72.

Hattendorf, Mathias: 100 Jahre Alsterverein – eine kritische Bilanz, in: JAV 2000, S. 11-22

Hesse, Richard (Hrsg.): Das Alstertal. Ausflugsziel von damals 1890-1914, 2. Aufl. Hamburg, 1977.

Hipp, Hermann: Freie und Hansestadt Hamburg. Geschichte, Kultur und Stadtbaukunst an Elbe und Alster, Köln 1989.

Hogetop, Edmund: Die Geschichte der Siedlungen in Sasel, Wellingsbüttel und Berne, Hamburg o. J.

700 Jahre Duvenstedt 1261-1961 (Festschrift).

100 Jahre Freiwillige Feuerwehr Duvenstedt 1891-1991.

Literaturverzeichnis

100 Jahre Freiwillige Feuerwehr Hummelsbüttel 1990.

100 Jahre Freiwillige Feuerwehr Lemsahl-Mellingstedt 1990.

100 Jahre Freiwillige Feuerwehr Wellingsbüttel 1990.

700 Jahre Duvenstedt 1261-1991.

700 Jahre Lemsahl-Mellingstedt, Hamburg 1971.

700 Jahre Sasel, Hamburg 1996.

700 Jahre Wellingsbüttel, Hamburg 1996.

Kettel, W. O. Paul und Schreyer, Alf: Die hamburgischen Walddörfer und das benachbarte Stormarn, Hamburg 1968.

Klingel, Kerstin: Eichenkranz und Dornenkrone. Kriegerdenkmäler in Hamburg, Hamburg 2006.

Kluyver, Urs und Schiller, Bernd: Das Alstertal. Hummelsbüttel, Wellingsbüttel, Sasel, Poppenbüttel, Lemsahl-Mellingstedt, Duvenstedt und der Brook, Hamburg 1997.

Knorr, Martin: Arnesvelde, Stegen, Wohldorf. Geschichte und Rekonstruktion dreier mittelalterlicher Burgen in Stormarn (Stormarner Hefte 7), Neumünster 1981.

Kruse, Hans Ludwig: Geschichte der Friedhöfe in den Walddörfern (Schluß), in: Walddörfer 2/2003, S. 15-17.

Lehne, Pascal: Die elektrische Kleinbahn Altrahlstedt-Volksdorf-Wohldorf, 3. Aufl. Hamburg 1978.

Marchtaler, Hildegard von: Die Slomans auf der Wohldorfer Kupfermühle, in: JAV 1952, S. 41-45.

Melhop, Wilhelm: Die Alster. Geschichtlich, ortskundlich und flußbautechnisch beschrieben, Hamburg 1932 (Neudruck Hamburg o. J.).

Mirow, Jürgen (Hrsg.): Poppenbüttel. Porträt eines Stadtteils, Hamburg 2003.

Möller, Kurt Detlev: Aus der Geschichte Klein Borstels, Hamburg 1954.

Müller, Hans-Gerhard: Liebes altes Hummelsbüttel. Bilder aus vergangenen Tagen, Hamburg o.J. (1980).

Ohlstedt. Ein Heimatbuch, Hamburg 1963.

Pini, Udo: Zu Gast im alten Hamburg: Erinnerungen an Hotels, Gaststätten, Ausflugslokale... München 1987.

Risch, Hans Gerhard: Die Veränderung der mittelalterlichen Besitzverhältnisse im Kirchspiel Bergstedt, in: JAV 1988, S. 51-66.

Röpke, Georg-Wilhelm: Zwischen Alster und Wandse. Stadtteil-Lexikon des Bezirks Wandsbek, Hamburg 1985.

Rosenfeld, Angelika: Flößerei auf der Alster, in: Dieses Land Stormarn, Hamburg 1989, S. 67-70.

Rosenfeld, Angelika: Sasel. Ein Stadtteil hat Geschichte, Hamburg 1991.

Rosenfeld, Angelika: 50 Jahre Verwaltungsseminar Kupferhof, Hamburg 1999.

Rosenfeld, Angelika: Alsterschiffe, Silbermünzen und eine „Burg". Die Geschichte Poppenbüttels, Hamburg 2006.

Schreyer, Alf: Die Walddörfer – Einst und heute. Wohldorf-Ohlstedt. Volksdorf. Duvenstedt. Lemsahl-Mellingstedt, Hamburg 1978.

Schreyer, Alf: Kirche in Stormarn. Geschichte eines Kirchenkreises und seiner Kirchengemeinden, Hamburg 1981.

Schreyer, Alf: Wie das Gasthaus „Saselbek" entstanden ist, in: Walddörfer 2/1981, S. 23-25.

Schreyer, Alf: Die Mellenburger Schleuse, in: Walddörfer 3/1988, S. 35-38.

Schreyer, Alf: Unter Denkmalschutz gestellt: Das frühere Armenhaus in Bergstedt, in: Walddörfer 3/1991, S. 35.

Schreyer, Alf: Historischer Ortskern Bergstedt unter Denkmalschutz gestellt, in: Walddörfer 6/1991, S. 79-82.

Schreyer, Alf: Liebes altes Wohldorf-Ohlstedt. Bilder aus der Vergangenheit, Hamburg 1991.

Schreyer, Alf: Die „Alte Schule", das Schulhaus von 1854 bis 1931, in: Walddörfer 4/1994.

Sparmann, Friedrich (Hrsg.): Festprogramm zur 700-Jahr-Feier des Kirchspiels Bergstedt. Ein Heimatbuch, Hamburg 1952.

Sparmann, Friedrich: Erinnerungen an „Rodenbeker Quellental", in: JAV 1961, S. 39-43.

Steinfath, Heinrich: Hummelsbüttel. Grützmühle und Hallenhäuser. Leben unter dem Strohdach, Hamburg 1986.

Suckau, Jochen: Als das Alstertal preußisch war. Über das Leben in den Landgemeinden Wellingsbüttel, Sasel, Poppenbüttel und Hummelsbüttel von 1867-1937, Hamburg 1985 (unveröff. Typoskript mit Quellen).

Uerlings, Herbert und Iulia-Karin Patrut: „Achtung, Zigeuner!" in: forschung. Das Magazin der DFG 2/2008, S. 9-12.

Walden, Hans: Stadt-Wald. Untersuchungen zur Grüngeschichte Hamburgs, Hamburg 2002.

Waldschläger, Heinz: Die ehemalige Torffabrik im Duvenstedter Brook, in: JAV 1988, S. 26-29.

Waldschläger, Heinz: 1942-1949: Die Holzkohlegewinnung im Wohldorfer Wald, in: Walddörfer 3/1999, S. 37-38.

Waldschläger, Heinz und Appen, Hans-Jürgen von: Die Trilluper Vollhufe und ihre Ziegeleien, in: JAV 2007, S. 97-118.

Internetadressen:.

http://www.arthur-illies.de/b-lebensdaten.htm

http://www.filmmuseum-hamburg.de/

http://www.gal-fraktion.de

http://www.wessely-kohlwey.de/Seiten/geschichte_main.html

Abbildungsverzeichnis

Der Verlag und die Autorin bedanken sich bei den Inhaber/innen von Urheberrechten für die Bereitstellung von Bildmaterial und für die freundliche Abdruckgenehmigung.

Nr	Seite	Bild	Rechteinhaber
1	7	Noch ein Rinnsal: der Anfang der Alster (Fotografie, um 1950)	© Archiv Rosenfeld
2	8	„Regenbogen über dem Alstertal". Gemälde / Öl auf Leinwand von Karl Wilhelm Arthur Illies, 1899. Hamburger Kunsthalle /1760	© bpk / Hamburger Kunsthalle. Foto: Hanne Moschkowitz
3	8	Hochwasser an der Poppenbütteler Schleuse (Fotografie, 1998)	© Elisabeth Rosenfeld
4	9	Diese Brücken führen über die Alster (Grafik, 2009)	© DOBU Verlag
5	9	Fußgängerbrücke bei Randel (Fotografie, um 1910)	© Archiv Rosenfeld
6	9	Alte Trilluper Brücke über die Alster (Fotografie, um 1950)	© DOBU Verlag
7	10	Gasthof Alsterhöhe (Postkarte, um 1900)	© Archiv Rosenfeld
8	10	Alsterquelle mit Hamburger Wappen (Fotografie, 1990)	© Thomas Fraatz-Rosenfeld
9	11	Die 1907 erbaute Schutzhütte des Alstervereins an der Alsterquelle (Fotografie, um 1910)	© Archiv Bürgerverein Fuhlsbüttel
10	11	Alsterschiff (Fotografie, um 1940)	© Alstertal-Museum
11	11	Untere Poppenbütteler Schleuse mit Lastkahn (Fotografie, 1901)	© Alstertal-Museum
12	12	Schiffergestalten aus dem 16. Jahrhundert	© Archiv Rosenfeld
13	12	Historische Landkarte des Alstertals (Grafik, um 1910)	© Archiv Rosenfeld
14	12	„Die Alsterkehre bei Poppenbüttel". Lithografie von Ernst Eitner (1904)	© Christian Wolters
15	13	Alstertal bei Wellingsbüttel (Fotografie, 2008)	© DOBU Verlag
16	13	Steilufer oberhalb der Mellingburger Schleuse (Fotografie, um 1950)	© Archiv Rosenfeld
17	14	Diesel-Triebwagen der Alstertalbahn (Fotografie, um 1920)	© Archiv Rosenfeld
18	15	Walrossdame „Antje" speit Wasser im Brunnen vor dem Alstertal-Einkaufszentrum (Fotografie, 2004)	© Hans-Hermann Zahn

19	15	Alstertal-Einkaufszentrum im Jahr der Eröffnung (Fotografie, 1970)	©	ECE, Alstertal-Einkaufszentrum, Hamburg
20	16	Alster-Beste-Kanal (Karte, 1528. Signatur: Abt.402BIII299)	©	Landesarchiv Schleswig-Holstein
21	17	Emblem des Alstervereins am Wellingsbütteler Torhaus (Fotografie, um 2000)	©	Thomas Fraatz-Rosenfeld
22	17	Johannisfeuer des Alstervereins (Postkarte, um 1920)	©	Archiv Rosenfeld
23	18	Alsterwanderweg beim Wellingsbütteler Torhaus (Fotografie, 2008)	©	DOBU Verlag
24	18	Blick auf die Alte Mühle von Norden (Fotografie, um 1975)	©	Martin Rosenfeld
25	19	Der ehemalige „Alte Forsthof" (Fotografie, 2007)	©	Thomas Fraatz-Rosenfeld
26	20	„Alter Kupferhof" als Wohngebäude (Fotografie, 1998)	©	Elisabeth Rosenfeld
27	20	Haus Ameis: kunstvolle Fachwerkfassade (Fotografie, 2004)	©	Hans-Herrmann Zahn
28	21	Torhaus „Annenhof" von Osten (Fotografie, um 1990).	©	Archiv Rosenfeld
29	22	Poppenbütteler Apotheke (1860). Abdruck aus: Jahrbuch des Alstervereins, 1938.	©	Alsterverein
30	22	Die Apotheke mit dem ersten Anbau (Fotografie, 1934)	©	Archiv Rosenfeld
31	22	Das frühere Arbeitsamt vor dem Abriss (Fotografie, um 1998)	©	Günther Felka
32	23	Poppenbütteler Armenkate an der Harksheider Straße (Fotografie, um 1960)	©	Günther Felka
33	24	Annonce der ATAG (Hamburger Fremdenblatt,1913)	©	Archiv Rosenfeld
34	25	Eingang zum Atlantik Film Kopierwerk/ Alster Film in Ohlstedt (Fotografie, 1946). Links: Bodo Menck (einer der ersten Mitarbeiter bei Alster-Film und Rhythmoton) im Gespräch mit Johannes Pfeiffer, Mitgesellschafter und Produktionschef der Rhythmoton.	©	Verein Film- und Fernsehmuseum Hamburg e.V
35	25	„Randels Gasthof" (Postkarte, um 1901)	©	Archiv Rosenfeld
36	26	Alter Forsthof (Postkarte, um 1910)	©	DOBU Verlag

Abbildungsverzeichnis

37	26	Klein Borsteler Fährhaus (Zeitungsanzeige, um 1910)	©	Archiv Rosenfeld
38	26	Restaurant „Randel" (Postkarte, um 1951)	©	DOBU Verlag
39	27	Ausflügler an der Poppenbütteler Schleuse (Fotografie, um 1920)	©	Alstertal-Museum
40	27	Sonntagsausflug am „Rodenbeker Quellenhof" (Fotografie, um 1930)	©	Rodenbeker Quellenhof, Sebastian Frommé
41	28	Kreuzung Saseler Damm/Poppenbütteler Landstraße (Fotografie, um 1930)	©	Archiv Rosenfeld
42	28	Azetylenwerk in Poppenbüttel (Fotografie, 1970)	©	Archiv Rosenfeld
43	29	Kunst auf der Brücke (Fotografie, 2000)	©	Thomas Fraatz-Rosenfeld
44	29	Badevergnügen an der Poppenbütteler Schleuse (Fotografie, um 1950)	©	Archiv Rosenfeld
45	29	Gespann auf der Bäckerbrücke (Fotografie, um 1920)	©	Archiv Rosenfeld
46	30	Poppenbütteler Rieseneiche, gefällt 1819. Lithografie von J. Herterich (um 1800)	©	Alsterverein
47	30	Bahnhof Poppenbüttel (Fotografie, um 1920)	©	Archiv Rosenfeld
48	31	Parkstadt Hummelsbüttel, erbaut in den 1960er-Jahren (Fotografie, 2009)	©	DOBU Verlag
49	31	Pastorat Bergstedt, erbaut 1796 (Fotografie, 2009)	©	DOBU Verlag
50	32	Erbhof Timm, Hummelsbüttel (Fotografie aus den 1930er-Jahren)	©	Alsterverein
51	32	Bauernhäuser am Saseler Markt (Fotografie, um 1950)	©	Archiv Rosenfeld
52	33	„Haus Schönbohm in Saselbek" Architekt: Fritz Höger. Zeichnung von Kurt Schöhnbohm, 1924	©	Archiv Rosenfeld
53	33	Villa in Ohlstedt, Architekt: Gustav Schütt, erbaut 1919, Sitz der Pestalozzi-Stiftung Hamburg (Fotografie, 2006)	©	Pestalozzi-Stiftung Hamburg
54	34	Bergstedt, Ecke Volksdorfer Damm / Bergstedter Chaussee (Fotografie, um 1937)	©	Begegnungsstätte Bergstedt
55	35	Bergstedter Armenhaus (Fotografie, vor 2003)	©	Begegnungsstätte Bergstedt
56	35	Bergstedter Dorfplatz (Fotografie, 2009)	©	DOBU Verlag
57	35	Grabmal Uhrlaub (Wulksfelde) auf dem Kirchhof (Fotografie, um 1990)	©	Elisabeth Rosenfeld

Abbildungsverzeichnis

58	36	Bergstedter Friedhof (Fotografie, 2009)	©	DOBU Verlag
59	37	Die Bergstedter Kirche von Südwesten (Fotografie, 2009)	©	DOBU Verlag
60	38	„Entwicklung des Bergstedter Kirchspiels", Zeichnung (undatiert)		zitiert aus: Sparmann, Friedrich: Bergstedt : die 850jährige Geschichte eines Kirchspieldorfes, Hamburg (1973), S.34.
61	39	Bergstedter Schule, errichtet 1906 (Fotografie, um 1930)	©	Begegnungsstätte Bergstedt
62	40	„Bock´s Gasthof" (Zeitungsanzeige, 1901)	©	DOBU Verlag
63	40	Bohlenweg-Grabung im Wittmoor (Fotografie, um 1900)	©	Archiv Rosenfeld
64	41	Am Brillkamp stand diese etwa 400 Jahre alte Buche (Fotografie, um 1920)		zitiert aus: Müller, Hans-Gerhard: Liebes altes Hummelsbüttel. Bilder aus vergangenen Tagen. Hamburg (1980), S.64.
65	42	Poppenbütteler Burgruine über dem Schleusenteich (Fotografie, vor 1918)	©	Archiv Rosenfeld
66	43	Die Burgruine nach der Wiederherstellung (Fotografie, 2004)	©	Hans-Hermann Zahn
67	43	Butterbauer Christen mit Familie vor seiner Villa (Fotografie, um 1900)		zitiert aus: Müller, Hans-Gerhard: Liebes altes Hummelsbüttel. Bilder aus vergangenen Tagen. Hamburg (1980), S.78.
68	44	Rasthaus am Campingplatz Haselknick (Fotografie, 2009)	©	DOBU Verlag
69	44	„Die heiligen drei Könige", Cantate-Kirche (Fotografie, 1966)	©	Kirchengemeinde Cantate-Kirche, Duvenstedt.
70	44	Cantate-Kirche am Tag der Einweihung (Fotografie, 03.09.1967)	©	Kirchengemeinde Cantate-Kirche, Duvenstedt.
71	45	Christophoruskirche (Fotografie, 2009)	©	DOBU Verlag
72	46	Dannenrüsch vor der Bebauung (Fotografie, 1925)	©	Archiv Rosenfeld
73	46	DGB-Tagungszentrum (Fotografie, 2009)	©	DOBU Verlag
74	47	Weiter Blick vom Herrschaftssitz des Domkapitals: Das Domherrenhaus (Fotografie, vor 1914)	©	Archiv Rosenfeld

Abbildungsverzeichnis

75	47	Doppel-Eichen konnte man für 10 Mark kaufen (Zeitungsanzeige, 1898)		zitiert aus: www.geschichte-s-h.de
76	48	Luftbild von Duvenstedt (Fotografie, um 1960)	©	Wolfgang Krogmann, Villa Lichtwarck
77	49	Das moderne Duvenstedt (Fotografie, 2009)	©	DOBU Verlag
78	49	Freibad Duvenstedt im Winter, abgedeckt (Fotografie, 2009)	©	DOBU Verlag
79	50	Spielmannszug des Duvenstedter Blasorchesters (Fotografie, 1969)	©	Duvenstedter Blasorchester
80	50	Herbstlicher Brook am Duvenstedter Triftweg (Fotografie, um 1970)	©	Martin Rosenfeld
81	51	Feuchtwiese im Duvenstedter Brook (Fotografie, undatiert)	©	Anke Werner
82	52	Historische Duvenstedter Dorfschule (Fotografie, 2008)	©	Thomas Fraatz-Rosenfeld
83	52	Der Triftweg lange vor der Asphaltierung (Fotografie, um 1930)	©	Archiv Rosenfeld
84	53	Eichen am Alsterwanderweg in Wellingsbüttel (Fotografie, 2009)	©	DOBU Verlag
85	54	Das Wohldorfer Kriegerdenkmal steht auf dem ehemaligen Eiskeller (Fotografie, um 1990)	©	Archiv Rosenfeld
86	54	Von der Eiszeit geformt: Landschaft im Hainesch/Iland (Fotografie, 2009)	©	DOBU Verlag
87	54	Ernst Eitner, Selbstporträt (1916)	©	Erich-Christian Wolters
88	55	Elektrizitätswerk von Lemsahl-Mellingstedt (Fotografie, vor 1915)	©	Heimatbund Lemsahl-Mellingstedt
89	56	Ellerbrocks Gasthof mit den Linden (um 1910)	©	Archiv Rosenfeld
90	56	„Zu den drei Linden" (Zeitungsanzeige, um 1900)		zitiert aus: Hesse, Richard: Das Alstertal. Ausflugsziel von damals 1980-1914. Hamburg (1975), S. 114
91	56	„Lachs in Mayonaise" (Zeichnung, 1879)		zitiert aus: Richters Louise / Hommer, Sofie Charlotte: Illustriertes Hamburg-Kochbuch. Hamburg (1879), S. 208f.
92	57	Vergleich der Zweiständer-, Dreiständer und Vierständervariante des Fachhallenhauses (Zeichnung von Ulrich Lamm, 2006)	©	Ulrich Lamm

Abbildungsverzeichnis

93	57	Grundriss Niedersachsenhaus, generalisierte Form (Zeichnung von Axel Hindemith, 2006)	©	Axel Hindemith
94	57	Seilfähre zwischen Hummelsbüttel und Wellingsbüttel (Fotografie, 1938)	©	Archiv Rosenfeld
95	58	Feldmark bei Hummelsbüttel (Fotografie, 2009)	©	DOBU Verlag
96	58	Festumzug in Poppenbüttel (Fotografie, um 1950)	©	Archiv Rosenfeld
97	58	Festumzug in Sasel (Fotografie, Ende der 20er Jahre)	©	Archiv Rosenfeld
98	59	Berufsfeuerwehr Sasel im Einsatz (Fotografie, 1964)	©	BF Sasel
99	60	Forsthaus im Duvenstedter Brook (Fotografie, undatiert)	©	Claus Christian Brettschneider
100	61	Ludwig Frahm mit Arbeitskolonne bei einer Ausgrabung (Fotografie, um 1900)	©	Archiv Rosenfeld
101	61	Ludwig Frahm: Lehrer und Dichter (Fotografie, undatiert)	©	Archiv Rosenfeld
102	62	Frank´sche Siedlung, Architektenzeichnung der Reihenhäuser (um 1935)	©	Archiv Rosenfeld
103	62	Vertreibung der Hamburger Bürger, die sich nicht selbst verproviantieren konnten (24.12.1813).		zitiert aus: Schmidt, Burghart: Hamburg im Zeitalter der Französischen Revolution und Napoleons (1789-1813), Teil 1, Hamburg (1998)
104	63	Bergstedter Wehr (Fotografie, 1890)	©	FF Bergstedt
105	63	Duvenstedter Wehr (Fotografie 1891)		zitiert aus: Festschrift - 100 Jahre Freiwillige Feuerwehr Duvenstedt 1891-1991. Hamburg (1991), S. 31.
106	63	Anerkennungsschreiben für die Freiwillige Feuerwehr Duvenstedt (Dokument, vom 17. Juli 1923)		zitiert aus: Festschrift - 100 Jahre Freiwillige Feuerwehr Duvenstedt 1891-1991. Hamburg (1991), S. 35.
107	63	Motorspritze der FF Hummelsbüttel, Lieschen (Fotografie, 1925)		zitiert aus: 100 Jahre Freiwillige Feuerwehr Hummelsbüttel 1890-1990. Hamburg (1990), S. 25.

Abbildungsverzeichnis

108	64	Hummelsbütteler Feuerwehr in der Gründungszeit (Fotografie, um 1895)		zitiert aus: 100 Jahre Freiwillige Feuerwehr Hummelsbüttel 1890-1990. Hamburg (1990), S. 25.
109	64	Freiwillige Feuerwehr Lemsahl-Mellingstedt (Fotografie, 1900)		zitiert aus: 100 Jahre Freiwillige Feuerwehr Lemsahl-Mellingstedt 1890-1990. Hamburg (1990), S. 22.
110	64	Freiwillige Feuerwehr Ohlstedt mit der ersten Motorspritze (Fotografie, 1925)	©	FF Ohlstedt
111	65	Freiwillige Feuerwehr Poppenbüttel (Fotografie, um 1910)	©	Archiv Rosenfeld
112	65	„Einsatz" der FF Poppenbüttel auf der Bodendeponie (Fotografie, um 1980)	©	Archiv Rosenfeld
113	65	Freiwillige Feuerwehr Sasel bei einer Übung (Fotografie, 1937)	©	Archiv Rosenfeld
114	66	FF Wellingsbüttel in der Anfangszeit (Fotografie, um 1898)	©	Archiv Rosenfeld
115	66	Freiwillige Feuerwehr Wohldorf (Fotografie, um 1960)	©	FF Wohldorf
116	66	Gasthof „Friedrichshöh" (Postkarte, um 1910)	©	Archiv Rosenfeld
117	67	„Alsterfurt bei der Poppenbütteler Schleuse" (Gemälde, Künstler unbekannt, um 1800)	©	Alsterverein
118	67	Fußweg an der Alster (Fotografie, 2009)	©	DOBU Verlag
119	68	Gartenanlage des Gutes Hohenbuchen (Fotografie, um 1910)	©	Archiv Rosenfeld
120	69	Julius Gilcher, Gründer der Siedlung Sasel (Zeichnung von Walter Elvert, um 1950)	©	Archiv Rosenfeld
121	69	Gesamtarmenverband Bramfeld um 1900 (Grafik, undatiert)		zitiert aus: Rosenfeld, Angelika: Sasel. Ein Stadtteil hat Geschichte. Hamburg (1991), S. 98
122	70	Gnadenbergweg (Fotografie, um 1950)		zitiert aus: Müller, Hans-Gerhard: Liebes altes Hummelsbüttel. Bilder aus vergangenen Tagen. Hamburg (1980), S. 31.

Abbildungsverzeichnis

123	70	Erweiterung des Golfplatzes (Fotografie, 2008)		zitiert aus: Hamburgs größte Sandkiste. BILD-Zeitung vom 25.09.2008
124	70	Golfplatz mit Hotelanlage „Treudelberg" (Fotografie, um 2008)	©	Golf Hotel Hof Treudelberg GmbH
125	71	Grenzsteine an der Hummelsbütteler Landstraße (Fotografien, undatiert)		zitiert aus: Müller, Hans-Gerhard: Liebes altes Hummelsbüttel. Bilder aus vergangenen Tagen. Hamburg (1980), S. 28.
126	72	Gasthof „Grüner Jäger", Postkarte (um 1908)	©	Alsterverein
127	72	„Grüner Jäger" (Fotografie, um 1900)	©	Alsterverein
128	72	Die Grützmühle am ursprünglichen Standort (Fotografie, um 1938)		zitiert aus: Jahrbuch des Alstervereins, Hamburg (1938),
129	73	„Gut Wellingsbüttel. Landpartie, links Carl und Louise Jauch geb. v. Plessen". Lithografie von Eugen Krüger (1868)	©	Familienarchiv Jauch
130	74	Blick über die Felder am Hainesch-Iland (Fotografie, 2009)	©	Ilka Duge, Walddörfer Umweltzeitung
131	74	Weg im NSG Hainisch-Iland (Fotografie, 2009)	©	DOBU Verlag
132	75	Handwerker beim Hausbau, in der Mitte der Saseler Maurer Caspar Hinrich Jarmers (Pfeil). Fotografie, um 1896.	©	Barbara Schumann, www.hinrich-jarmers.de
133	76	Lemsahler Heide (Fotografie, 2009)	©	DOBU Verlag
134	77	Mahlzeit in Pestalozzi-Heim Hamburg (Fotografie, 1960er Jahre)	©	Pestalozzi-Stiftung
135	77	Aufbruch zur Fahrrad-Tour vor dem Pestalozzi-Heim Hamburg in Ohlstedt (Fotografie, um 1960)	©	Pestalozzi-Stiftung
136	77	Hof Henneberg (Fotografie, um 1880)	©	Alsterverein
137	78	Eduard Henneberg als Student (Fotografie, um 1890)	©	Archiv Rosenfeld
138	79	Emblem der Henneberg-Bühne (Grafik, undatiert)		zitiert aus: www.hennebergbuehne.de
139	79	Altdeutsche Herde, Ohlstedt (Fotografie, um 1920)	©	Archiv Rosenfeld
140	80	Beschilderung des Erlebnispfades (Fotografie, 2009)	©	DOBU Verlag
141	81	Johann Friedrich H. Höger (Fotografie, um 1920)	©	Archiv Rosenfeld

Abbildungsverzeichnis

142	81	Hohenbuchen, Blick über den Hofteich. Aquarell von Wilhelm Heuer (1860).	©	Alsterverein
143	82	Wilhelm Schröder mit Familie (Fotografie, vor 1918)	©	Archiv Rosenfeld
144	82	Torhaus Hohenbuchen (Fotografie, um 1920)	©	Archiv Rosenfeld
145	83	Publikationen des Herzogs von Holstein-Beck (ab 1804)		zitiert aus: Hamberger, Christoph / Meusel, Johann Georg: Das gelehrte Teutschland, Ausgabe 5 (1810), Band 14, S. 177
146	84	Hospital zum Heiligen Geist (Fotografie, um 1955)	©	Archiv Rosenfeld
147	84	Hügelgrab in Lemsahl (Fotografie, 1993)	©	Thomas Fraatz-Rosenfeld
148	85	Pflegearbeiten im Hüsermoor (Fotografie, 2009)	©	Botanischer Verein zu Hamburg
149	85	Renaturierung im NSG Hummelsbütteler Moore (Fotografie, 2009)	©	Botanischer Verein zu Hamburg
150	85	Die Kate Friebel am Grützmühlenweg (Fotografie, vor 1918)	©	Archiv Rosenfeld
151	86	Karte von Hummelsbüttel (1875)	©	Alsterverein
152	86	Hummelsbütteler Bodendeponie (Fotografie, um 1970)	©	Archiv Rosenfeld
153	86	Moosbeere im Ohlkuhlenmoor (Fotografie, 2009)	©	Botanischer Verein zu Hamburg
154	87	Hummelsbütteler Schule (Fotografie, vor 1896)		zitiert aus: Müller, Hans-Gerhard: Liebes altes Hummelsbüttel. Bilder aus vergangenen Tagen. Hamburg (1980), S. 73
155	87	Werk I der Ziegelei Steinhage (Fotografie, um 1960)		zitiert aus: Müller, Hans-Gerhard: Liebes altes Hummelsbüttel. Bilder aus vergangenen Tagen. Hamburg (1980), S. 81
156	87	Abgangszeugnis einer Hummelsbütteler Schülerin (Dokument, 1893)		zitiert aus: Müller, Hans-Gerhard: Liebes altes Hummelsbüttel. Bilder aus vergangenen Tagen. Hamburg (1980), S. 73
157	88	Ziegelei Wettern & Sievert (Radierung, vor 1918)	©	Sievert, Familienchronik
158	88	Blick über den Hummelsee (Fotografie, 2009)	©	DOBU Verlag

Abbildungsverzeichnis

159	89	Pferdeweiden am Iland (Fotografie, 2009)	©	Monika Herrmann, Reitstall am Iland
160	89	„Immenhof" (Postkarte, um 1900)	©	Heimatbund Lemsahl-Mellingstedt
161	89	Arthur Illies (Fotografie, 1905)		zitiert aus: Hamburgische Männer und Frauen am Anfang des XX. Jahrhunderts. Hamburg (1905)
162	90	Buntes Treiben auf dem Poppenbütteler Jahrmarkt (Postkarte, um 1900)	©	Archiv Rosenfeld
163	91	Johann Christian Jauch jun. auf dem Weg zur Jagd (Fotografie, um 1850)	©	Familienarchiv Jauch
164	91	Hof von Joachim Wells (Fotografie, nach 1910)		zitiert aus: Müller, Hans-Gerhard: Liebes altes Hummelsbüttel. Bilder aus vergangenen Tagen. Hamburg (1980), S. 47
165	92	Kaiserstein in Poppenbüttel (Fotografie, um 1910)	©	Archiv Rosenfeld
166	93	Karpfenteich (Fotografie, um 1900)	©	Ernst Wolters
167	93	Wellingsbütteler Kattunfabrik. (Gemälde, um 1800)	©	Alstertal-Museum
168	95	Bauplan für die „Poppenbütteler Lichtspiele" (1953)	©	Verein Film- und Fernsehmuseum Hamburg e.V
169	95	Programm der „Tina Lichtspiele" (Zeitungsanzeige, 1955)	©	Archiv Rosenfeld
170	96	Feierlichkeiten zur Einweihung der Kleinbahn (Fotografie, 1904)	©	Archiv Rosenfeld
171	97	Haltestelle „Tannenallee" (Fotografie, um 1920)	©	Archiv Rosenfeld
172	97	„Spezial-Feldkarte" von Klein-Borstel (1821)	©	Archiv Rosenfeld
173	98	Die Alster bei Klein-Borstel (Postkarte, um 1904)	©	Archiv Rosenfeld
174	98	„Klein-Borsteler Fährhaus" (um 1905)		zitiert aus: Hesse, Richard: Das Alstertal. Ausflugsziele von damals 1890-1914. Hamburg (1975), S. 75
175	99	Knicks in der Hummelsbütteler Feldmark (Fotografie, 2009)	©	DOBU Verlag

Abbildungsverzeichnis

176	100	Der als „Kratzmann" bekannte Gasthof „Saseler Park" (Postkarte, um 1925)		zitiert aus: www.hinrich-jammers.de
177	101	Archäologische Grabungsstätte am Kreienhoop (Fotografien, 1982)	©	Thomas Fraatz-Rosenfeld
178	101	Gedenkmal für die Gefallenen des 1. Weltkrieges auf dem Bergstedter Kirchhof in Form eines Hügelgrabes (Fotografie, 2000)	©	Archiv Rosenfeld
179	102	Kriegerdenkmal in Lemsahl am Feuerlöschteich (Fotografie, 2008)	©	Thomas Fraatz-Rosenfeld
180	103	Gasthof „Krogmann" mit dem Kino (Fotografie, um 1950)	©	Archiv Rosenfeld
181	104	Untere Kupfermühle. Gemälde von Olga Kähler (um 1870)	©	Archiv Rosenfeld
182	104	Umlauf-Schlucht am ehemaligen Standort der Mühle (Fotografie, um 1984)	©	Thomas Fraatz-Rosenfeld
183	105	KZ Sasel - Mahnmal am Feldblumenweg (Fotografie, 2001)	©	Thomas Fraatz-Rosenfeld
184	105	Gedenkstein, KZ Sasel (Fotografie, 2007)	©	Thomas Fraatz-Rosenfeld
185	106	Kaufhaus Peters (Postkarte, vor 1914)	©	Archiv Rosenfeld
186	106	Im Bergstedter Lebensmittelladen Bauersfeld (Fotografie, 1955)	©	Begegnungsstätte Bergstedt
187	107	Landarbeiterhäuser in Wohldorf (Fotografie, 1998)	©	Archiv Rosenfeld
188	107	„Landhaus Ohlstedt" (Fotografie, um 1930)	©	Landhaus Ohlstedt
189	107	„Landhaus Ohlstedt" vor dem Brand 1927 (Fotografie)	©	Landhaus Ohlstedt
190	107	Alsterlandschaft bei Poppenbüttel. Gemälde von J. H. Camincke (1833)	©	Museum für Hamburgische Geschichte
191	108	Hummelsbütteler Landstraße (Fotografie, 1905)		zitiert aus: Hesse, Richard: Das Alstertal. Ausflugsziel von damals 1980-1914. Hamburg (1975), S. 55
192	108	Poppenbütteler Hauptstraße, Höhe Kupferhammer (Fotografie, um 1950)	©	Archiv Rosenfeld
193	108	Kartoffelernte in Lemsahl (Fotografie, um 1946)	©	Heimatverein Lemsahl-Mellingstedt
194	109	Erntedankfest in Lemsahl-Mellingstedt (Fotografie, 1946/47)	©	Heimatverein Lemsahl-Mellingstedt

Abbildungsverzeichnis

195	109	Hof des Bauern Bramfeld in Lemsahl-Mellingstedt (Fotografie, 1962)	©	Heimatverein Lemsahl-Mellingstedt
196	110	Der alte Langenjähren vor dem Bau der Siedlung Eitnerweg (Fotografie, undatiert)		zitiert aus: Müller, Hans-Gerhard: Liebes altes Hummelsbüttel. Bilder aus vergangenen Tagen. Hamburg (1980), S. 45
197	110	Langer Jammer (Fotografie, 2008)	©	Claus Christian Brettschneider
198	110	Die Langhein-Kate (Fotografie, vor 1920)	©	Archiv Rosenfeld
199	111	Spätsommer in der Lemsahler Heide (Fotografie, 2004)	©	Hans-Hermann Zahn
200	111	Dorfplatz Lemsahl-Mellingstedt (Fotografie, 2004)	©	Heimatverein Lemsahl-Mellingstedt
201	112	Alte Kate am Schulteich (Fotografie, 1967)	©	Heimatverein Lemsahl-Mellingstedt
202	112	Schulkinder vor dem „neuen" Schulgebäude (Fotografie, um 1920)	©	Heimatverein Lemsahl-Mellingstedt
203	113	Lindenhof, Terrassen am Alster-Abhang (Fotografie, um 1930)	©	Archiv Rosenfeld
204	113	Eingangshalle, Lindenhof (Fotografie, um 1980)	©	Archiv Rosenfeld
205	114	Das repräsentative Lippertsche Herrenhaus mit Personal (Fotografie, um 1900)	©	Archiv Rosenfeld
206	114	Haus des Stall-Inspektors (Fotografie, um 1930)	©	Archiv Rosenfeld
207	114	Hofplatz Hohenbuchen mit Viehställen und Motorhaus (Fotografie, um 1900)	©	Archiv Rosenfeld
208	115	Lippertsche Fischbrutanstalt am Poppenbütteler Kupferteich (Fotografie, um 1950)	©	Archiv Rosenfeld
209	116	Lutherkirche (Fotografie, 2009)	©	DOBU Verlag
210	117	Marktkirche in Poppenbüttel (Fotografie, um 2004)	©	Kirchengemeinde Poppenbüttel
211	118	Koopmann-Mausoleum in Wohldorfer Wald (Fotografie, um 1920)	©	Archiv Rosenfeld
212	118	Überreste des Mausoleums (Fotografie, 2000)	©	Archiv Rosenfeld
213	119	Hügel bei der Mellenburg. Litografie von C. H. Cornelsen (um 1850)		zitiert aus: Rosenfeld, Angelika: Alsterschiffe, Silbermünzen und eine „Burg". Die Geschichte Poppenbüttels, S. 58
214	119	Mellingbek nördlich Eichelhäherkamp vor der Renaturierung (Fotografie, um 1980)	©	Archiv Rosenfeld

Abbildungsverzeichnis

215	119	Mellingbek (Karte von 1875)	©	Alsterverein
216	119	Blick vom Treudelberg auf die Mellingburger Schleife (Fotografie, um 1975)	©	Archiv Rosenfeld
217	120	Mellingburger Schleuse (Postkarte, um 1950)	©	Archiv Rosenfeld
218	120	Mellingstedter Schleusenmeisterhaus (Fotografie, um 1980)	©	Archiv Rosenfeld
219	120	Mellingstedter Dorfplatz, Räucherkate Lohse, heute Ecke Redderbarg/Bargweg (Fotografie, undatiert)	©	Heimatverein Lemsahl-Mellingstedt
220	121	Molkerei Hohenbuchen mit Personal und Milchwagen (Fotografie, um 1910)	©	Archiv Rosenfeld
221	121	Neu angelegtes Bett der Minsbek (Fotografie, 2007)	©	Archiv Rosenfeld
222	122	Weg im Müssengebiet (Fotografie, um 1960)	©	Archiv Rosenfeld
223	123	Aufmarsch der Nationalsozialisten in Sasel (Fotografie, 1933)	©	Archiv Rosenfeld
224	123	Renaturierte Wasserfläche im NSG Wittmoor (Fotografie, um 1990)	©	Archiv Rosenfeld
225	124	Neuapostolische Kirche (Fotografie, 1951)	©	Neuapostolische Kirchengemeinde
226	124	Neuer Kupferhof (Fotografie, um 2006)	©	Thomas Carstensen, www.Wetter-in-Ohlstedt.de
227	125	Norweger-Haus am Ohlstedter Stieg (Fotografie, undatiert)	©	Claus Christian Brettschneider
228	125	Notgeldschein mit Alstermotiv, hier die Langwisch-Brücke (1921)	©	Kreisarchiv Stormarn
229	126	Oberalsterniederung Höhe Schlappenmoorbrücke (Fotografie, um 2004)	©	BUND Stormarn
230	126	Alsterschiff in Höhe Wulksfelde. Lithografie von Hornemann (um 1850)		zitiert aus: Heimatkunde von Stormarn, 1934.
231	127	Gasthaus Offen (Postkarte, um 1920)	©	Archiv Rosenfeld
232	128	„Moorlilien" im Ohlkuhlenmoor (Fotografie, undatiert)	©	Botanischer Verein zu Hamburg
233	128	Ohlstedter Dorfplatz (Fotografie, um 1970)		zitiert aus: Schreyer, Alf: Wohldorf und Ohlstedt. Geschichte und Geschichten aus sieben Jahrhunderten. Hamburg (1971), Abb. 55

Abbildungsverzeichnis

234	128	Hof Beck in Ohlstedt (Fotografie, 1930)	zitiert aus: Schreyer, Alf: Wohldorf und Ohlstedt. Geschichte und Geschichten aus sieben Jahrhunderten. Hamburg (1971), Abb. 54
235	129	Ohlstedter Rathaus, erbaut 1928 (Fotografie, vor 1970)	zitiert aus: Schreyer, Alf: Wohldorf und Ohlstedt. Geschichte und Geschichten aus sieben Jahrhunderten. Hamburg (1971), Abb. 64
236	129	Alte Ohlstedter Schule (Fotografie, 1928)	© Schule am Walde, Ohlstedt
237	129	Feierlichkeiten an der Ohlstedter Schule (Fotografie, 1928)	© Schule am Walde, Ohlstedt
238	130	Oldes Hof, Radierung (Darstellung um 1810)	© Alsterverein
239	130	Ole Luus nach dem Straßenbau (Fotografie 1983/84)	© Archiv Rosenfeld
240	131	Omnibus der Linie „Jungfernstieg-Wohldorf" (Fotografie, um 1920)	© Archiv Rosenfeld
241	131	Opferstein in Sasel, nach einer Lithografie von Otto Spekter (um 1830)	© Alsterverein
242	132	Perlbergwald vor der Bebauung (Fotografie, vor 1920)	zitiert aus: Rosenfeld, Angelika: Sasel. Ein Stadtteil hat Geschichte, Hamburg (1991), S. 140
243	132	Gasthof „Unter den Linden" (Fotografie, um 1900)	© Heimatverein Lemsahl-Mellingstedt
244	133	Eines der Fertighäuser am Pfefferminzkamp (Fotografie, um 1990)	© Poppenbüttel-Buch
245	134	Reiterstaffel vor der „Alten Wache" in Ohlstedt-Wohldorf (Fotografie, um 1970)	© Martin Rattunde
246	134	Streife (Fotografie, um 1960)	zitiert aus: 100 Jahre berittene Polizei Hamburg, Hamburg (1970), S. 45
247	134	Karte von Poppenbüttel (um 1875)	© Alsterverein
248	135	Die Poppenbütteler Hauptstraße, Höhe Moorhof (vor 1918)	© Archiv Rosenfeld
249	135	Poppenbütteler Weg mit der Apotheke (Fotografie, um 1960)	© Alsterverein
250	135	Poppenbüttel auf einer Ansichtskarte (um 1970)	© Archiv Rosenfeld

Abbildungsverzeichnis

251	136	Poppenbütteler Hof am Marktplatz, Nordseite (Fotografie, 1880)		zitiert aus: Jahrbuch des Alstervereins, Hamburg (2004), S. 82
252	136	Reifes Getreide am Ohlendiek (Fotografie, um 1990)	©	Elisabeth Rosenfeld
253	136	Poppenbütteler Kupferteich, Blick von Osten (Fotografie, 1956)	©	Archiv Rosenfeld
254	137	Poppenbütteler Kupfermühle, Gemälde von Carl Martin Laeisz (1843)	©	Museum für Hamburgische Geschichte
255	138	Poppenbütteler Schleuse (Fotografie, vor 1918)	©	Alsterverein
256	139	Poppenbütteler Schleuse, Radierung von Wilhelm Heuer (um 1850)	©	Museum für Hamburgische Geschichte
257	139	Poppenbütteler Schleusenmeisterhaus (Fotografie, 1980)	©	Archiv Rosenfeld
258	140	Die „neue" Poppenbütteler Schule (Fotografie, um 1900)	©	Archiv Rosenfeld
259	140	Ohlstedter Postboten vor dem Waldhaus Hütscher (Postkarte, um 1900)	©	Archiv Rosenfeld
260	141	Rückseite des Quellenhofes mit Kutsche (Fotografie, um 1930)	©	Rodenbeker Quellenhof, Sebastian Frommé
261	141	Der „Rodenbeker Quellenhof" heute (Fotografie, 2009)	©	Rodenbeker Quellenhof, Sebastian Frommé
262	141	Postkarte des Gasthofes „Rodenbeker Quellental" (um 1910)	©	Alsterverein
263	141	Blick über den Mühlenteich auf das Gasthaus (Postkarte, um 1910)	©	Alsterverein
264	141	Botanische Besonderheit am „Quellenhof": die Gunnera wird seit 1961 alljählich bis zu 2,5m hoch (Fotografie, 2009)	©	Rodenbeker Quellenhof, Sebastian Frommé
265	142	„Randel", Innenansicht (Postkarte, um 1930)	©	Archiv Rosenfeld
266	142	„Randel" (Postkarte, um 1930)	©	Archiv Rosenfeld
267	143	Alte Scheune am Rehagen (Fotografie, um 1930)	©	Archiv Rosenfeld
268	143	Sonnenaufgang am Rehagen (Fotografie, um 2000)	©	Sebastian Bockholt
269	143	Blick auf das Pferdezentrum Rehagen (Fotografie, um 1972)	©	Pferdezentrum Rehagen
270	143	Siegerehrung, Rehagener Turnier (Fotografie, 2009)	©	Sebastian Bockholt

Abbildungsverzeichnis

271	144	„Ringreiten" in Hummelsbüttel. Aquarell von Ernst Eitner (um 1900)	©	Ernst Wolters
272	144	Rodenbeker Mühle. Aquarell von C. Fr. Stange (um 1825)	©	Archiv Rosenfeld
273	145	Im NSG Rodenbeker Quellental (Fotografie, 2008)	©	Rodenbeker Quellenhof, Sebastian Frommé
274	145	Rodenbeker Mühlenteich (Fotografie, 2008)	©	Rodenbeker Quellenhof, Sebastian Frommé
275	146	Rosinenkuhlen (Fotografie, um 1960)	©	Alsterverein
276	147	Auch heute aktiv: Salia (Fotografie, 2008)	©	Salia Chorgemeinschaft
277	147	Salia Männergesangsverein (Fotografie, um 1922)	©	Salia Chorgemeinschaft
278	147	Karte von Sasel (um 1875)	©	Alsterverein
279	148	Luftaufnahme vom Saseler Zentrum mit Rathaus (1929)	©	Archiv Rosenfeld
280	148	Kate am Saseler Markt, Ecke Stratenbarg (Fotografie, 1941)	©	Archiv Rosenfeld
281	149	Saselbek zwischen Sasel und Bergstedt (Fotografie, 1949)	©	Archiv Rosenfeld
282	149	Gasthof „Saselbek" (Postkarte, vor 1918)	©	Archiv Rosenfeld
283	149	Hotel-Restaurant „Hein ten Hoff" (Postkarte, 1950er Jahre)	©	Archiv Rosenfeld
284	150	Saselberg/Annenhof (Luftbild, um 1930)		zitiert aus: Rosenfeld, Angelika: Sasel. Ein Stadtteil hat Geschichte, Hamburg (1991), S. 124
285	150	Einweihung der Saseler Badeanstalt (Fotografie, 1935)	©	Archiv Rosenfeld
286	151	Saseler Rathaus (Fotografie, 2000)	©	Archiv Rosenfeld
287	151	Saseler Schule (Fotografie, 1936)	©	Archiv Rosenfeld
288	152	Sasel-Haus (Fotografie, 1990)	©	Archiv Rosenfeld
289	152	Herrenhaus Saselhof (Fotografie, um 1920)	©	Archiv Rosenfeld
290	153	Saselhof, Torhaus (Fotografie, um 1920)	©	Alsterverein
291	153	Saseler Park, Postkarte (1909)	©	Alsterverein
292	154	Schafherde in Hummelsbüttel (Fotografie, um 1920)		zitiert aus: Müller, Hans-Gerhard: Liebes altes Hummelsbüttel. Bilder aus vergangenen Tagen. Hamburg (1980), S. 65

Abbildungsverzeichnis

293	154	Schäfer Dunker (Fotografie, um 1915)	©	Alsterverein
294	154	Schütten obere Schleuse (Fotografie, 1990)	©	Alstertal-Museum
295	155	Poppenbütteler Schleusenkammer mit Lastkahn (Fotografie, um 1901)	©	Alsterverein
296	155	Schleusenbuch des letzten Poppenbütteler Schleusenmeisters (1866/67)	©	Alstertal-Museum
297	156	Familie Schloo (Fotografie, 1898)	©	Archiv Rosenfeld
298	157	Gebäude der Duvenstedter Schmiede, aufgestellt im Museumsdorf Volksdorf (Fotografie, um 1990)	©	Thomas Fraatz-Rosenfeld
299	157	Pflanzung der Schubert-Linde in Sasel (Fotografie, 1928)	©	Salia Chorgemeinschaft
300	157	Grundsteinlegung für das Gymnasium Müssenredder in Poppenbüttel. Links Schulsenator Drexelius, rechts Schulleiter Dibbern (Fotografie, 1968)	©	Günther Talke
301	158	Schweitzerhaus in Duvenstedt, dahinter Mausoleum (Fotografie, vor 1918)	©	Archiv Rosenfeld
302	159	Plan der Siedlung Sasel (um 1920)	©	Archiv Rosenfeld
303	160	Glücklich im neuen Heim: Perlberg-Siedler (Fotografie, nach 1925)		zitiert aus: Rosenfeld, Angelika: Sasel. Ein Stadtteil hat Geschichte, Hamburg (1991), S. 135
304	160	1921/22 erbautes Haus in der Siedlung „Op de Elg" (Fotografie, 2007)	©	Lutz Christiansen
305	161	Die Sievertsche Tongrube mit Resten des Ziegeleibetriebes (Fotografie, um 1970)	©	Günther Talke
306	161	Simon-Petrus-Kirche (Fotografie, um 1965)	©	Archiv Rosenfeld
307	162	Spionageabteilung im Neuen Kupferhof (Fotografie, 1942)	©	Archiv Rosenfeld
308	163	Bergstedter Spritzenhaus (Fotografie, um 2003)	©	FF Bergstedt
309	164	Innenraum der St. Bernard-Kirche (Fotografie, um 1980)	©	St. Bernard Gemeinde, Poppenbüttel
310	164	Lipperts private Sternwarte im Turm des Herrenhauses Hohenbuchen (Fotografie, um 1900)	©	Archiv Rosenfeld
311	165	Das frühere Wappen des Kreises Stormarn (Fotografie, um 1980)	©	Archiv Rosenfeld

Abbildungsverzeichnis

312	165	Bauarbeiten an der Glashütter Landstraße (Fotografie, um 1920)		zitiert aus: Müller, Hans-Gerhard: Liebes altes Hummelsbüttel. Bilder aus vergangenen Tagen. Hamburg (1980), S. 78
313	166	Mühlenredder im Wohldorfer Wald: Kleinpflaster (Fotografie, 2000)	©	Thomas Fraatz-Rosenfeld
314	167	Ausbesserung eines Strohdaches in Sasel (Fotografie, um 1920)		zitiert aus: Rosenfeld, Angelika: Sasel. Ein Stadtteil hat Geschichte, Hamburg (1991), S. 128
315	168	Susebektal, von der Alten Landstraße aus gesehen. Gemälde von Ernst Eitner (um 1920)	©	Christian Wolters
316	169	Herrenhaus des Gutes Tangstedt (Fotografie, um 1930)		zitiert aus: www.gut-tangstedt.de
317	169	Taufengel der Bergstedter Kirche (Fotografie, 2004)	©	Hans-Hermann Zahn
318	170	Blick von Südwesten auf die Siedlung Tegelsbarg (Fotografie, um 1990)	©	Thomas Fraatz-Rosenfeld
319	170	Begehung – hier entsteht die Großsiedlung Tegelsbarg (Fotografie, 1973)	©	Günther Talke
320	170	Ansiedlungsplan der Terrain-Gesellschaft Wohldorf/Ohlstedt (1931)	©	Archiv Rosenfeld
321	171	„Timmermanns Gasthof" (Postkarte, um 1900)	©	Alsterverein
322	172	Torfterrassen mit aufgeschichteten Soden im Wittmoor (Fotografie, um 1970)	©	Günther Talke
323	173	Modernes Torhaus in Poppenbüttel (Fotografie, 2004)	©	Hans-Hermann Zahn
324	173	Blick vom Treudelberg auf die Alsterschleife (Fotografie, um 1950)	©	Archiv Rosenfeld
325	174	Hof Treudelberg (Fotografie, um 1960)	©	Heimatverein Lemsahl-Mellingstedt
326	174	Trilluper Ziegel	©	Elisabeth Rosenfeld
327	175	Untertaneneid (1794)	©	Archiv Rosenfeld
328	176	Hügelgrab „Vaterunserberg" vor der Bebauung (Fotografie, um 1950)	©	Archiv Rosenfeld
329	176	Fundstücke vom Südufer des Mühlenteiches (Saselbek)	©	Archiv Rosenfeld
330	176	Verwaltungsseminar, Zeichnung von Siegfried Ochmann (1999)	©	Verwaltungsseminar Kupferhof e.V.

Abbildungsverzeichnis

331	177	Milchvieh auf dem Hof Gerckens in Hummelsbüttel (Fotografie, 1938)	©	Rudolf Schmidt
332	177	Vicelinkirche (Fotografie, um 2000)	©	Vicelinkirche
333	178	Villa Lichtwarck in Duvenstedt (Fotografie, 1950)	©	Wolfgang Krogmann, Villa Lichtwarck
334	178	Dr. Ottos Villa im Poppenbütteler Ortskern (Fotografie, um 2000)	©	Thomas Fraatz-Rosenfeld
335	178	Saseler Urne in Steinpackung mit Beigaben	©	Archiv Rosenfeld
336	179	Gasthof „Wagener" in Poppenbüttel (Postkarte, 1912)	©	Alsterverein
337	179	Waldgebiet im Duvenstedter Brook (Fotografie, um 1990)	©	Anke Werner
338	180	Haltestelle „Tannenallee" (Fotografie, um 1920)	©	Archiv Rosenfeld
339	180	Werbung der „Waldeslust"(um 1900)	©	Bürgerverein Fuhlsbüttel
340	180	Der Ohlstedter Gasthof Waldeslust (1904)	©	Bürgerverein Fuhlsbüttel
341	181	Hütschers Waldhaus, Postkarte (um 1900)	©	Archiv Rosenfeld
342	181	Waldhaus Hütscher, Alte Wache und Post (Fotografie, 1956)	©	Archiv Rosenfeld
343	182	Wohldorfer Waldherrenhaus (Fotografie, 2006)	©	Thomas Carstensen, www.Wetter-in-Ohlstedt.de
344	183	Ausflügler im Alstertal (Postkarte um 1900)	©	Archiv Rosenfeld
345	184	Wellingsbütteler Wappen	©	Reinhard Paulsen
346	184	Karte von Wellingsbüttel (1975)	©	Alsterverein
347	185	Wellingsbüttel, Postkarte (um 1900)	©	Alsterverein
348	185	Räucherkate in Wellingsbüttel. Zeichnung von Sthamer (1945)	©	Archiv Rosenfeld
349	185	Das Wellingsbütteler Herrenhaus (Fotografie, 2009)	©	DOBU-Verlag
350	186	Wellingsbütteler Windmühle (Postkarte, um 1900)	©	Alsterverein
351	187	Wellingsbütteler Torhaus (Fotografie, 2009)	©	DOBU-Verlag
352	188	„Welt der Zufriedenheit" (um 1900)	©	Bürgerverein Fuhlsbüttel
353	188	Orchideenwiese, Wohldorfer Wald (Fotographie, um 1990)	©	Thomas Fraatz-Rosenfeld
354	189	„Wittmoor": Blick vom Knüppeldamm nach Norden (Fotographie, 1990)	©	Thomas Fraatz-Rosenfeld
355	190	Älteste überlieferte Karte von Wohldorf (1725/31)	©	Staatsarchiv Hamburg

Abbildungsverzeichnis

356	191	Wohldorf, Ansichtskarte (um 1900)	©	Alsterverein
357	191	Burg Wohldorf im Mittelalter (Zeichnung, undatiert)		zitiert aus: Hartwig Fiege, Hamburg, o.J., S. 70
358	192	Die Wohldorfer Kornmühle (Stich von Wilhelm Heuer, um 1850)	©	Museum für Hamburgische Geschichte
359	193	Wohldorfer Kupfermühle (um 1990)	©	Elisabeth Rosenfeld
360	193	Wohldorfer Kupfermühle: „Kurzer Jammer" (Fotografie, 1950)	©	Archiv Rosenfeld
361	194	Wohldorfer Kupfermühle (Fotografie, 1998)	©	Archiv Rosenfeld
362	194	Wohldorfer Schleuse (um 1990)	©	Thomas Fraatz-Rosenfeld
363	195	Im Wohldorfer Wald (Fotografie, um 2000)	©	Archiv Rosenfeld
364	196	Pferdekoppeln am Wohldorfer Wald (Fotografie, um 2000)		zitiert aus: www.die-neue-gaertnerei.de/
365	197	Bramfeld-Poppenbütteler Zeitung vom 11.03.1931	©	Elisabeth Rosenfeld
366	197	Der Hamburger Zirkus „Charless" gastiert in Bergstedt (Fotografie, um 2000)	©	Thomas Fraatz-Rosenfeld
367	198	Der „Bäcker" noch ganz ländlich (Fotografie, um 1955)	©	Archiv Rosenfeld
368	198	Kaffeegarten des Gasthofes „Zum alten Zoll" (Fotografie, um 1900)	©	Bürgerverein Fuhlsbüttel
369	199	Gasthof „Zur Alsterschlucht" mit Park zur Alster (Fotografie, um 1900)	©	Kreisarchiv Stormarn, Signatur S20-606
370	199	Die „Friedenseiche", noch mit Satteldach (Fotografie, vor 1947)	©	Alsterverein
371	200	Gasthof „Zur Linde" (Fotografie, um 1902)	©	Alsterverein
372	200	Anzeige, Hotel „Zur Schleuse" (um 1900)	©	Bürgerverein Fuhlsbüttel
373	200	Gasthof „Zur Schleuse" vor dem Brand (Fotografie, 1900)	©	Alsterverein
374	200	Gasthof „Zur Quelle" in den späten 30er Jahren (Fotografie)	©	Alsterverein